U0092107

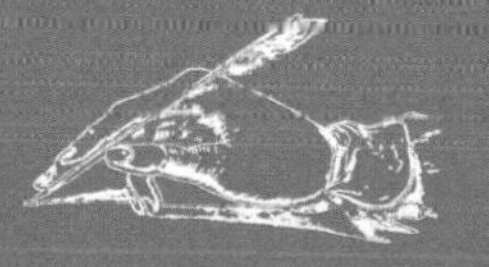

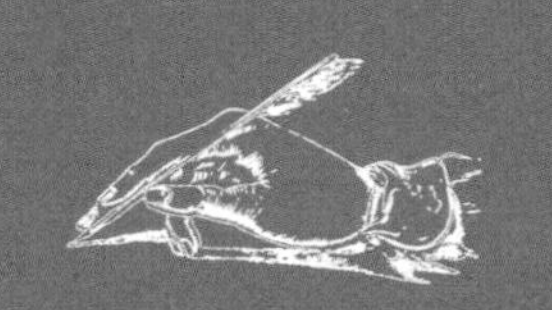

Contents
目錄

後篇 125

出版序

在黃金時代中誕生不朽傳奇

讓我們一起迎接福爾摩斯誕生130年紀念的日子

霧，都是霧，是迷霧、飄來忽去的濃霧……

暗巷，忽明忽暗的瓦斯街燈，雨後泥濘的巷弄街道，
咕嚕咕嚕響的出租雙輪馬車……

隱晦的幫派，無處不在的扒手，聲色犬馬、紙醉金迷的娛樂場所，
案發現場裡血腥的味道，犯罪模式與心理暗瘡……

理性推演，縝密思維，步步為營，除了邏輯還是邏輯……

一篇篇、一幕幕，抽絲剝繭，勾勒了英國維多利亞時代，既強盛又無助，迷霧一樣的陰暗角落。藉由福爾摩斯與華生的雙腳，柯南．道爾為我們建構了一個立體的「倫敦印象」，鮮活的擄獲了逾百年來的讀者的心。

曾經有學者盛讚福爾摩斯所處的維多利亞時代，是英國文化史上的黃金年代。那是大英帝國國力的頂峰時期，經濟政治力空前強大、科技發展迅猛、文學藝術鼎盛；隨著第一屆世博會的盛大舉行，建築工業蓬勃發展，棉紡紗機、蒸汽火車、電報機、印刷機、精緻瓷器、史上第一座自動沖水馬桶等等工業發明，都為英國帶來榮耀與自信。文學界迎來了狄更斯、薩克雷、艾略特、哈代、葉慈、蕭伯納、王爾德與喬伊斯等百花齊放的巨星；藝術史則在透納、康斯坦伯、比亞茲萊、惠斯勒的畫筆中，在浪漫主義的氛圍下熠熠生輝。

那似乎是一個美好年代，理性、科學、有理有據；但似乎又是一個混亂的年代，高失業率、貧富極端、城鄉失衡、神秘又邪惡、黑暗勢力蠢蠢欲動……

1893 年 12 月，福爾摩斯的死亡宣告，震撼了全英國社會，大批書迷如喪考妣。130 年前的 1886 年，棄醫從文的柯南．道爾創造了這位謎一樣的偉大偵探，成為無數喜愛偵探小說迷心目中卓爾不凡的偶像；42 年之後，柯南．道爾無情的終結了名偵探的一生，留給世人 60 篇精彩絕倫的偵探故事。福爾摩斯在偵探文學史上就像「神」一樣地存在，經歷百餘年，屹立不墜。

延續治學嚴謹、考據精闢的一貫學者風範，蔡秉叡老師在出版《直到我死去的那一天：梵谷最後的親筆信》（華滋出版）之後，化身名偵探柯南，在這本大幅跨界的新書《名偵探與柯南：福爾摩斯藝文事件簿》當中，大量引用柯南．道爾與母親往返 54 年近千封的私人信件，參酌國內外專家學者的研究成果，為我們延伸觸角，以追尋歷史的心態掀起時代樣貌的一隅，從被忽視的藝文事件、矛盾的民族思維、詭譎多變的國際局勢、起起落落的社會現象、犯罪心理乃至當時的流行用語等等，不同的視角帶著我們重新閱讀福爾摩斯經典探案的每一個源起。

當追捕兇手還需要引經據典時，蔡秉叡老師成功的為讀者還原了一個不一樣的倫敦風情，挑戰了我們對偵探小說的理智想像。

不管是柯南．道爾文字中的福爾摩斯，或者是大、小螢幕裡的福爾摩斯，甚至是動畫片裡那位聰明絕頂的名偵探柯南，他們穿上風衣、豎起領口、戴上獵鹿帽、咬著菸斗、閃亮亮的眸子、陰沉沉的聲線，橫越時空 130 年，降落在 21 世紀的今天，即將與你我隔空深情交會。

華滋出版 總編輯

許汝紘

推薦序

福爾摩斯與歷史時空之旅

維多利亞時代的大千世界有著無數大門，開敞迎接所有好奇窺視或無意闖入者。但柯南．道爾爵士怕是萬萬也沒想到，他所創造的福爾摩斯世界，正承擔了這麼一項重要任務。

百年來，不曾中斷的出版、翻譯與改編，再加上近年來英國廣播公司影集與好萊塢電影的全球性傳播，意外使得福爾摩斯偵探故事扮演著「時代劇」功能，帶領無數人們進入這個讓英國之所以成為「英國」的輝煌年代。而如果狄更斯筆下生動的底層角色是那掙扎茁壯的維多利亞前期社會的最佳嚮導，以十九世紀最後二十年為活動舞臺的福爾摩斯，無疑就是那繁華中不掩敗象的維多利亞時代末期的親善大使。

然而維多利亞年代，特別是那「世紀末」年代，有著何等魅力足以吸引人們前往？本書前篇〈柯南・道爾略傳〉首先為我們揭露一二。從中我們得知更為看重歷史小說創作的道爾爵士，不惜早早安排了福爾摩斯的離奇死亡；揭露大英帝國重大社會問題的犯罪小說作家，竟是一位愛國主義者與一場「以人權為名」的帝國掠奪戰的辯護者；因捍衛帝國之功而獲頒爵位的作家，卻讓虛構世界中的福爾摩斯拒絕了爵位。更耐人尋味的是，這位因科學理性與嚴謹邏輯推理而著稱的世紀名探的創造者，竟是位篤信靈魂不滅與超自然力量的唯靈論信徒。集於道爾一身的種種矛盾與對立價值，恰恰指向了這時代的最大特色：不安與求變。樂觀與焦慮、追尋與挫敗、現實與超越、理性與神祕主義等等，似乎永遠是這個年代不斷交錯與交戰的力量。在這些矛盾情感與對立價值的激烈交相辯證之下，英國也獲得新生與轉化的力量，一腳邁向帝國最後一個高峰，另一腳也同時踏入二十世紀英國新社會。

這世紀末社會各樣的對比與拉扯，或許正賦予了一個偵探犯罪小說所需要的衝突與張力，解釋了其百年不墜的大眾吸引力。而當時代成為歷史之後，道爾爵士所創造出的福爾摩斯世界，藉其通俗魅力，卻也成為一道歷史之門，帶領一代又一代的人們進入英國歷史的一段關鍵時期。

然而，歷史理解，有時亦如同偵探辦案，無法忽略微小細節。對於部份讀者來說，礙於時空與文化的迥異，小說中的諸多細節還有賴明察者的分析與解讀，方得見其意義。於是，若要隨同福爾摩斯進入其年代，我們似乎還需要一位時代與文化偵探，這似乎也正是蔡秉叡老師於本書中所承擔起的任務。在他廣博史學與藝術知識的引導下，一件瓷器、一個煙斗鍋、一把提琴，或是書中不經意提及的一條街道、一幅名畫、一段樂曲，都成為他牽引人們跟隨福爾摩斯走入維多利亞時代的重要文化線索。有時候，他更富企圖的連結，也讓福爾摩斯世界的種種，成為邁入英國以外世界的無數道門；從希臘悲劇美狄亞到伯羅奔尼撒戰爭，從歐洲殖民主義的剛果罪行到近代美國的種族關係，從英法聯軍中的李鴻章到法國新古典主義畫家與更多藝術家與他們的作品，都是跨向更寬廣時空的嘗試。

英國詩人威廉・布雷克詩云：「一粒沙看世界，一朵花知天堂」。這呼應了當代新文化史精神的話語，也正道出了福爾摩斯這部膾炙人口的維多利亞偵探小說，亦能發揮重大歷史理解作用的道理。而在這本人文與藝術筆記引導下，相信我們透過它所踏上的跨時空旅程，也將更為順利與精彩。

國立成功大學歷史系 副教授

李鑑慧

序幕

到處都是霧。

無情的十二月傍晚，煙霧如同巨龍般順著泰晤士河畔盤旋，在河上鱗次櫛比的船隻之間，在車水馬龍的諸多通衢大道之間滾動。煤氣燈在濃霧中若隱若現，迷濛的街景充滿著一種鬱悶、沉重之感。高大的教堂鐘塔隱約顯現於天際，一排排高矮不同的房頂上壓著許多的煙囪，煙煤混合著霧氣四處飄落，時而飄入空中，時而又黑魆魆地沿著地面爬行，與街道上的積雪相互交融。連日的潮濕以及椎心刺骨的嚴寒容易讓人打消外出的念頭，空氣中飄盪著一股發霉的氣味，在微弱幽暗的光線中，幾名面容憔悴、疲憊不堪的工人剛離開工作崗位，他們的手臂上戴著黑袖章，帽上繫著哀悼的黑絲帶，行進在刮風濕冷的街道上。眼前的淒涼蕭索景象，乍看彷彿是在為甫落下的餘暉致哀，時值 1893 年底，維多利亞女王執政的第五十七個年頭，令人費解究竟是哪一位重要的人物離世呢？

在倫敦南諾伍德特尼森路（Tennison Road）12 號有一棟外觀砌著紅磚山形牆的三層樓別墅，前有陽台與帶圍牆的花園，由於地處倫敦南部郊區，毗鄰薩里郡的田野，環境十分清幽與舒適。這天傍晚，屋主正坐在別墅的書房裡，他無暇顧及室外的濃霧與低溫，桌上堆積如山的來信令他頗為不耐。當他隨手拆開堆疊在眼前的一封信，斗大的謾罵字眼隨即映入他的眼簾：「柯南・道爾先生，你是個野蠻殘忍的殺人兇手！」柯南・道爾隨即啐了一口，將信件揉成團狀，用力擲往牆角的火爐裡，忿恨說道：「一堆無聊的信件。他本來就該死，糟糕透頂的福爾摩斯死了。因為我過於沉迷於他，以至於我對他的感覺就像我對肥鵝肝醬的感覺一樣，由於吃得太多，現在一聽到他的名字我就噁心。」

亞瑟・柯南・道爾（Arthur Conan Doyle，1859—1930 年），這位史上最知名的偵探小說的作者，也是創造出最經典文學角色之一的名人，因為近年來太過厭倦其筆下的名偵探福爾摩斯完全束縛他的心智與精力，再加上柯南・道爾自己越來越不看重通俗偵探小說的價值，於是決定終結這位名偵探的性命。在 1893 年十二月所發行的《河岸雜誌》（The Strand Magazine）上，柯南・道爾讓福爾摩斯與宿敵莫里亞蒂教授雙雙葬身於瑞士的萊辛巴赫瀑布。

噩耗傳來，大批書迷如喪考妣，甚至發起了為名偵探服喪的社團運動；《河岸雜誌》的訂閱量驟減兩萬份，憤怒的讀者來信如潮水般的湧進雜誌社，有的侮辱謾罵作者，有的請求作者筆下留情，這些信件許多都由雜誌社轉到了柯南・道爾的家中，成為了讓他眼見心煩的負擔。

只是，面對著廣大讀者的反彈聲浪，柯南・道爾依舊不為所動。「我相信，假如我從未寫過福爾摩斯系列故事，假如他們沒有掩蓋住我那些佳作的光芒，或許我能在文壇佔有一席之地。」是年三十五歲的柯南・道爾決心放棄他所認為毫無文學價值的通俗小說，立志在歷史文學與研究上大展身手，義無反顧。

然而，此時的柯南・道爾做夢也不曾料到，日後奠定他在文學界地位以及享譽國際盛名的關鍵成就，完全來自於這名令他極度厭惡，恨不得賜死的名偵探。此時的柯南・道爾正摩拳擦掌準備投入他的騎士文學中，而那位以冷靜機智聞名的福爾摩斯，卻還陷在暗無天日的瀑布深淵裡，杳無音訊……。

前篇

維多利亞時代

十九世紀的倫敦，是名偵探福爾摩斯活躍的舞台，飄忽來去的濃霧、雨後泥濘的巷弄街道、昏暗不明的瓦斯街燈、輕巧優雅的出租馬車，小說中對這些層出不窮景物的描寫，屢屢將讀者帶回那個屬於大英帝國的顛峰時代，即維多利亞時代。

顧名思義，這個時代乃是以維多利亞女王登基的 1837 年為開端，至 1901 年其駕崩為止。無獨有偶，該時期大英帝國的子民在 1850 年代以後也常以「維多利亞」（Victorian）一詞來形容自身所處的時代，甚或視自己為「維多利亞人」（Victorians），維多利亞女王本人使她的名字與一種新的時代風尚聯繫起來，這或許在英國歷史上是獨一無二的。此時期無疑是英國社會面臨巨幅轉變，也是人類文明史上變動最劇的年代之一。在柯南．道爾（1859—1930 年）享壽七十一年的歲月裡，就有長達四十二年是歸屬於維多利亞時代，而其筆下長短總計六十篇的福爾摩斯探案，故事背景也幾乎是此一時期。因此在本書首篇，必須為該時代的特色與風尚稍做敘述介紹。

誠如十九世紀英國最重要的文學家狄更斯（Charles Dickens）在《雙城記》（A Tale of Two Cities）卷首所言：「這是最好的時代，也是最壞的時代；這是智慧的時代，也是愚蠢的時代；這是篤信的時代，也是疑慮的時代；這是光明的季節，也是黑暗的季節；這是希望的春天，也是絕望的冬天；我們什麼都有，也什麼都沒有。」維多利亞時期的英國面臨空前的轉變，在政治上，由保守黨與自由黨兩大派系相互掣軸發展而來的議會政治已經確立；在經濟上，工業革命徹底改變了英國城市與鄉村的風貌，機械化的大量生產取代了手工勞動，工廠制度的催生更加速了都市化的趨勢；海外軍事的強力擴張，使英國走向「日不落」國運的巔峰狀態；倚仗著技術與資金的優勢，資產階級迅速崛起，帶動了新的社會價值觀與生活風尚。與此同時，貧富差距的拉大、流行疾病的大量傳播、帝國統治區域內族群問題的滋長以及社會文化上的焦慮心態與日俱增，更是潛伏於該盛世的榮光之中。

1851 年 5 月 1 日，一座象徵著維多利亞時代繁榮昌盛的巨大建築物「水晶宮」（The Crystal Palace）在倫敦海德公園矗立著。水晶宮以鋼鐵為骨架、玻璃為主要建材而搭建，人類歷史上首次的世界博覽會（Universal Exposition）於此舉辦，這座建築物與其展覽內容也震驚了整個歐洲。在開幕式中維多利亞女王驕傲地表示「這是英國歷史上最光輝的一日」，僅僅在五個月之內，就有近六百萬的群眾前來參與博覽會。原先世界博覽會展期預計六個月，水晶宮也應在展後進行拆除，但由於這項展覽盛況空前，來自歐洲各國的與會人士絡繹不絕，最後水晶宮在肯特郡重新被建造起來，並擴建了其規模與裝飾，整座建築與展品均為工業革命時代的重要象徵物。

棉紡紗機、蒸汽捶、電報機、印刷機、大小噴泉、瓷器工坊，甚至是栩栩如生的恐龍模型和史上第一座自動沖水馬桶，每項展示品都令人嘖嘖稱奇。這些展品所傳達的訊息清晰且強烈——英國具有實力與資源，將人類的夢想完全實現。此後並非每一屆世界博覽會的展覽都能對時代產生文化與生活上的衝擊，而該年的水晶宮博覽會卻被視為英國開始審視自身並意識自身實力的轉折點。

在英國畫家弗蘭茲．溫特哈爾特（Frans Winterhalter，1805 — 1873 年）所描繪《1851 年 5 月 1 日》（The First of May 1851）中，我們可以觀察到展會當時的樣貌；年邁的威靈頓公爵（Duke of Wellington），昔日滑鐵盧戰爭的英雄，致贈給維多利亞女王與其夫婿亞伯特親王（Prince Albert）一件禮物。但畫中的亞伯特親王卻對昔日的戰爭英雄不感興趣，他的注意力完全聚焦於身後那座象徵著未來與進步的水晶宮。

弗蘭茲·溫特哈爾特（Frans Winterhalter），《1851 年 5 月 1 日》（The First of May 1851）

未來與進步，「日益精進」（progress）是維多利亞社會的主要特徵，當時人們奉行進步觀的信念，或者可說是種處世態度或行為心理。這種高度理性心態之下產生的進步觀念，其流行淵源固然與十九世紀中後期黑格爾、馬克思、達爾文等學者所提倡的進化理論有關，但或許與工業革命、科技進展與民生經濟的改變關係更大。柯南·道爾筆下的名偵探福爾摩斯，十足就是進步觀念底下的樣板人物；在首則短篇〈波西米亞醜聞〉裡，道爾借華生醫生之口如此描述：「他是這個世界上我看過最理性、最具觀察力的一部機器。」在故事中道爾企圖將福爾摩斯創造成一種極度理性的「智慧人種」，近似於一部高效能的「思考機器」。福爾摩斯形象的背後，正好表現出十九世紀維多利亞時期的進步科學觀，相信科學至上與萬能，人類運用縝密的邏輯與驗證，將在重重迷霧當中無往不利，揭示神秘事件背後的真相。

此外，由於工業革命的刺激造成的都市化現象的加速，產生了越來越多的新興資產階級，進而顛覆了十九世紀維多利亞時代的消費生活型態。英格蘭在 1800 年有百分之八十的人仍居住在鄉村，到了 1900 年就有百分之七十的人住在城市；1801 年的英格蘭與威爾斯，約有百分之十八的人口從事農業，到了 1900 年這個比例已經下降到了百分之三點五。成長數據的背後支持關鍵，更來自於交通建設的便捷。除了昔日以道路與運河交通為基礎的聯繫網路外，鐵路的出現幾乎讓維多利亞時代乃至於整個十九世紀歐洲徹底改觀。自從喬治・史蒂芬生（George Stephenson，1781 － 1848 年）在 1820 年代以他那台時速足以「狂飆」到 56 公里，名為「火箭」（Stephenson's Rocket）的蒸氣引擎讓英國人瞠目結舌後，群眾開始蜂擁投資鐵路事業。1840 年英國共有 2,410 公里的鐵路，到了 1850 年迅速成長為 10,655 公里，直到十九世紀末已經鋪設了 35,185 公里。

鐵路交通確實為新時代帶來革命性的巨變。1842 年，維多利亞女王偕同夫婿亞伯特親王體驗了這項新鮮時髦的工具。女王本人對此行的感受如何，我們無從知曉，但亞伯特親王的反應卻有史可考，他當時驚呼：「列車長先生，能否請你下次別開這麼快！」英國最偉大的風景畫家透納（Joseph Mallord William Turner，1775 － 1851 年）有一幅非常著名的繪畫《雨、蒸氣和速度—大西部鐵路》（Rain, Steam and Speed - The Great Western Railway），作品展現了新開通的大西部鐵路，火車在風雨中的高架橋上飛馳而過，火車前方鐵軌有隻奔跑中的野兔，將野性自然與科技改良後的速度做出了絕妙的對比。左方橋下的有幾位舞蹈的女子，河面上有小舟輕輕搖曳，在在顯示出透納本人對新科技產物的激動反應，對新時代速度感的讚揚，躍然紙上。

拜交通便捷之賜，城市對於鄉村產生了一種極大的拉力，工廠如雨後春筍般紛紛設立，生產技術的改良越來越能養活大量的人口。於是產生了一種膨脹式的循環：工業化造成技術進步，進而刺激人口成長，人口成長驅動了都市化，都市化越發促成工業與交通的進展。一切都在求新求快，都市化現象的加速，對於這些龐大的人口造成生活與意識形態上的轉變最劇烈者，莫過於資產階級對休閒生活的重視。

所謂的休閒生活，絕對是在衣食無虞的情況下才會發生。維多利亞時代達到了英國史上生活水準的高峰，越來越多的紳士淑女，能夠在白天享受運動、打獵或賽馬，晚上還能欣賞音樂與歌劇，他們不僅有空閒時間閱讀小說，甚至還能透過便捷的鐵路網安排旅遊活動，生活水準不僅僅是提高，也更加追求精緻化。也因此包括柯南・道爾在內，如狄更斯、薩克雷、哈代等維多利亞時代的許許多多的筆耕者，獲得越多大顯身手的舞台，各勝擅場。

但維多利亞時代不盡然皆為光明進步的面相，其陰暗墮落的另一個面相也相當值得觀察。維多利亞時代的每個大城鎮，皆有許多骯髒

透納（Joseph Mallord William Turner），《雨、蒸氣和速度—大西部鐵路》（Rain, Steam and Speed - The Great Western Railway）

污穢、惡臭擁擠的黑暗角落。都市化的加速，開始對數十萬的鄉村居民產生巨大的拉力，他們被迫離開成長的故鄉，一頭栽進人生地不熟的陌生城鎮，在極度惡劣的環境中忍受著資方雇主的苛求與剝削，鄉村社會中原本互信互助的文化以及人類與土地的感情連結被硬生生地斬斷，貧富差距的擴大及大量人口湧入都市，為傳染病的大規模爆發製造了有利的條件。英格蘭西北部工業城鎮曼徹斯特（Manchester）許多窮人家出生的孩子，只有一半的機率能夠活過五歲；甚至倫敦東區在 1842 年勞工的平均壽命僅十六歲。狄更斯在《非商業旅人》（The Uncommercial Traveller）如此敘述倫敦東區貧民窟：「這裡的街道、死巷與窄巷有如一座髒汙鄙陋的迷宮，路旁那些衰敗的房屋都將房間個別出租。這是一片由塵土、破爛衣物與饑餓形成的荒野；一座泥土荒漠，居住其中的部族若不是完全沒有就業機會，就是偶爾才有一小段時間的零工可做。」到處可見貧病的窮人與乞丐、滿地的泥濘與排泄物、甚至是暗巷裡的扒手與黑幫，形成了與資產階級生活面向截然不同的強烈對比畫面。

在盧克·菲爾德斯（Luke Fildes，1843 － 1927 年）的《救濟院申請者們》（Applicants For Admission To A Casual Ward）畫面當中，失業者、流浪漢、酒鬼與貧婦齊聚於寒冬中的救濟院門口，幾乎是該時代最悲哀的場景，這是一幅迫使人們關注貧窮階層的作品。但那個年代更多的人們寧願避而遠之，許多資產階級心中的解決之道便是在郊區買房置產，將自身及家人與都市貧民區的惡臭骯髒隔離。維多利亞時代的社會觀念認為貧窮是該受到指責的，因此該救濟院的觀念與今日我們所理解的有所不同，最主要的目的在於恐嚇與懲罰貧困者。

在狄更斯的著作中，便時常提到這一類型的救濟院。同樣在《非商業旅人》中有這麼一段：

倫敦的那些救濟院到處可見，正面總是被煙燻得發黑，前方有個小小的鋪面庭院，四周以鐵欄杆圍起來，而且欄杆上方積滿了磚塊與灰泥的碎屑，彷彿積雪一樣。這些救濟院原本位於市郊，現在卻是位在人口稠密的城鎮裡，是繁忙生活中的一個個缺口，是密集擁擠的街道當中的一段段空白。……這些醜陋的房間裡躺著貧病程度各自不一的婦女，有些躺在床架上，有些躺在地板上。……她們微微蜷曲著身體，轉向一方，彷彿徹底背棄了這個世界；灰白又枯黃的面容顯得一副百無聊賴的模樣，無神的雙眼在枕頭上望著天花板；枯槁的嘴巴微張，手垂在毯子外面，疲鈍無力，瘦得毫無分量，卻又顯得如此沉重。這種現象在每張床墊上都可以看到。……那樣的地方根本不該存在；只要是有理性和人性的人，看到那裡的情景無疑都會得出這樣的結論。

盧克·菲爾德斯（Luke Fildes），《救濟院申請者們》（Applicants For Admission To A Casual Ward）

另外在《小杜麗》（Little Dorrit）中，狄更斯也對類似型態的債務監獄描寫占了相當大的篇幅，主人翁「小杜麗」愛咪與無力還債的父親便被拘禁於此。狄更斯對於該類型的監禁生活與樣貌刻劃極其生動，主要原因是來自狄更斯本人不愉快的童年親身經歷有關。他的父親約翰·狄更斯（John Dickens）因不善理財而積欠大量的債務，致使遭到監獄的監禁。為了早日償還家中的債務問題，狄更斯在十二歲那年便不得不中斷基礎教育，前往查令十字路車站附近的鞋油工廠擔任童工。少年狄更斯每日幾乎得在不見天日的惡劣工作環境下勞動十個小時，工業革命後的社會不公義現象與貧富差距的現實問題，除了使他特別早熟外，成長階段的困苦經驗也讓他在日後以寫實筆法描繪該時代的貧民生活種種時遊刃有餘。

可想而知，如此大量的人口湧入都市後，加上低階勞工與貧民雜居，除了都市裡的衛生與疾病造成新課題之外，也勢必會引發越多的社會問題。正如同我在課堂上時常喜歡提問外文系同學的一個文學史領域的問題：從西方文學發展的脈絡來觀察，小說是一種最富於彈性的文體，沒有明顯外在上的格式，因此也最吸引眾多的作家們投入創作。然而在十九世紀初的浪漫主義時期，我們已可看到愛情小說、歷史小說、田園小說、歷險小說與風俗小說等包羅萬象不同類型的小說題材，卻何以「偵探小說」、「推理文學」的類型勢必非得要到十九世紀中葉的維多利亞時期才能問世？

答案當然得由社會史的角度來觀察。首先必須等到社會具備正式的警探偵緝體系後，偵探小說中這種針對破壞社會秩序力量的矯正與調整過程，才可能存在。直到 1842 年，英國倫敦警察署才成立了偵查部門，知名偵探小說家雷金納．希爾（Reginald Charles Hill，1936—2012 年）曾提到：「沒有警察單位就不可能出現偵探小說，儘管有不少現代作家在警察單位存在之前的時代嘗試寫偵探小說，但水準總參差不齊。」因此在社會發展尚未出現有組織的官方執法體系前，謀殺案相對較少也較為單純化，偵探小說就很難蓬勃發展。

為何我們認為當時的謀殺案相對較少也較為單純化？這還得由都市化現象的社會史角度來了解。在早期的傳統農業社會，人與人的關係是緊密、穩定而長期的，該時代的人際網絡除了血親姻親之外，大多皆由所謂的同窗同鄉等鄰里地緣關係所構成，整體的人際關係較好梳理。但等到工業化發展成熟的十九世紀的歐洲，都市化的進程加快，人口大量移居到都市，進化到一個不再只是憑藉親族鄰里關係紐帶的新型態生活，人的大量流動性與短暫瞬間的聯繫，造成了都市生活空間的複雜化，也給予犯罪增添了更多的空間和機會。

相信台灣許多長輩都還有共同的記憶，在那個都市化尚未成形的四、五〇年代，街坊鄰居的感情是如此的熱絡而緊密，也許整個村里就只有那麼一兩戶人家擁有黑白電視機，男女老幼數十人齊聚觀賞國際少棒賽的轉播；在酒足飯飽後的涼爽之夜，廟口前或涼亭裡總有那麼幾位泡茶抬槓的叔伯嬸姨，東家長西家短的對村里間的八卦瑣事品頭論足一番。傳統農業生活是相對透明化的，家家戶戶幾乎彼此認識，即使叫不出名也是熟面孔，在這樣的環境當中犯罪行為較難掩人耳目。《怪盜紳士亞森．羅蘋》（Arsène Lupin gentleman cambrioleur）的作者莫理斯．盧布朗（Maurice Leblanc）曾在他著名的羅蘋冒險故事裡，有過一個〈麥稈〉（Le Fétu de paille）的小短篇：一名乞丐老頭在農村裡進行偷竊，在犯案的第一時間即被認出，村裡的壯丁們迅速進行搜捕，駐守在村內各個道路交界處，期望能一舉擒獲乞丐偷兒。卻沒料到兩個禮拜過去了，村民與警方自忖竊犯絕不可能逃出層層封鎖，但為何這名罪犯卻能瞞過眾人的搜索，在重重包圍中人間蒸發？當然這裡我不需要公布謎底去破壞讀者的閱讀興致，透過此例我們足以證明傳統農業生活模式中，絕少有現代人所理解的「隱私」概念，瑣碎的個人行為甚至是罪行，往往很容易因為侷限的地緣性而被察覺。

都市化成長後，人與人的互動機會增多，人際網絡的擴大儘管讓新的時代生活變得多采多姿，卻也產生了更多的恩怨仇恨動機。在都市裡，商業利益、愛恨情仇甚至組織犯罪都遠遠比起傳統的農業生活來得錯縱複雜。都市生活裡有著層出不窮、森羅萬象的誘惑，也有不計其數的算計考量，最重要的是人們彼此的連結是短暫來去的，我們往往不太會與離職的同事保持長期的聯繫，也不太可能會記得上一位居住在同棟公寓裡的房客是哪位背景離鄉的上班族或大學生，這些短暫而偶然的關係，也大大增加了犯罪行為的隱藏。

1915 年由恐怖大師希區考克（Alfred Hitchcock）拍攝的《火車怪客》（Strangers on a Train）

1950 年代美國著名的犯罪心理小說家派翠西亞・海史密斯（Patricia Highsmith，1921—1995 年），她最為著名的《天才雷普利》（The Talented Mr. Ripley）系列曾被數度改編搬上大銀幕。派翠西亞早期有一部極具創意與聳動的小說《火車怪客》（Strangers on a Train），正可做為都市化犯罪現象的最佳範本：一名亟欲擺脫妻子的建築師，終日為了妻子無意解決離婚問題所苦。某日他在長途火車上與鄰座陌生人在三杯黃湯下肚後，打開了話匣子，對方是一個西部地區富貴人家的紈褲子弟，因覬覦財產而產生謀害生父的念頭。紈褲子弟提議既然雙方的人生都受到阻礙，皆有一個極恨之人欲除之而後快，不如彼此交換殺人對象，反正各自和對方死者無親無故，只要在雙方具有不在場鐵證時犯案，警方將難以追查到自己身上。

這樣的計謀在當時的讀者看來確實驚世駭俗，正常情形下警方在偵辦一件謀殺案，往往先朝情、財、仇三大基本方向偵辦，但假如罪嫌沒有任何目的也沒有任何地緣關係，警方整理線索時將增加其困難度。尤其，建築師和紈褲子弟僅是萍水相逢者，過去毫無往來，今後也無須再會面，全世界將沒有第三者得知今日兩人的約定。建築師原以為只是兩人酒後無心的玩笑，胡亂答應之後便匆匆下車，沒有想到不久之後他的妻子真的遭到謀殺了，命案發生時建築師的確因公出差而有具體的不在場證明。但兇案的發生已經讓他嚇出了一身冷汗，更令人發寒的是他收到了一封不具名的電報：「來自西部的問候，該你履行我們的約定了！」建築師顫抖不已，他該接受對方的要求去履行殺人計畫嗎？接下來是否會受到對方的威脅呢？

從十九世紀的維多利亞時代開始，由於加速都市化的進程，人際關係產生了許多偶發性的連結，使得生活更加複雜多變，犯罪行為也變得更加離奇詭譎，以至於偵探小說、推理文學因應時代的變遷而產生，大都市也成為了該類型文學裡的重要場景。

柯南·道爾就在這樣一個充滿著極大變動性、複雜化的維多利亞時代，創造了如此一位栩栩如生的文學角色。在福爾摩斯與華生醫生共同生活的倫敦，書中屢屢提到的瓦斯街燈、飄來忽去的濃霧、出租的雙輪馬車、便捷的鐵路運輸、貧民區幫派與扒手，乃至資產階級委託人的生活娛樂，全都構成了一幅維多利亞時代的風俗景象。道爾筆下的倫敦呈現在讀者眼前的是如此豐富多采的景觀，他藉由福爾摩斯與華生的雙腳，為我們建構了一個立體的「倫敦印象」，此絕對是這部鮮活生色小說得以風行逾百年的重要原因之一。

過去在一般的文學評論或研究領域裡，《福爾摩斯探案全集》總是難入學院派之眼，認為該部著作甚少文學價值，似乎談及維多利亞時代文學言必狄更斯、薩克雷、丁尼生、哈代等人，方能顯出一家之言的學究風範。不過就我所受過的歷史學訓練看來，能留傳百年以上的文學作品，絕對有其文化以及時代性研究的價值。《福爾摩斯探案全集》由柯南．道爾在 1886 年開始創作，直到他離世三年前的 1927 年一月份結束，創作時間長達四十餘年。這四十餘年時間不僅是道爾人生中最精華最亮眼的高峰，也是維多利亞時代晚期接續到愛德華七世統治，象徵大英帝國由盛轉衰的重要階段。因此凡書中論及到的國際局勢、社會現象、文藝休閒乃至言談用語，均可成為我們進一步了解該時代的參考資料。筆者儘管自忖末學膚受，仍勉力為之，期望能藉著《福爾摩斯探案全集》原作逐篇探索該時代的生活特徵，與讀者朋友分享其中的文史趣談及秘辛。並從中增進閱讀樂趣，那將是我撰寫本書最大的期望與慰藉了。

柯南・道爾略傳

一、成長與求學時期

說到柯南・道爾，凡是資深的偵探小說迷絕對不會沒有聽過這號人物；對於許多年輕的世代而言，近年來也時常在知名的日本動漫《名偵探柯南》中接觸到。儘管他並非史上最早開創偵探小說或推理文學者，但該類型文學的角色塑造、案發現場與犯罪模式的創舉，乃至在文學史上的貢獻，柯南・道爾仍可算是鼻祖，功不可沒。我們在談論《福爾摩斯探案全集》背後的文化面向與文史趣談前，還是有必要先花一點時間來了解這位名偵探創造者的一生。

亞瑟・伊格納修斯・柯南・道爾爵士
（Walter Benington 攝於 1914 年）

亞瑟・伊格納修斯・柯南・道爾爵士（Sir Arthur Ignatius Conan Doyle），於 1859 年 5 月 22 日出生於蘇格蘭愛丁堡，祖籍是愛爾蘭，日後以知名小說家著名的他，卻是出身自一個顯赫的繪畫世家。他的祖父約翰·道爾（John Doyle）是著名的政治漫畫家，今日的大英圖書館仍藏有其真跡。道爾還有三位伯父皆為當時極有名氣的職業畫家，在英國官方的《國家人物傳記大辭典》（Dictionary of National Biography）裡，道爾家族爺孫的三代人就占了五位。

位於蘇格蘭愛丁堡的聖十字宮前的哥德式噴水池，應為查爾斯·道爾此生最優秀的作品

柯南·道爾的父親查爾斯·道爾（Charles Doyle）也傳承了父親與兄長們的藝術細胞，成為了一名插畫家。只不過比起優秀的父親與兄長，查爾斯不免相形見絀，連父親約翰都不怎麼看好他，僅對查爾斯的兄長們寄予厚望。正因為老約翰認定查爾斯在藝術領域不可能有所成就，索性透過在公部門的人脈替他謀了一份差事，擔任愛丁堡皇家建築監督大臣的助理，查爾斯當時年僅十七歲，前程似錦。過去曾有傳記作家提到查爾斯日後為格拉斯哥大教堂設計新的彩繪玻璃窗，但是在大教堂裡卻找不到相應的史料應證。史家們大致認同，查爾斯畢生最傑出的成就便是在愛丁堡荷里路德宮（Holyrood Palace）前的皇冠噴泉設計圖。

1855年七月，二十二歲的查爾斯與十七歲的瑪麗·福利（Mary Foley）共結連理，兩人逐步建立起一個大家庭。瑪麗的素質內涵比起查爾斯·道爾不遑多讓，嬌小玲瓏、個性剛強，早年曾到過法國讀書。她習慣閱讀法文雜誌《兩個世界評論》（La Revue des deux Mondes）來了解時事，並對系譜學與歷史有著濃厚興趣。口才極佳的她時常對兒女講述中世紀歷史與傳奇故事，柯南·道爾自認為此生對文字的鍾愛和敘述故事的天賦，絕大部分來自母親的遺傳與影響。更使人敬佩的是，瑪麗的持家本領非凡，她與查爾斯總共生育了九個孩子，除了兩個夭折之外，其餘無一不是她含辛茹苦帶大的。

或許是查爾斯從小便不被父兄看重，在職場上也無法盡興一展長才，年紀輕輕的他便開始酗酒，尤好勃根第烈酒。正常情況下的查爾斯本來就略帶一點神經質，儘管他在業餘時間也會作畫，但卻寧可親手毀棄作品也不願賤賣，因此很少能賣得出去。酒癮發作時，查爾斯時常在街道上醉得不省人事，被人目睹在地上連滾帶爬，連自己叫什麼名字都說不上來。更要命的是，查爾斯不顧一切想要找酒喝，還時常動用到家中的存款，也把家中值錢的物品四處典當，使得道爾家負債累累。為此瑪麗與他衝突不斷，大動干戈，卻也無濟於事。某天夜裡，查爾斯在家想喝酒想瘋了，竟然打開了一瓶亮光漆狂飲。

父親的不負責任、惡行惡狀，甚至與母親的衝突齟齬，絕對是柯南·道爾從小最深刻痛恨的記憶。日後他曾在小說中塑造多名酗酒者的角色，如在〈黑彼得〉（The Adventure of Black Peter）裡：「這個人有些很特殊的地方。在日常生活中他是個嚴格的清教徒，沉默、陰鬱。……但他時常喝醉，一喝醉就變成一個道地的惡魔：據稱他曾經半夜把妻子和女兒趕出屋門，打得她們滿院子跑，直到全村的人被她們的尖叫聲驚醒。」柯南．道爾的成長記憶中，對父親的酗酒毛病感到痛心疾首，以至於在書中論及這類型人物時，絕對不會有任何的好感或憐憫，故事裡頭的這種人往往都不會有什麼好下場。

查爾斯．道爾和
七歲的柯南．道爾

1876年，查爾斯的精神狀況越來越不穩定，在公部門被迫退休。瑪麗在心灰意冷之下與他正式分居，隨後將查爾斯送往戒酒中心治療。可惜查爾斯已有二十多年的酒癮，加上不服管教，意志力又薄弱，時常有逃跑與神智不清的情形。於是他被轉送到了精神病院嚴加看管，瑪麗也確信與其把他放出來，查爾斯早晚會喝死，還不如將他拘禁起來較為安全。

查爾斯就在精神病院度過了他人生的最後幾年，清醒時還能寫字畫畫，但從中透露出他的孤寂心態和對過去的緬懷。1893年十月，罹患癡呆症與身體器官衰竭的他病逝於院中，得年六十一歲。

由於父親的無作為，柯南．道爾從小最親近的人是母親瑪麗。他在母親刻苦持家的身教下成長，儘管他上面還有三位姊姊（其中兩位夭折），但瑪麗始終對這個孩子寄予最大的厚望。柯南．道爾畢生非常崇拜母親，也將母親視為人生最大的知己，從他在 1867 年剛滿八歲時離家前往寄宿學校求學，柯南．道爾便時常給母親寫信。信中除了生活近況外，也時常分享閱讀心得、宗教觀，乃至政治理念，母子之間幾乎無話不談，直到 1920 年底瑪麗去世，這對母子通信時間保持五十四年之久而未曾間斷。

柯南．道爾的母親瑪麗．福利

這些信件將近有一千封，柯南．道爾去世後由後人捐贈給大英圖書館做為研究保存用，近年來也陸續出版成冊。筆者在撰寫《直到我死去的那一天：梵谷最後的親筆信》[1] 時，曾大量參考引用文森．梵谷（Vincent van Gogh，1853 － 1890 年）的書信全集做為梵谷藝術研究的補充，也透過書信澄清梵谷的割耳與自殺真相。因此我格外看重歷史人物的書信與日記文本的運用，對於研究者得以窺探其內在想法有所裨益。在接下來介紹柯南．道爾的生涯發展與心境轉折之處，我所運用的依據也大多數來自於這一批母子之間長年保持下來的信件史料。

道爾家族成員眾多，這是許多研究者在閱讀信件史料時首先遭遇的難題。家中的大姊安妮．瑪麗．法蘭西絲．柯南．道爾（Anne Mary Frances Conan Doyle），早柯南．道爾三年出生，過去的傳記作家很少對她有過多著墨，但七個孩子中只有她也姓柯南．道爾，中間名又有

1. 蔡秉叡，《直到我死去的那一天：梵谷最後的親筆信》，2015 年 6 月，華滋出版。

瑪麗，可見是肩負著父母極大的期望。安妮此生是個極為乖巧卻命運坎坷的女性，她自幼就是家中賢慧溫順的姊姊，時常協助母親料理家務和照顧弟妹。由於查爾斯無法善盡父職，家中的經濟情況十分拮据，二八年華的安妮選擇遠赴葡萄牙兼任家庭教師與保母，並定期寄錢回來填補家用，柯南．道爾也認為大姊是家中的頂樑柱。非常不幸地，1890 年，一場流感奪走了安妮年輕的性命，她終生未婚，為了這個家甚至還來不及追求自己的幸福與夢想。

柯南．道爾畢生都相當感念大姊昔日的栽培與照顧，我們可以發現，他在日後《福爾摩斯探案全集》裡有若干個篇章，如《四簽名》（The Sign of the Four）中的瑪麗．莫斯坦、〈銅山毛櫸案〉（The Copper Beeches）的范蕾特．杭特、〈獨行女騎者探案〉（The Adventure of the Solitary Cyclist）的史密絲、〈雷神-索爾橋探案〉（The Problem of Thor Bridge）的葛瑞絲．鄧巴，塑造了四位年輕的女性家庭教師，柯南．道爾若有似無地進行了某些程度的情感投射：她們皆來自上等或中產階級人家，教養良好，但不幸遭遇家道中落的變故，因此需要外出工作來負擔家務。在這些故事裡年輕女家教皆為無助、等待救贖的角色，若對照大姊安妮此生的處境與際遇，可想而知這些女家教絕不可能被設定為反面人物，這些應受到同情與保護的女性需要福爾摩斯伸出援手，正好表達了柯南．道爾內心深處對於大姊的惋惜與追思[2]。

2. 柯南．道爾的妹妹們後來均出外擔任家庭教師，因此他對於該工作的性質與不安全感有相柯南．道爾底下還有四妹一弟，分別是和他感情最好的洛蒂（Lottie），最漂亮的康妮（Connie），學業成績優異的艾達（Ida）與小妹荳荳（Dodo），以及小柯南．道爾十五歲的弟弟英尼斯（Innes），他在柯南．道爾執業後便隨兄長伯壎仲篪地共同生活。英尼斯是兄長此生堅定的支持者，成人之後投筆從戎，官拜准將。

1867年的秋天，八歲的柯南．道爾依依不捨地離開了愛丁堡的老家，前往蘭開夏郡的斯托尼赫斯特（Stonyhurst）預備學校就學。該校原本昂貴的學費不是道爾當時的家境所能負擔的，慶幸的是學校給了柯南．道爾一筆獎學金，免去他每年50鎊的學費。自此後的八年時光，僅有每年暑假六周時間柯南．道爾得以回愛丁堡與家人團聚，外宿生活讓他提早獨立去打理一切生活瑣事。也是從這個時期開始，道爾養成與母親通信談天的習慣，長達五十四年。

斯托尼赫斯特中學是一所傳統的天主教學校，除了一般學科之外，學校還有固定的靜修、聖餐儀式課程，目的在希望每一個孩子都能帶著堅定的天主教信仰畢業。在中學階段的叛逆成長期，柯南．道爾很快便對於該校傳授的僵化死板經文與偏狹虛偽觀點感到厭倦，這裡的生活與他日後徹底脫離天主教信仰有著極大的關聯性。

當的體認。〈銅山毛櫸案〉當中，在杭特小姐已找到一份家教工作後，柯南．道爾曾透過書中福爾摩斯的話表示：「我不得不說，那不是我希望自己的姊妹去應聘的工作。」

在學校裡，面對著拉丁文、代數、文法等課程，柯南·道爾並沒有顯露出特別強烈的興趣。他尤其不想學習歷史，直到他讀到英國著名歷史學家麥考萊（George Macaulay）[3]的書，「麥考萊的作品彷彿與我的一生交織在一起，簡短生動的句子，旁徵博引的典故，細緻入微的細節，這一切構成其作品的無限魅力，就連最懶的讀者也忍不住要讀下去。如果連麥考萊都不能引導讀者走上領略美妙意境的道路，那麼這種讀者無論如何都沒救了。」此外，收到外公寄給他幾本史考特爵士（Sir Walter Scott）[4]的文學作品也令柯南·道爾大開眼界。他開始如飢似渴地讀起這些經典歷史文學，「史考特的小說是我最早買的一批書，但一開始我還不能欣賞，甚至還讀不懂這些書。過了很長時間我才意識到這些書的寶貴。」如同六年級生會熬夜在燈下看金庸的武俠小說一樣，此時期的道爾時常挨著燭光讀這些騎士文學類小說，使他逐漸對歷史產生了濃厚的興趣。

1874 年的聖誕假期，柯南·道爾的伯父與姑媽接他到倫敦過節，此行意義相當重大，這是他首次抵達這個世界之都。時年十五歲的他，

3. 麥考萊（Thomas Babington Macaulay，1800—1859 年），英國著名歷史學家、輝格黨政治家。代表作為《英國史》（The History of England from the Accession of James the Second incomplete）。

4. 華特·史考特爵士（Sir Walter Scott，1771—1832 年），18 世紀末蘇格蘭著名也最受歡迎的歷史小説家。史考特的作品充滿無數浪漫的冒險故事，相當受到該時代讀者的喜愛，他最為膾炙人口的作品是《撒克遜英雄傳》（Ivanhoe，又譯《艾凡赫》、《劫後英雄傳》）。今日全世界到愛丁堡旅遊的觀光客皆能見到愛丁堡新城區路旁那座哥德式宏偉醒目的史考特紀念塔（Scott Monument）。

對這座文明進步的城市留下了極為深刻的印象。伯父除了帶他上倫敦劇院觀賞《哈姆雷》（Hamlet）[5]，還帶他參觀水晶宮的博覽會，許多新鮮的事物深深刺激了道爾的感官。另外，柯南．道爾對於栩栩如生的「杜莎夫人蠟像館」覺得趣味十足，尤其是恐怖蠟像區，激發出道爾另類的想像與創造力。值得注意的是，當年的杜莎夫人蠟像館舊址正位於貝克街上，這是道爾對此地名的第一印象。

隔年暑假，柯南．道爾以優異的成績通過了大學入學考試，並獲得了一筆獎學金。回顧他的中小學生活，道爾認為「斯托尼赫斯特的教育制度並不好。要是我有兒子，我也不會把他送到這所學校去。他們管理學生更多是恐嚇，而不是愛和理性。」在進入大學的前一年，道爾還特地到奧地利的費爾德克希（Feldkirch）中學遊學一年，目的是加強他的德文，順便出國開拓視野。他覺得費爾德克希的教育方式比起斯托尼赫斯特來得開放充實多了，道爾很快地從原本怨恨叛逆的性格轉變為一個循規守法的年輕人。短短一年內，他在學校樂隊學會了演奏低音號（Tuba），還與同學創辦校刊。此時的道爾接觸到美國作家埃德加．愛倫．坡（Edgar Allan Poe）的作品，立即拜倒在這位驚悚大師的文筆下，除了麥考萊和史考特之外，尚未有哪個作家對他有如此大的吸引力與影響。

---

5. 此處採用台大外文系及戲劇系教授彭鏡禧於 2014 年《哈姆雷》聯經版修訂本中的觀點：「莎劇 Hamlet 一般音譯為《哈姆雷特》，但原文 Hamlet 只有兩個音節，其中的『t』更只是舌尖輕輕點到為止，和中文裡特別重的第四聲『特』實不相符，所以『特』予刪除。」

倫敦杜莎夫人蠟像館（圖片來源：Nikos Roussos）

正當柯南・道爾在奧地利遊學的期間，父親查爾斯被公部門強制退休，家中的經濟狀況愈發拮据，母親瑪麗肩上的擔子更加沉重，深深地影響了道爾一家。首先是柯南・道爾爭取到一筆蘇格蘭學生獎學金，為了節省開支於是決定留在愛丁堡當地就讀大學；其次是繼大姊安妮遠赴葡萄牙兼任家教後，瑪麗也決定讓妹妹洛蒂和康妮走上這條路；再者母親決意將家中最大的房間清理好空出來，再轉租給另一位房客貼補家用。柯南・道爾當時無法預料，新房客的入住將對他與家人產生重大的衝擊。

這名房客叫做布萊恩・查爾斯・沃勒（Bryan Charles Waller，

1853 — 1932 年），是一位僅年長道爾六歲的愛丁堡醫學院學生，沃勒家境優渥，溫文儒雅，自稱是貴族後裔，道爾多次從母親的來信中察覺到瑪麗對這名年輕醫科生的好感，頗為不悅。沃勒每月支付一筆豐厚的租金，讓道爾一家的生活情況改善不少，隨即全家便脫離了小公寓，搬進了一所更為寬敞的宅子。但查爾斯．沃勒不久後也與妻子分居，新家裡頭只有非親非故的沃勒與道爾家的女性們同住，怪不得遠在奧地利念書的柯南．道爾會覺得憤怒。

許多的傳記史家幾乎都對這位沃勒先生的行為，以及所扮演的角色感到費解。首先，以他本身的家境情況完全有能力自行租房，甚至還能住在更為高級的房宅。但他為何偏偏選擇與道爾家族共同擠在同一個屋簷下？這個問題百餘年來始終未得其解。其次，1877 年瑪麗生下了最後的一個孩子，柯南．道爾的小妹妹一荳荳，當時查爾斯．道爾行蹤成謎，瑪麗獨自前往幫荳荳辦理戶口登記。而沃勒卻當上了荳荳的教父，甚至荳荳的全名當中有布萊恩（Bryan）的字眼，確實啟人疑竇。再者，在瑪麗人生中最後的四十年，始終居住在沃勒老家約克夏的房子裡，此點更讓人百思不解[6]。但如今所有史料當中並沒能找到證據表示瑪麗與沃勒發生過性關係（這樣的史料證據應該

6. 1883 年，瑪麗搬到了沃勒老家約克夏的莊園裡，兩人僅是鄰居，而並非同在一個屋簷下，但瑪麗未曾付過租金。柯南．道爾屢次在信中提議母親南下與他一起住，瑪麗卻總是回絕。瑪麗晚年放棄了天主教信仰，與沃勒一同信奉英國國教，可見兩人在思想上的互動。1896 年，沃勒娶了一名年輕的妻子，奇怪的是，沃勒還時常跑到瑪麗家中一同用餐，即便惹惱妻子也不在意。沃勒曾說，他生平最愛吃的食物便是瑪麗所做的咖哩。

也極難找得到），有學者認為兩人年紀相差太大，一個二十多歲的醫科生，應該不太可能被一個年長自己十多歲的半老徐娘給吸引，做出如此的判斷或許過於武斷[7]。也有學者認為其實沃勒愛上了柯南·道爾的大姊安妮，不過此時的安妮早已離家到葡萄牙擔任家教了。無論如何，瑪麗與沃勒兩人之間的關係，絕對不是只有房東太太與房客那樣的單純。

沃勒還時常主動寫信向柯南·道爾示好，鼓勵他勇敢做自己，放棄天主教信仰，並強烈建議他學醫。沃勒本人天生充滿自信、極富主見與意志力，也善於做冷靜的思考判斷，他散發出一種使人很難抗拒的魅力。柯南·道爾對他的感情是複雜的，面對這個非親非故卻與家人和樂同居的男人，他產生了極大的排斥感。但沃勒的長處，像是導師或兄長般的熱切關懷以及對自己的鼓勵與開導，又令柯南·道爾備感溫馨並言聽計從。後來柯南·道爾決定申請進入愛丁堡大學醫學院（University of Edinburgh Medical School）就讀，身為沃勒學弟的他，又在生活與課業上與沃勒更頻繁地接觸。曾有研究者主張柯南·道爾後來所創造的福爾摩斯形象，在若干的個性行為上，例如自信有主見、冷靜而剛毅，應該就是從沃勒身上移植而來的。無論如何，這位房客、學長、母親的好友，確實在柯南·道爾的生命過程具有重要的影響性。

7. 畢竟，中西方歷史上如伊底帕斯（Oedipus）、拿破崙與約瑟芬、蕭邦與喬治桑、武則天與唐高宗李治、明憲宗朱見深與萬貴妃等戀母情結、姐弟戀的案例亦所在多有。

1906年的愛丁堡大學醫學院

1876年，柯南·道爾進入愛丁堡大學醫學院就讀，時至今日該所醫學院仍是英國國內最為優秀知名的學府之一，本書後文章節將會陸續介紹多位出身自這間學校的英才。只是這間學校不像牛津或劍橋那樣有豐富多姿的校園生活，校園景觀與社團活動也刻板無趣，柯南·道爾確實不怎麼喜愛在這裡學習的時光，他認為那是「一段漫長辛苦的歲月，成天死啃植物學、化學、生理學，還有一大堆必修課，其中很多跟救死扶傷沒有直接關係。」不過這所醫學院對學生的訓練學習要求很高，每學期都有很多學生多數科目被當掉甚至退學，柯南·道爾曾自己估計，每一千名學生最後僅有四百名左右能畢業。即使如此，道爾的學習過程卻十分認真，他將一年的課程壓縮到半年，以便騰出幾個月的時間擔任醫生的助理，賺取生活費。

在愛丁堡醫學院就讀期間，對柯南·道爾日後影響最大的人，莫過於才華洋溢的喬瑟夫·貝爾（Joseph Bell，1837—1911年）教授。

全世界的福爾摩斯迷皆知，他才是真正福爾摩斯的原型。貝爾教授當年四十歲上下，身形瘦長，鷹勾鼻，眼神銳利，動作敏捷，活脫脫就是書中福爾摩斯的模樣。貝爾教授是醫學院中的傳奇人物，學生們非常喜歡修他的課，他善於觀察、邏輯縝密、長於推論，總能在課堂上吸引眾人的注意力。柯南．道爾曾擔任過貝爾教授的助理，屢屢能從旁觀察到貝爾教授的風範與處世觀。關於貝爾教授的觀察與推論能力，柯南．道爾曾記述有一位病人來到他的面前，貝爾馬上推斷此人是個士兵，令病人與旁觀者驚訝不已。貝爾隨即解釋：「這個人雖然禮貌客氣，但沒有脫帽敬禮，這是部隊裡的規矩。他的口音是蘇格蘭人，身上皮膚有象皮病，此病在西印度群島才有，而蘇格蘭軍隊此時正好駐紮在那裡。」明顯可見，後來故事中福爾摩斯的形象以及那套足以唬住當事人的「第一印象」推理能力，完全是從貝爾教授身上所複製。貝爾教授自己也認為，如果能夠準確料到病人的背景，病人將對醫生深感佩服進而信心大增，這將有助於接下來的醫療進行。

喬瑟夫．貝爾教授被公認為福爾摩斯的原型

現實中，貝爾教授並非如故事中的名偵探那般神機妙算，屢屢料中。有一次貝爾教授判定某病人是在樂團工作，「沒錯，醫生。」病人回答道。貝爾得意地回頭轉向學生，「各位看，我說得對吧。這個人臉部的肌肉癱瘓了，應該是吹管樂器所導致的結果。」他再次轉向病人問，「先生，那麼你是吹奏什麼樂器的呢？」「我是敲定音鼓的！」病人沒好氣地回答。

柯南．道爾當然不會在故事裡讓福爾摩斯出這樣的糗，否則委託人或許會掉頭就走了。但他仍終身感念貝爾教授對他的提攜，在 1892 年出版《福爾摩斯冒險史》（The Adventures of Sherlock Holmes）時，書中的首頁有著柯南．道爾向恩師的致謝辭：

我創作夏洛克．福爾摩斯絕對要歸功於您，雖然在故事裡，我可以把他放在各種戲劇化的場景裡，但是我想他的分析工作一點兒也不比我所見到的您在門診室創造的那些效果更誇張。

愛丁堡醫學院裡並不只有貝爾教授令柯南．道爾印象深刻，心理學教授威廉．魯斯佛（William Rutherford）聲如洪鐘，虯髯滿面，熱情奔放，成為了日後柯南．道爾撰寫《失落的世界》（The Lost Word）裡男主人翁查林傑（Challenger）教授的原型。而專精毒物學的羅伯特．克里斯帝森教授（Robert Christison）一向威嚴高傲，曾在發表過的論文中討論到，用粗棍子猛擊屍體來研究屍體身上瘀青的實驗，閱讀至此福爾摩斯迷應當都可以聯想到在《暗紅色研究》（A Study in Scarlet）裡，華生醫生敘述他的新室友如此怪異的行為。在醫學院的求學時期，儘管柯南．道爾還不曾想過未來將會以寫作為終生職業，但這些生活周遭的人事物已深刻烙印在他的腦海中，靜待他未來的創意發揮。

為了貼補家用，柯南．道爾將基礎的醫學訓練與實習相互結合，常利用課餘時間擔任醫生助理。1879 年之間他常跟隨醫生到伯明罕一帶的貧民窟出診，藉此機會親身目睹下層民眾的生活，此番經歷對他日後的創作極其有益。於此同時，他開始試著創作一些短篇小說來投稿，《薩薩薩峽谷之謎》（The Mystery of Sasassa Valley）是他此生第一篇被雜誌社登出的故事，他逐漸意識到自己的寫作天分，躍躍欲試。

原先柯南．道爾的計畫是能在四年內將所有課程修完提早畢業，但在 1880 年初，有位與柯南．道爾熟稔的同學居里（Currie）原想擔任捕鯨船「希望號」（Hope）的船醫，隨船航行到北極待七個月，後來因故無法成行。柯南．道爾在確定了此份工作可獲得十先令月薪，每捕獲一噸鯨油又可得三先令分紅的條件下，自願頂替了居里同學的這份差事。於是，1880 年的二月份至八月，柯南．道爾僅帶著幾本書和筆記本、簡單的行李與一副拳擊手套，展開了海上航行的生活，並在這趟旅程度過二十歲的生日[8]。

這一段長程旅途面對海天一色與澄澈的陽光，船隻四周布滿了浮冰，以及穿過鼻腔的冷冽北極空氣，對於剛成年的柯南．道爾來說是

8. 柯南．道爾的二十歲成年禮是在海上度過的。他在 1880 年的 5 月 22 日當天的日記中記載：「整日風浪很大。我今天成年。在這樣的地方過生日的確是很新奇的體驗，離北極只有六百英里左右。度過相當悲慘的生日傍晚，不知為何，我感到一陣噁心。船長好心讓我吞下兩大塊芥末，幫我催吐，我覺得自己好像嚥下一座維蘇威火山，吐了之後，我感覺舒服多了。」

相當新鮮且深刻的體驗。儘管他是以船醫的身分隨船出發，但大多數船員仍舊將他看做是孩子，柯南．道爾也自告奮勇登上小艇與船員們獵捕海豹，竟數次不慎跌入漂滿巨大浮冰的海中，險些失去知覺溺死。此番初生之犢的行為，還被船長謔稱為「偉大的北方跳水員」。其實船長一路上都對柯南．道爾照顧有加，偶爾在船艙休息時，還會與他聊起《浮士德》（Faust）與莎士比亞文學，令柯南．道爾領悟到並非每個捕鯨船上的人都粗鄙無文。

身為船醫，柯南．道爾須照顧治療船員們的生理病痛。此次航行有位名叫安德魯的年邁船員，就因腸套疊[9]的現象，令柯南．道爾束手無策，死在了他的懷裡，這是他的杏林生涯中所面對第一個往生的患者。

在船上的期間，柯南．道爾最常閱讀的書籍是歷史哲學家卡萊爾的《英雄崇拜》。卡萊爾的觀點在柯南．道爾的青年時期有很深的影響，此時正逢過著追捕鯨魚、獵捕海豹的刺激生活，若干程度符合卡萊爾英雄史觀的論調，讓柯南．道爾有了自我催眠的呼應作用。而長時間的航行，也激發了柯南．道爾對愛情的渴望，「當你有六個月未能看見女人的臉孔時，你才知道真正的傷感是什麼。」柯南．道爾唯有透過書本得到暫時的心靈慰藉。關於卡萊爾對柯南．道爾的影響，甚至與《福爾摩

9. 「一種腸子疾病，部分的腸段凹陷到其他部分的腸段中，使食物或液體無法前進，並且阻塞於某個腸段，造成組織缺血壞死。如果沒有立即治療一開刀是最後手段一可能會致命。但對於 1880 年一名待在船上毫無開刀器械與助手的大三醫學生來說，這樣的手術是不可能進行的。」轉引自亞瑟．柯南．道爾著、黃煜文譯，《柯南道爾北極犯難記》，台北：大塊文化，2014 年版，頁 63。

斯探案》的關聯性，我們就留到後面章節與讀者討論。

在母親瑪麗終日提心吊膽的期盼之下，1880年的8月11日，柯南·道爾返回陸地生活，他畢生未曾後悔這次的航行經驗，「我上船時還只個浮誇、渙散的年輕人，但我下船時已是個強壯、成熟的男人。我這輩子身體一直相當健康，無疑是受到北極新鮮空氣的影響，而我的精力充沛，也應該是在北極捕鯨時訓練出來的。」柯南·道爾認為自己是在北緯 80° 的地方進行了成年禮，意義重大。至於他在航行途中所記下的日誌，其內容不論是船員們怎麼殘忍地擊殺海豹、魚叉手如何準確投擲魚叉、北極格陵蘭一帶的風光形貌等等，內容並不僅是敘述一個男孩如何成長為男人的故事，更為後世見證了如今已不復見的北極海上生活寫真。

返回校園生活後，柯南·道爾在剩下的學期裡加緊準備期末考，並在 1881 年五月取得了醫學士和外科碩士學位，順利畢業。該年年底，也許是急著需要一筆錢開業，他二度擔任船醫的工作，這回是由利物浦前往西非三個月。柯南·道爾對這次短暫旅程的印象極差，「這是世界上最糟糕的國家了。從來沒有見過這樣的鬼地方，什麼都不配，只配被咒罵！」到底什

1880 年 3 月 16 日柯南·道爾的北極航海日誌（圖片來源：Conan Doyle Estate Ltd）

麼原因讓柯南·道爾對這裡氣急敗壞呢？原來他在西非的奈及利亞得了熱病，也對當地的所見所聞提不起興趣，直言與其在當地做個有錢人，還不如在英格蘭當個窮人。

由於在大醫院爭取成為外科醫生的競爭實在太過激烈，柯南·道爾決定先與一位熟識的學長巴德（George Turnavine Budd）合夥開業，巴德的事業做得有聲有色，但瑪麗深感巴德為人不是很正派，多次奉勸兒子遠離這號人物。柯南·道爾起初還對母親的勸告置之不理，但在擔任巴德助手半年之後，確實發現此人不僅小心眼還嚴重違背醫學倫理，遂與之分道揚鑣，由此可看得出身為母親的瑪麗品鑑人物的眼光比起兒子還世故而犀利。1882 年六月，柯南·道爾搬到樸茨茅斯（Portsmouth）的南海城（Southsea），正式獨立開業看診。

二、從杏林到文壇

南海城位於樸茨茅斯郊區，是座熱絡的港口貿易都市。1882年六月，柯南・道爾在榆樹林布希住宅（Bush Villas in Elm Grove）一號租了間房，正式開業。初到此地的他，在扣除租金之後身上僅剩幾先令，常常只能白開水配著麵包果腹，屋裡只能點蠟燭照明，日子過得十分拮据。那段時期，柯南・道爾時常在半夜裡走出大門口擦拭他的門牌，只因不想讓附近鄰居以為他請不起傭人。他省吃儉用在當地報上登了一則小廣告，別出心裁地公告：「柯南・道爾醫生診所已遷至榆樹林布希住宅一號。」目的是要暗示讀者，這名醫生是從別處遷過來的，而非菜鳥新鮮人。儘管如此，仍舊沒有什麼人上門看診。「還沒有病人前來，但很多人路過會停下來看一下我的那塊門牌。星期三晚上二十五分鐘之內就有二十八人，昨天我數了一下十五分鐘內就有二十四人。」診所內的醫生竟能閒到來計算經過門口看牌的人數，聽起來頗為諷刺。

不久之後，當時十歲的弟弟英尼斯來到南海城與兄長共同生活，柯南・道爾答應母親會妥善照顧弟弟，他認為過些時日待看診的病人增加後，英尼斯可以幫忙負擔些簡單的跑腿打雜工作。英尼斯並不覺得來到這裡的生活有多清苦，畢竟之前住在愛丁堡時還有更糟的時候。

在《福爾摩斯探案》中的某幾個篇章裡，位於貝克街 221 號 B 座租屋處有個名喚比利的小聽差，可能也是早期英尼斯在兄長身旁協助的原型。關於這名小聽差比利，大多數讀者往往沒有留下太多印象，不過圍繞在他身上仍有一些特別的話題，我將留到後面的章節再做介紹。

幾個月下來，上門看診的病患略有增加，但柯南．道爾亟欲改善當下的生活品質，遂開始抓緊時間從事文字創作。1882 年的下半年，他的〈「北極星」船長〉（The Captain of the Pole-Star）短篇故事，獲得了雜誌社的青睞。可想而知，此時的他對於前年的那趟北極成年之旅仍舊充滿了懷念與想像，接下來的幾篇都還是屬於捕鯨與航海題材故事。其中最成功的一篇〈哈巴庫克．傑佛遜的證言〉（Statement of J. Habakuk Jephson M. D.）得到了《康希爾》雜誌（Cornhill Magazine）的採用，這家雜誌是當時知名的全國性雜誌，文章刊出後獲得熱烈的迴響。故事內容取材自當時代有名的幽靈船「瑪麗．塞勒斯特」號（Mary Celeste）在 1872 年於東大西洋遭到遺棄，從葡萄牙海邊一直漂流到非洲，有一群乘客強占了這艘受詛咒的船，後來卻互相殘殺到一個都不留[10]。由於故事呈現得太過真實，以至於有讀者以為這是一篇時事報導，還有民眾覺得這件事實太過殘忍而抗議，官方的海上救援單位甚至發表聲明「絕無此事」，當時的書評還誤以為是著名的驚

10. 這幽靈船類型的故事後來常被搬上大銀幕，藉由畫面特效與音效使驚悚的程度青出於藍。如 2002 年由 Warner Brothers 公司推出的《嚇破膽》（Ghost Ship）與 2009 年英國 Dan Films 公司拍攝的《汪洋血迷宮》（Triangle），皆是令人屏氣凝神，血脈噴張的驚悚恐怖電影。

悚小說家史蒂文森（Robert Louis Stevenson）[11] 所寫的，而柯南・道爾自此開始更加投入小說的創作[12]，再加上他加入了樸茨茅斯文理會（Literary and Scientific Society），社交圈的擴大有助於診所的名聲，原先的清苦生活也漸漸轉虧為盈。

在過去大多的傳記裡，樸茨茅斯文理會往往容易被忽略不記，但這段境遇確實對柯南・道爾的人生產生關鍵的影響。這個社團主要由當地的知識份子、藝文界人士組成，藉由常態性的演講或讀書會增進彼此交流。柯南・道爾晚年曾回憶，正是加入這個社團讓他的文學視野得以擴展，而他原先容易緊張害羞、缺乏自信的缺點，也正是透過該社團常態性的演講，使他得以磨練面對群眾，大膽表達自己的觀點。此外某天柯南・道爾聽了文理會舉辦一回關於「漢普郡中世紀考古與古文物研究」的演講，自此中世紀的主題開始令他產生濃厚興趣，日後他的《白色軍隊》（The White Company）就以此為背景撰寫。

---

11. 史蒂文森（Robert Louis Stevenson，1850—1894年），亦為出生於愛丁堡的知名小説家、隨筆作家與社會評論家。他最著名的作品如《金銀島》（Treasure Island）、《化身博士》（Strange Case of Dr. Jekyll and Mr. Hyde）等佳作，在百餘年來受歡迎的程度始終在文學排行榜上，甚至在影視相關作品中歷久不衰，其創作風格更是日後許多冒險奇幻文學與電影的先驅。之後將有專章討論他。

12. 1883年柯南・道爾曾發表一篇科幻作品《血中生死》（Life and Death in the Blood），故事內容提到一個人能將身體縮小為千分之一英寸，在如此情況之下，進入到另一人的身體中，穿越動脈壁開始歷經奇幻冒險。以今天的眼光看來，這近乎是漫威公司（Marvel Studios）旗下英雄故事《蟻人》（ANT MAN）的濫觴了。雖然今日柯南・道爾之名僅以筆下的福爾摩斯傳世，但就前述〈哈巴庫克・傑佛遜的證言〉與《血中生死》等篇章審視，他無疑也是一名想像力十足的小説家。

埃莫爾·韋爾登（Elmore Weldon）小姐是柯南·道爾在這段時期的女友，也是他的初戀情人。埃莫爾來自愛爾蘭的一個富裕家庭，將來會繼承一筆1500鎊的遺產，也許是自幼的嬌生慣養，這對年輕的男女之間時有口角爭執。儘管柯南·道爾時常在給母親的信中讚美埃莫爾的好，甚至多次表明想要娶她，但瑪麗從未對這名富家千金有過任何的好感。柯南·道爾的初戀後來也無疾而終。面對人生第一次失戀的那幾天，柯南·道爾參加了當地的一個舞會，在會場上喝了個酩酊大醉，酒後失態的他竟向在場半數的婦女求了婚，不管是已婚或未婚的。隔天他還收到一封署名「露比」的信，信中答應了他的求婚，「但我根本想不起來她是誰。」柯南·道爾無奈地表示。

1884年至1885年，柯南·道爾的人生開始有了轉變。首先是他意識到，總是發表短篇小說是成不了名的，「一定要在大卷本的封面上署上名字，唯有如此，你才能張揚獨特的文風，不管這樣的文風給你帶來的是榮譽也好，是罪名也罷。」他決定嘗試寫內容三卷本以上的中長篇小說。其次，他決定繼續往博士學位深造，除了既定的小說投稿之外，另撥出一段時間來構思博士論文的撰寫。開業之後，由於沒有醫學博士的頭銜，柯南·道爾往往不敢跟病患催收看診費用，對於自己在職業上的困境，他決心暫時利用手邊資源來完成論文。

這段日子所發生最重要的事，是柯南·道爾終於結識了日後的妻子一路易絲·霍金斯（Louise Hawkins），小名圖依（Touie），留著一頭棕色捲長髮，還有一張圓臉與藍色眼睛，比起柯南·道爾大了兩

路易絲・霍金斯

歲。起因於圖伊的弟弟傑克・霍金斯（Jack Hawkins）是柯南・道爾的住院病患，之所以選擇住院，主要是傑克罹患了腦膜炎，顯然活不了多久了。柯南・道爾會同另一位派克醫生的診斷意見，決定讓傑克的最後日子在小診所內接受穩定妥善的照料。才過兩天，傑克便在診所內過世[13]，儘管圖伊已有心理準備但仍舊傷心不已。這名「安靜，面容姣好，二十多歲，嗓音甜美」的患者姊姊憂傷不已，激起了柯南・道爾憐香惜玉之情。於是他時常抽空登門拜訪，陪著圖伊散步解悶，還為她講述了許多精采的傳奇故事沖淡憂傷情緒。「在我開始跟她說話或者說得知她的名字之前，我就莫名地同情她，對她充滿興趣。或許是因為她特別溫柔害羞，然後就喜歡上樂於助人、富有男子氣概的我？」聽起來似乎柯南・道爾頗有往自己臉上貼金的意味。不過在 1895 年的日後，一本名為《婦女之家雜誌》（Lady's Home Journal）的刊物曾採訪過圖伊，她表達了當年的想法，「我對這個男人產生了感激之情，因為他曾盡力醫治拯救過我弟

13. 慶幸的是當時還會同另一名派克醫生的診斷意見，證明柯南・道爾已經竭盡所能醫治傑克。畢竟有患者在年輕醫生的診所內不治身亡，可能得接受調查，甚至面對惡毒的謠言。柯南・道爾事後回想也覺得自己當年的決定太過輕率，「那個年輕人的死很可能被金錢利益牽扯進去，聰明的律師也許能從中撈到一筆。不管如何，當時只要有一點懷疑，我剛剛有起色的診所將毀於一旦。生活的道路上真是險象環生！」

弟的病。而這種感激之情也漸漸發展為一種更為熱烈的情感。」在兩個人交往後不久，關心兒子的瑪麗也專程來看望，並對圖伊感到滿意。

1885 年八月，柯南・道爾與圖伊來到母親居住的約克郡瑪松吉爾村舍（Masonggill）舉行婚禮，此處是沃勒的地產，令人百般不解的是柯南・道爾還找了沃勒擔任他的男儐相，而他的父親查爾斯此時已經被精神病院監禁[14]。婚後兩人回到共同的故鄉愛爾蘭去度蜜月。對柯南・道爾而言，婚姻生活沒有太多的激情，主要是一份關愛的感覺。圖伊是一位維多利亞時代的傳統婦女，個性隨和婉約，儘管她與先生的醫學工作、藝文活動搭不上線，但她女工熟練，還能彈得一手好鋼琴，在道爾工作休息之餘，圖伊往往會貼心地幫丈夫準備煙斗、拖鞋與威士忌。

直到 1886 年之間，柯南・道爾的生活逐漸步入佳境。美滿的婚姻讓他的內心有穩定的安全感，診所每年大約有 300 鎊的收支，圖伊還能由父親的遺產獲得每年 100 鎊的贈與，再加上柯南・道爾每則短篇小說的稿費平均約有 4 鎊，生活上已不虞匱乏。「婚後，我的思維更敏捷了，我的想像力和表達能力都大幅改善。」正在這個時候，他開始構思中篇的小說結構，並嘗試新穎的犯罪題材。此時柯南・道爾還不知道，他即將創造出文學史上最知名的傳奇角色。

14. 婚禮當天除了雙方的親屬外，幾乎沒有什麼外人參加，最應當算是外人的應該是當時也在行醫開業的沃勒，這號人物的身分以及跟道爾家族的關係確實過於複雜而神祕。而除了找沃勒擔任婚禮男儐相這件事令人不解之外，父親查爾斯的作用僅出現在結婚證書上的新郎父親一欄。查爾斯在進入精神病院後，道爾一家似乎從未探訪過他，唯有他那個遠在外地的大女兒安妮，或許是察覺自己會早逝，還特別留了遺囑指定將一筆微薄的存款給父親。

這年的三月到四月之間，柯南．道爾僅用了六周的時間，便寫完了第一個福爾摩斯故事，起初名為《謎團難解》（A Tangled Skein），之後改名為《暗紅色研究》（A Study in Scarlet Letter，或譯血字的研究）。在嘗試過驚悚、奇幻類型的短篇小說後，柯南．道爾想要挑戰的是兼具犯罪、冒險與鬥智情節的作品。晚年他曾回憶：

> 我認爲自己能夠寫一些新鮮、活潑、更大眾化的東西。加布里歐（Gaboriau）[15]的故事一環扣一環，引人入勝；愛倫．坡故事中的名偵探杜賓（Dupin）是我男孩時代以來心目中的英雄。我能在他們的基礎上增添東西嗎？我想到了以前的老師喬瑟夫．貝爾。他長著一張鷹臉，行爲怪異，卻有發現細節的獨特技巧。如果他是一名偵探，肯定能把偵探從充滿魅力但缺乏系統性的行業變成一門嚴謹的科學。我想試試能否在小說裡取得這樣的效果。

與他的前輩加布里歐和愛倫．坡相較之下，柯南．道爾這部小說中的冒險情節更加豐富，人物的刻劃也較為突出。他將貝爾教授的推理能力及樣貌、杜賓的審慎細膩、樂寇警探的追蹤技巧，結合了沃勒的高傲冷酷，成為了福爾摩斯的基本形象。本書除了交待福爾摩斯與華生的結識過程，以及名偵探如何展現絕佳的推理辦案技巧外，另一項特色就是在故事的後半部，涉及一件可追溯到十年前美國西部猶他

15. 加布里歐（Émile Gaboriau，1832—1873 年），法國偵探小說之父，於 1866 年創造了樂寇警探（Monsieur Lecoq）一角，樂寇善於追蹤案發現場的足跡等線索，該特點也被柯南．道爾複製在福爾摩斯身上。

州的復仇故事，即使是單獨成篇也足以令人拍案叫絕、大呼過癮。儘管柯南・道爾迅速完成本書，但卻對它抱了很深的期望。他再度投稿到《康希爾》雜誌，總編輯詹姆斯・潘恩（James Payn）先前相當肯定那篇以假亂真的〈哈巴庫克・傑佛遜的證言〉短篇小說，他讀過《暗紅色研究》後承認確實很精采，但仍舊將它退稿。主要的考量是這部作品對一本雜誌而言，全文刊登後篇幅會太長，若要分期連載卻又太短，而且市面上充斥著許多同類型的廉價小說。柯南・道爾接連試了兩三家雜誌社，大多都遭到原封退回。他在給母親的信中沮喪地說，「我可憐的《暗紅色研究》，除了潘恩之外，再無人讀過。文學就像牡蠣，想敲開它真的不是那麼容易。」

約莫過了半年，一間名為「沃德洛克」（Ward, Lock & Co.）的出版社以盛氣凌人的語氣致信柯南・道爾，表示讀過他的作品，內容還算可以。但目前無法讓它出版，因為今年預定出版的廉價小說已經飽和，如果作者

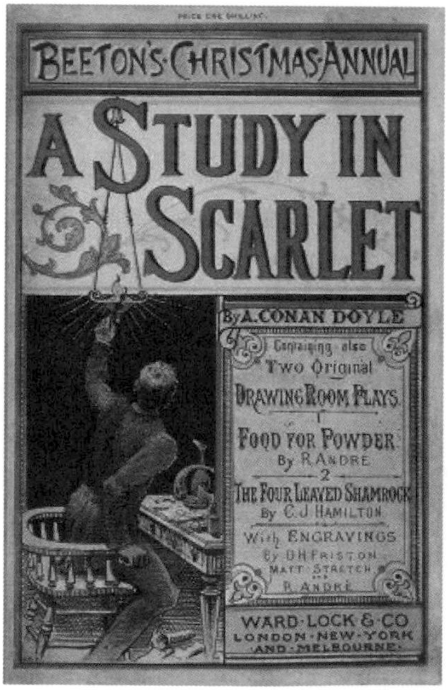

《暗紅色研究》首次刊登在 1887 年的《比頓聖誕年刊》

本人不反對壓稿一年，出版社將以 25 鎊的價格買斷版權。就柯南・道爾的立場而言，延遲作品的出版或許不如低廉的稿費來得重要，於是他向對方要求版稅，但立即遭到回絕。「在遭受接連的打擊之後，我已經有點灰心。或許接受他們的條件是個明智的選擇，至少這樣能保證我的名字為公眾所知，不管出版有多晚。這樣一想，我就答應了。作品收錄在 1887 年《比頓聖誕年刊》（Beeton's Christmas Annual）。此後我就再也沒收到過一分錢。」在沒有其他出路的情形之下，柯南・道爾無奈地賣斷了本書的版權。更遺憾的是，這篇作品出版之後仍舊沒有給他帶來多少的知名度，時至二十一世紀的今日，該期的《比頓聖誕年刊》保存下來的寥寥無幾，所以它的身價也一再飆升。在當年，這款廉價雜誌只是為了來打發消磨聖誕假期，閱畢後即丟，任誰也想不到它在文學史上竟還能博出個名號。

柯南・道爾已無心再去理會《暗紅色研究》，接下來的時間他準備投入篇幅更宏大、更有文學性的作品。從學生時代開始，柯南・道爾就對麥考萊與史考特的歷史著作及浪漫主義文學有著極深的憧憬。在他看來，想要擠身一流文學家之列，狄更斯、薩克萊、喬治・艾略特等人都寫過歷史小說，因此必須投入這種嚴肅正規的文學類型，才能早日擺脫廉價文學作家等級。柯南・道爾終其一生都懷抱著如此的觀念在創作，但百餘年後的我們，莫不知曉他是以《福爾摩斯探案》聞名於世，恰好這類型的小說是他永遠都不屑去看重的，相反地他所看重的歷史文學類作品今日全然銷聲匿跡、乏人問津，或許這是他畢生奮鬥的文學道路上最大的諷刺吧！

1888年柯南·道爾完成了《米卡·克拉克》（Micah Clarke）這部以十七世紀詹姆斯二世時代清教徒反叛為背景的歷史小說，書中描述了多處的動作與戰爭場面。儘管創作時查閱了許多資料，也投入了相當大的心血，但沒有任何出版社對這本書有興趣，甚至連《康希爾》編輯潘恩都埋怨柯南·道爾說他為何要在這種歷史小說上浪費自己的時間和才能。柯南·道爾不厭其煩地寫信給幾間熟識的出版社，甚至採取了低姿態，表示願意自費出版，也極力想保留這本書的版權。由此可知，歷史文學在他心中的重要性，絕非廉價小說可比擬。

《米卡·克拉克》出版後反應還算不錯，柯南·道爾也頗為滿意，如今已有兩本書脊上印著自己名字的單行本書籍了。不過這時候最令他感到高興的，莫過於他與圖伊第一個孩子的誕生—大女兒瑪莉，是柯南·道爾親手接生的。根據柯南·道爾晚年的回憶，約略是在這個時期他受到友人的邀約，開始接觸「降靈會」活動。這是一種私人小團體藉由所謂的靈媒招喚，以神秘的敲擊或聲音指示來與靈界溝通的活動，其實當中充滿了太多的詐騙與障眼手法，卻在十九世紀中葉開始流行起來。柯南·道爾最初也對此抱著相當大的懷疑，但看著越來越多文化界的友人加入，他也不排斥參與該項活動，儘管初期並不十分熱衷，但這種降靈會將對他的晚年造成相當大的負面影響，此為後話。

1889年前後，柯南·道爾有了屬於自己的中長篇著作，家中也增添了新生命的喜悅，可謂春風如意。此時正逢美國費城《利平科特月刊》（Lippincott's Monthly Magazine）的總編輯斯托達特（J. M. Stoddart）來到英國，想為雜誌社尋找專欄作家約稿，《康希爾》的編輯潘恩便建議斯托達特同柯南·道爾談談。這是柯南·道爾文學生涯中極具重要性的一次會面，雙方在1889年8月30日約在倫敦的朗廷（Langham Hotel）酒店共進晚餐，該晚斯托達特還邀了另一位知名文學家奧斯卡·王爾德（Oscar Wilde）[16]。對於這次的晚宴能與這位才子文人會晤，柯南·道爾又驚又喜：

這對我來說確實是非常重要的一晚。令我驚奇的是，王爾德居然也看過我的《米卡·克拉克》，還非常熱心地跟我談論起這本書，這讓我感覺自己不像個局外人。與他的交談至今記憶猶新。論名聲地位，他都在我們所有人之上，但他看上去並沒有對我們的談話感到厭煩。他深諳一門技巧，那就是讓人覺得他對所有的話題都感興趣。他有敏銳的感受力和鑒賞力，這非常難得，一個喜好長篇大論的人，不管他

16. 奧斯卡·王爾德（Oscar Wilde，1854－1900年），愛爾蘭作家、詩人、劇作家，英國唯美主義藝術運動的倡導者，也成為了十九世紀晚期倫敦最受歡迎的文學家之一。代表作有《道林·格雷的畫像》（The Picture of Dorian Gray）、《莎樂美》（Salomé）、《斯芬克斯》（Sphinx）等篇。1895年，被指控與昆斯貝理侯爵（Marquess of Queensberry）之子「雞姦、嚴重猥褻罪」，引發當年社會譁然，遭判入獄兩年。出獄後遷往巴黎，1900年因腦膜炎病逝，葬於巴黎拉雪茲神父（Cimetière du Père-Lachaise）公墓。墓碑造型按其詩集《斯芬克斯》意象，雕刻為一座飛翔的獅身人面像，每年仍吸引世界各地遊客前往致敬獻吻。

多麼睿智，本質上都不會是個紳士，而他不會給人這種印象，因爲他還善於聆聽。

英國大文豪奧斯卡．王爾德

斯托達特以100鎊至少四萬字的稿費向這兩名作家邀稿，後來王爾德果然完成《道林．格雷的畫像》（The Picture of Dorian Gray）這本傑出的代表作，此書中所隱晦的道德觀念與同性戀意識震驚了維多利亞社會。柯南．道爾也推出了第二部福爾摩斯小說《四簽名》（The Sign of the Four），他僅僅用了兩個月時間便將其完成。故事進一步交待了福爾摩斯與華生的共同生活，涉及的角色也不遜於前作：裝木腿的神祕男子、會吹毒箭的邪惡侏儒、野心勃勃的錫克教徒，伴隨著一連串的奪寶任務與泰晤士河上的遊艇追逐場景，足以讓讀者沉迷迅速發展的情節而忘乎所以。《四簽名》自從在1890年發表後，除了博得許多評論者的讚賞外，更得到了許多讀者的熱烈回應。

柯南．道爾自此名聲大開，他終於不再為稿子沒有地方發表而發愁了。王爾德也寫了封信向他道賀，「我明白我的作品缺乏您的兩大特色，您在著作中熟練駕馭了力量和情感，並達到一個難以企及的高度。」在文壇開始站穩腳步後，柯南．道爾馬上又想投入下一部歷史文學的創作了，這些《白色軍隊》等一系列以中世紀為背景的故事，陸續在他腦海中醞釀。令人遺憾的是，從今天的角度看來，他花費在歷史文學方面的心血成效，完全被潘恩編輯料中：「完全是浪費時間和才能」[17]。

1865 年的朗廷酒店

由於在朗廷酒店的那場晚宴對柯南．道爾的職業生涯有著關鍵性的影響，使他永難忘懷驚奇的那一晚以及該地點，他隨即在《四簽名》的開頭部分，就將案件委託人瑪麗．摩斯坦（Mary Morstan）的父親在倫敦下榻的飯店設定於此。後來他在《福爾摩斯探案》的短篇故事中至少還有〈波希米亞醜聞〉（A Scandal in Bohemia）與〈法蘭西絲．卡法克小姐失蹤案〉（The Disappearance of Lady Frances Carfax）重覆提及此地，比對其他故事中曾提及的真實倫敦場景，朗廷酒店出現的頻率頗高。朗廷酒店是 1865 年由當時的威爾

17. 儘管潘恩先生不喜歡柯南．道爾的歷史小說，但他還是以兩百磅的高價買下《白色軍隊》在《康希爾》雜誌的連載權。柯南．道爾直到晚年，仍對《白色軍隊》這部中世紀的作品感到滿意，「這部書我已經無法超越了！」當然，這部作品在日後並沒有得到太高的評價，出版業界也逐漸不再發行，甚少人如同後來擔任美國總統與二戰盟軍統帥的艾森豪（Dwight David Eisenhower）曾表示在兒時閱讀這本書時，人生觀受到若干影響。

斯親王（即後來繼承維多利亞女王的愛德華七世）所投資，花費兩年多時間建造完成，堪稱當時最現代化的大飯店。它是全英國最早在走廊使用電力照明的旅館，也擁有第一台液壓升降電梯，許多到倫敦參訪的國外觀光客皆喜愛於此下榻，包括美國名作家馬克．吐溫（Mark Twain）與法國皇帝拿破崙三世。

1892年第二部福爾摩斯小說《四簽名》書封

令人感到遺憾與心痛的是，大姊安妮在葡萄牙因流感病逝的消息傳回英國，年僅三十三歲。這位家中的頂樑柱為了分擔家務，犧牲了自己的青春與愛情、遠赴他鄉掙錢，「就在我事業剛剛小有成就，能夠將她從長期的奴僕生活中解放出來的時候，她卻離開了人世。彷彿上天看到她完成了使命，想召喚她回去，讓她得以好好安息吧。我想不到還有什麼人能比姊姊更崇高、更無私呢？」柯南．道爾在信中難過地說。

1880年底，醫師友人建議柯南．道爾別再當地方上的家庭醫師，改攻專科並轉往倫敦才能增加收入。這項提議也讓柯南．道爾決意將南海城的診所關閉，「在地方當醫生簡直是浪費時間，沒有空間施展身手。」他決定改攻眼科，而當時歐洲在眼科的研究與發展最具專業、開拓性視野之地，便是奧匈帝國的政治與文化中心維也納。柯南．道爾帶著圖伊雄心勃勃地前往維也納修習眼科專業學分，不過此行後來卻匆匆結束，他的德文程度不夠好，學習成效大打折扣。儘管如此，在 1891 年三月份，他仍舊到了倫敦，並在大英博物館街區的蒙塔古街（Montague Place）開了一間眼科診所[18]。

維多利亞時代的倫敦是世界之都，沒有兩把刷子，想在這裡闖出一番名號來是非常大的挑戰。眼科開業之後，診所生意非常冷清，柯南．道爾日後回憶：

我付了每年一百二十鎊的租金，在那裡租了個前屋的房間，候診室是公用的。不久我就發現這兩個房間其實都是「候診室」……每天早上我從蒙塔古地的住所走到診室，到的時候大概是十點。然後坐到三四點，可從來沒有人按門鈴打擾我。哪裡還能找到比這更好的環境，能讓我冥想、寫作呢？這樣眞是再好不過了。從醫越是不成功，我就越有機會搞文學創作。

不到幾個月，柯南．道爾做了生涯裡的重大決定：棄醫從文。平

18. 1891 年三月，這是柯南．道爾正式定居在倫敦之始。此前雖然他將《福爾摩斯探案》的故事主要場景設定為倫敦，卻對這座城市的印象仍停留在兒時聖誕節到伯父、姑媽家度假時的記憶。他也向斯托達特主編坦承，「看到我書中煞有其事地展現關於倫敦的知識細節，你一定會好笑，我可是在郵局的一張地圖上整理出來的。」此外關於蒙塔古街，在日後〈馬斯格雷夫禮典〉（The Adventure of the Musgrave Ritual）裡，柯南．道爾也藉由福爾摩斯口中表達：「第一次來到倫敦，我住的地方叫做蒙塔古大街，就是大英博物館所在街區的一個拐角。我在那裡一邊等工作上門，一邊學習各門自然科學，當時我就想這些學科對我日後的工作應當會有用。」書中角色的情況與柯南．道爾的真實人生有若干符合。

心而論，這樣的決定無疑是正確的，百年後經過對柯南．道爾的信件、回憶錄的仔細爬梳，我們得知他在維也納改攻眼科時期，對於該項專業技術的心力與時間投入是相當不足的。因此至少就現實面而言，我們倒不如希望柯南．道爾的眼科診所門可羅雀，一則避免發生不必要的醫療糾紛，二來更可讓他大多的時間心力投入於文學創作，嘉惠更多的讀者，如此應當是最好的選擇。

就在柯南．道爾毅然決心投入文學創作後，馬上有一份創辦不久具有新生活力的雜誌《河岸雜誌》(The Strand Magazine)向他遞出了橄欖枝。柯南．道爾直覺到：「這本雜誌給我的印象是有一個角色能貫穿一系列作品，如果這個能吸引讀者的眼球，那麼讀者也就喜歡上了這份雜誌。」為了確實達成這個目標，他向《河岸雜誌》提出一項原則：「不同期雜誌的故事都是斷開的，這對吸引讀者的注意力不利，畢竟讀者難免會有錯過一期的時候。所以乾脆讓一個角色貫穿連載的各個部份，但每個部份又自成一體，如此一來購買者總能確保他可以欣賞雜誌的全部內容。」

為了驗證他的想法，柯南．道爾再度搬出福爾摩斯，一口氣寫了兩則短篇故事〈波希米亞醜聞〉（A Scandal in Bohemia，或譯波宮秘史）與〈紅髮會〉（The Red-Headed League），《河岸雜誌》的總編輯赫柏特．葛林霍．史密斯（Herbert Greenhough Smith）閱畢後大喜，立即鼓勵柯南．道爾以此架構寫下去。而〈波希米亞醜聞〉在 1891 年七月發行後，大眾的反應確實也完全符合作者與出版社的預期，書中的福爾摩斯腳踏實地地出現在現實生活當中，他搭乘著大眾所熟悉的馬車或火車，不時出沒在倫敦的濃霧之中，他習慣閱讀《泰晤士報》，也時常到劇院聆聽歌劇，更與維多利亞時期社會各階層的大眾來往接觸，因而讀者自然而然相信他是社會現實中的一員，感到真實難忘。此外，首篇故事裡的情節順應了社會大眾對於王室醜聞的好奇心，書中角色於現實生活中的對應足以產生話題性，自此柯南・道爾登上了英國最暢銷的小說家之榜，擠身社會名流之列。

《河岸雜誌》的總編輯赫伯特・葛林雷・史密斯

棄醫從文後，他也決定離開倫敦市中心，帶著家人搬到了南諾伍德特尼森路（Tennison Road）12 號的郊區住宅，專心從事寫作[19]。

柯南・道爾藉由福爾摩斯的故事幾乎是一夕爆紅，《河岸雜誌》的銷售量很快便竄升到五十萬本，據雜誌社內部調查，讀者幾乎都是衝著福爾摩斯而來。總編輯史密斯稱讚柯南・道爾是愛倫・坡之後最偉大的短篇小說家，並延請時下優秀的插畫家希德尼・佩吉特（Sidney

19. 柯南・道爾從此收入大增，逐漸能帶給自己與家人更高層次的物質生活。尤其是多年來始終肩負著道爾一家生計重擔的母親瑪麗，道爾不時匯給她豐厚的生活費。晚年道爾回憶：「我常常對她說：『媽媽，您老了之後，一定要好好享受一下，穿絲絨衣服，戴金邊眼鏡，安詳地坐在火爐邊休息。』謝天謝地，這個願望終於實現了。」

Paget）[20] 來為這幾篇連載小說繪製插畫，這使得福爾摩斯消瘦高大、眼神銳利、髮際線高，鷹勾鼻的形象躍然紙上，逐漸深入人心[21]。每個月到了《河岸雜誌》的出刊日，總能看見書報亭前大排長龍的人潮，讀者紛紛想對福爾摩斯最新的冒險記錄一睹為快，這位由柯南．道爾所虛構的偵探角色已成為維多利亞晚期社會的文化偶像。

由插畫家希德尼．佩吉特所繪的福爾摩斯形象深植人心

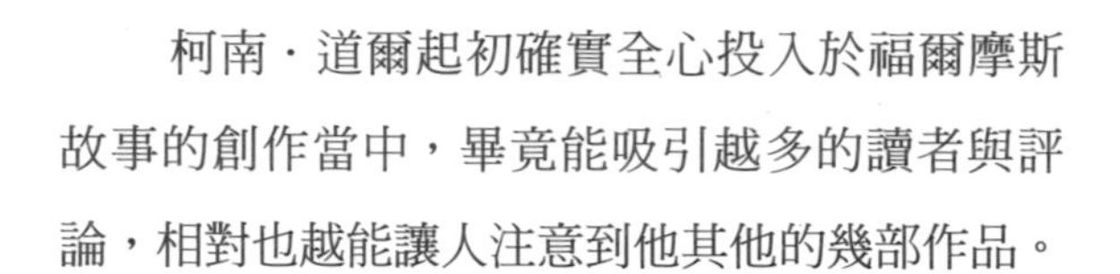

柯南．道爾起初確實全心投入於福爾摩斯故事的創作當中，畢竟能吸引越多的讀者與評論，相對也越能讓人注意到他其他的幾部作品。在他推出最初的六個短篇福爾摩斯故事後，《河岸雜誌》立馬再邀他寫六篇，此時的柯南．道爾身價已非同小可。最初的六則短篇故事，雜誌社平均以每篇三十五鎊支付他，但接下來的六篇邀稿，柯南．道爾主動提出總共一千鎊的天價稿費來回應，雜誌社二話不說答應下來，只求柯南．道爾能每月按期交稿，可見雜誌社簡直將這名棄醫從文的作家當成搖錢樹了。

20. 《河岸雜誌》原意是想請希德尼的兄長沃爾特．佩吉特（Walter Stanley Paget）來為福爾摩斯故事繪製插畫。當時沃爾特名聲較大，先前曾繪製過《金銀島》（Treasure Island）與《賓遜漂流記》（Robinson Crusoe）等名著。在陰錯陽差下弟弟希德尼接下此任務，而希德尼筆下的福爾摩斯形象，正是其兄長沃爾特的樣貌。

21. 之後還配合戲劇形象漸漸加入了那著名的獵鹿帽以及菸斗，使得這樣的形象於今日通行於全世界，並成為福爾摩斯的形象特徵，以及情報、徵信業的商標。

1892 年 10 月，《河岸雜誌》將福爾摩斯系列最初的十二個短篇故事集結成《夏洛克．福爾摩斯冒險史》（The Adventures of Sherlock Holmes）發行，三年內總共銷售了二十五萬冊，柯南．道爾更加自信當年棄醫從文的選擇是對的，自信心大增的他創作速度驚人，平均每個短篇故事用不了一週時間即可完成。然而《福爾摩斯探案》仍舊只是柯南．道爾視為自身事業路途上的墊腳石，待其名聲遠播與身價飛漲後，他終究要將全副的心力投入歷史文學的創作上。也因此，這些福爾摩斯系列儘管撰寫疾速，卻盡是不經意之作，當中充滿了許多明顯的矛盾與錯誤。例如，在《暗紅色研究》中提到華生的愛犬「小公狗」幾乎從未出現過。在〈歪嘴的男人〉（The Man with the Twisted Lip）中，約翰．華生的妻子當著外人的面，稱呼他「詹姆斯」[22]。〈斑點帶子案〉（The Adventure of the Speckled Band）中道爾杜撰了一條來自印度的沼澤地蝰蛇，事實上根本沒有這種蛇類，而蛇也不喝牛奶、沒有聽覺，更不會沿著拉鈴把手爬行。日後的〈紫藤居探案〉（The Adventure of Wisteria Lodge）故事背景年代，也莫名其妙地發生在福爾摩斯失蹤的三年之際。

實際上，柯南．道爾在世時就已明瞭自己的故事中有著數不盡的矛盾錯誤了。當編輯跟他說書中記載某條鐵路線並未通過該地時，他頗有自信的回答：「那是我加蓋的。」道爾認為只要故事情節能夠

22. 日後在 1908 年，道爾在給友人史密斯（H. Smith）的信件中也曾提到，打算寫一本關於福爾摩斯好友詹姆斯．華生醫生的日記摘錄。可見他不時記錯自己作品中人物的姓名。

達到驚人的結果，細節上的瑕疵無關緊要。如此的觀念更可看出柯南・道爾一點也不在意這些故事是否能夠在文學史上占有一席之地，遑論永垂不朽；更何況他自己也不認為這些只能助他賺錢的通俗文學有什麼細節修改的必要性。早在 1892 年出版《夏洛克・福爾摩斯冒險史》單行本的前一年，柯南・道爾在給母親瑪麗的信件中，就已決定要讓福爾摩斯死去，他迫不及待想要脫離該角色的糾纏，將時間心力挪往以法國路易十四時代為背景的歷史文學創作。

身價飛漲使得柯南・道爾在 1891 年之後便邀約不斷，這當中有的是邀稿、有的是演講，還有些是舞台劇的創作，炙手可熱的他在事業道路上一帆風順，不久又喜獲麟兒金斯利（Kingsley），令柯南・道爾喜不自勝。作品的成功也讓他成功進入了英國藝文圈，吉卜林[23]、H・G・威爾斯[24]、史托克[25]這些著名的文學巨匠皆與他結識，

23. 約瑟夫・魯德亞德・吉卜林（Joseph Rudyard Kipling，1865 — 1936 年），出生於印度孟買的英國作家。主要著作有兒童故事《叢林奇譚》（The Jungle Book）、《基姆》（Kim）、詩集《營房謠》（Gunga Din）等。迪士尼電影在 1967 年的《森林王子》及 2016 年的近作《與森林共舞》皆改編自他的《叢林奇譚》。

24. 赫伯特・喬治・威爾斯（Herbert George Wells，1866 — 1946 年），英國著名小說家、社會學家和歷史學家。他所創作的科幻小說在文學史上影響深遠，如《時間機器》（The Time Machine）、《莫洛博士島》（The Island of Doctor Moreau）、《隱形人》（The Invisible Man）、《世界大戰》（The War of the Worlds）等都是 20 世紀科幻小說中的主流話題，也被先後改編為好萊塢電影《時間機器》、《攔截人魔島》、《隱形人》、《世界大戰》上映，貢獻卓著。其歷史作品《世界史綱》（The Outline of History）講述縱貫從地球形成到第一次世界大戰時期的歷史，行文通俗，語言風趣，儘管非嚴謹的歷史學研究著作，卻廣受大眾歡迎。

25. 亞伯拉罕・布拉姆・史托克（Abraham Bram Stoker，1847 — 1912 年），英國知名小說家與劇作家，以代表作《德古拉》（Dracula）聞名於今。關於他的故事後續將有專文介紹。

這些文人社交圈彼此之間往往都有牌局、板球、高爾夫、晚宴的交流，進階到這樣的生活正是道爾企盼已久的。在過上如此體面生活前，他在潦倒之中已經掙扎多年：先是想成為醫生，後又改行當作家，如今終於一償宿願，成功擠身上流社交圈，道爾藉著他的筆成功了。

然而，福兮禍之所伏，1893 年 10 月，在精神病院監禁多年的父親查爾斯．道爾傳來病逝的消息，即使父子已多年不見，身為長子的柯南．道爾仍須為父親操辦喪事。禍不單行，幾周後柯南．道爾與圖伊在外出度假返鄉途中，由於圖伊不斷地咳血，經過專家診治後被告知得了肺結核，且該病已在她體內潛伏多年。自己也是學醫出身的柯南．道爾，考慮到妻子的家族病史，也有預感圖伊恐怕會早夭，即便如此他仍舊感到震驚與難過。十九世紀時期的肺結核無異於不治之症，甚至有「白色瘟疫」之稱，絕大部分患者最終都難免一死。濟慈（Keats）[26]、韋伯（Weber）[27]、蕭邦（Chopin）[28]、勃朗特姊妹（The

26. 約翰．濟慈（John Keats，1795—1821 年），英國浪漫主義代表詩人，也是棄醫從文者。著名作品有《恩底彌翁》（Endymion）、〈夜鶯頌〉（Ode To A Nightingale），年僅二十五歲便因肺病早夭。

27. 卡爾．馬利亞．弗里德里希．恩斯特．馮．韋伯（Carl Maria Friedrich Ernst von Weber，1786—1826 年），德國浪漫主義代表作曲家。最傑出的代表作為《魔彈射手》（Der Freischütz），被視為德國帝一部浪漫主義歌劇。他與莫札特有姻親關係，同樣英年早逝。

28. 弗雷德里克．弗朗索瓦．蕭邦（Frédéric François Chopin，1810—1849 年），波蘭作曲家和鋼琴家，19 世紀浪漫主義代表人物。創作了大量鋼琴作品，如敘事曲、前奏曲、練習曲、夜曲皆為經典代表作，有「鋼琴詩人」之稱。

Brontës）[29]等許多十九世紀顯赫的名人皆因肺癆而早逝，對於自己身為醫生卻沒能及時為愛妻診斷出病症，柯南・道爾內心飽受煎熬，自責不已。

大多數柯南・道爾傳記均認同柯南・道爾自從藉由福爾摩斯故事登上全國知名暢銷作家後，越來越不看重廉價通俗文學的價值，終究因心繫於歷史文學的創作，憤而將這位筆下的名偵探賜死。「所有的事情都有自己的標準，但是我相信，如果我沒寫過福爾摩斯探案，我現在的文學地位會高一些。福爾摩斯分散了大眾對我更重要的作品注意。」此時有雜誌社向他邀稿寫出新的偵探冒險故事，柯南・道爾往往不假思索地回絕；甚至當《暗紅色研究》改版上市前，雜誌社請他重新寫序，柯南・道爾還無情地回答：「偵探故事是一種初級的文學樣式，根本不值得為其作序。」透過柯南・道爾在 1892 年至 1893 年間的信件內容，很清楚可以觀察到，他對福爾摩斯故事極其厭煩，縱使雜誌社再如何砸重金邀稿他也決定結束它。實際上，我認為道爾妻子圖伊在這段時間的得病，造成他身心的煎熬與倦怠感，更有著推波助瀾的作用。首先是出自於丈夫與醫生角色的自責，其次道爾應該多次想到當年妻弟傑克也是病逝於他的診所內的情景（儘管當年傑克已病入膏肓），可以想見此時期柯南・道爾的心理壓力有多麼大。對他

29. 指三位著名的姊妹文學家。分別為夏綠蒂・勃朗特（Charlotte Brontë，1816—1855 年），代表作為《簡愛》（Jane Eyre）、愛蜜莉・勃朗特（Emily Brontë，1818—1848 年），代表作為《咆哮山莊》（Wuthering Heights）、安妮・勃朗特（Anne Brontë，1820-1849 年），代表作為《荒野莊園的房客》（The Tenant of Wildfell Hall）。

而言，此時最重要的應該是陪伴愛妻養病，珍惜最後的相處時光，也應盡力妥善照料之，讓圖伊病情得以舒緩。

1893年十二月初，柯南・道爾在結束蘇格蘭的巡迴演講後，馬上帶著圖伊與妹妹洛蒂前往瑞士阿爾卑斯山麓的小鎮達沃斯（Davos），此處的清爽空氣有利於肺癆病患養病。在旅行途中，柯南・道爾見識到落差有著兩百五十公尺深的萊辛巴赫瀑布（Reichenbach Fall）風光，站在瀑布邊給人強烈莫名的震撼與恐懼感，他毅然決定，就在此地結束福爾摩斯的性命。1893年底，《河岸雜誌》刊出了福爾摩斯系列故事的〈最後一案〉（The Adventure of the Final Problem），華生醫生沉重地記錄下福爾摩斯與死敵莫里亞蒂教授（Professor Moriarty）雙雙墜入萊辛巴赫瀑布的深淵裡[30]。柯南・道爾終於鬆了一口氣：「糟糕透頂的福爾摩斯死了，他該死。因為我過於沉迷他，以至於我對她的感覺就像我對肥鵝肝醬的感覺一樣，由於吃得太多，現在一聽到他的名字我就噁心。」[31]

30. 有趣的是，若讀者有機會到瑞士萊辛巴赫瀑布一遊，將能見到有關單位在瀑布旁設立的告示牌，上頭寫道福爾摩斯與莫里亞蒂教授於1891年5月4日在此墜落的記載。足可見該文學作品在現實社會以及百年後的影響力之廣。

31. 儘管柯南・道爾是學醫的理科背景出身，但他自小從學生時代，最令他感到無趣厭煩的科目就是數學。儘管他不是第一個也不是最後一個因為代數、幾何或惱人的二次曲線而無法實現人生目標之人，但他絕對是第一個根據這樣的經歷創作出一個反面文學角色的人。所以討厭數學的他，就將這個臭名昭著的反派角色，設定為福爾摩斯的宿敵一數學家莫里亞蒂教授。

福爾摩斯與死敵莫里亞蒂教授雙雙墜入萊辛巴赫瀑布的深淵裡

三、戰爭與政治

1893 年十二月，福爾摩斯的死震驚了英國社會。如本書在序章中的情景，大批書迷如喪考妣，甚至發起了為名偵探服喪的社團運動；《河岸雜誌》的訂閱量驟減兩萬份，憤怒的讀者來信如潮水般湧進雜誌社，許多人侮辱謾罵柯南．道爾，有的請求作者筆下留情，只是面對廣大讀者的反彈聲浪，柯南．道爾依舊不為所動。馬丁．費德（Martin Fido）在《柯南道爾所不知道的福爾摩斯》（The World Of Sherlock Holme，或譯福爾摩斯的世界）中批判：「這是非常不專業的作法。亞瑟應該勇於拒寫福爾摩斯，而不是陷出版商於不利之地，害他們最受歡迎的連載人物，再無起死回生的可能。」

儘管福爾摩斯已死，但柯南．道爾仍有應接不暇的演講邀約。1894 年下半年，他將圖伊安頓在賴蓋特（Reigate）的娘家休養，帶著已成年的弟弟英尼斯一同前往美國，進行兩個多月的巡迴演講。從華盛頓特區馬不停蹄到芝加哥，柯南．道爾受到了美國群眾的熱烈歡迎，萬人空巷。柯南．道爾向來對美國這個新興國家的印象良好，他曾在過去的〈單身貴族案〉（The Adventure of the Noble Bachelor）裡，藉由福爾摩斯表示：「結交一個美國人總是令人愉快的，包括我在內的許多人認為，多年以前君王的愚蠢行為和大臣的錯誤，不會妨礙我們的子孫在某一天成為同一世界大國的公民。在這片國土上，將飄揚著米字旗和星條旗組合在一起的國旗。」[32] 毫無疑問，柯南．道爾支持英美兩國共同在世界霸主的道路上攜手前進。

對於圖伊的病情，柯南．道爾仍舊十分掛懷，每當演講或創作告一段落，他便時常帶著愛妻前往郊區或空氣乾爽之地度假。（甚至前往炎熱乾燥的埃及度假）某次他聽見一位罹患肺結核多年的友人建議，英格蘭東南部的薩里郡（Surrey）的郊區有助於肺癆病患養病，那裡的清新空氣還使這名友人的生命得以延續，柯南．道爾聽後毫不遲疑地前往該地，並在黑斯爾米爾（Haslemere）買下了一塊地皮，立刻計畫興建一棟寓所要與愛妻同住。

1897 年年底，柯南．道爾帶著家人正式遷入黑斯爾米爾的新居，他將此命名為「林蔭別墅」（Undershaw，在盎格魯 - 薩克遜方言中，是樹木林立之意），這是一棟有著紅磚山形牆的別墅，也是該地區最早供電的房宅之一，耗資柯南．道爾近一萬鎊興建完成。內部有著寬敞可容納三十人的餐廳、十一間臥室，還有馬廄、網球場，也聘了幾位僕人。我們可以感覺到，柯南．道爾為了讓愛妻過上最舒適的調養生活，用盡了一切的心力與財力去彌補心中的自責與遺憾。然而，這段夫妻的感情此刻正靜悄悄地

32. 絕大多數讀者閱讀福爾摩斯故事時，會集中注意力在與案件有關的敘述與對話上，甚少發現到柯南．道爾往往會藉由福爾摩斯之口，發表自己的政治論點或價值觀。這也是我認為該叢書除了具有娛樂價值，透過充滿了人性矛盾掙扎的犯罪事件與意有所指的對話，能夠反映現實社會面貌以及歷史參考的意義所在。

變質中。

對於時年三十八歲的柯南・道爾來說，圖伊的肺癆使他們的夫妻關係逐漸名存實亡，儘管柯南・道爾費心盡力照顧病中的妻子，但內心確實頗受煎熬，四處演講時只能孤身前往，喜愛運動的他也沒有愛妻在身邊一同溜冰、騎自行車，更遑論性生活實在乏善可陳。在晚年的回憶錄中，柯南・道爾坦言這段時期過得十分抑鬱，直到 1897 年年初，琴・萊基（Jean Leckie）小姐來到他的生命當中。

柯南・道爾家中的孩子在林蔭別墅外的車道玩耍（約攝於 1900 年）

二十多歲的琴來自蘇格蘭一個豪門世族，有著棕色捲髮和綠色的明眸，個性開朗活潑，曾在學校主修聲樂，最特別的是她也喜歡從事戶外休閒活動。1896 年年底，柯南・道爾曾帶著英尼斯出席南海城的活動，英尼斯在活動場合與琴一見如故，於是邀請琴擇日到林蔭別墅做客，開朗健談的琴從此就成為道爾一家的好友。柯南・道爾第一眼就頗欣賞這位外向奔放的年輕女孩，特別是她的興趣又與自己如此的相近，兩人總有說不盡的共同話題可聊，很快地他便發現自己早已陷入情網，不可自拔了。

琴・萊基（約攝於 1906 年）

柯南・道爾在晚年的回憶錄中，他從未否認在圖伊還在世時，雙方便已兩情相悅。但對一個身在維多利亞時代，重視榮譽感與紳士行為的男人而言，他必須對圖伊以及他們的這段婚姻負責，陪她走過最後的時光。另一方面他也必須顧及到琴的名譽，兩人維持低調的柏拉圖式感情關係。現今我們在柯南・道爾留下的書信與回憶錄當中，甚少能看到對於他與琴這段關係的相關紀錄，對於此時他的心路歷程難以捕捉。但想必對柯南・道爾這樣一個與家人幾乎無話不談的人，極力保持低調，是對兩位他深愛的女性最大的尊重[33]。對琴而言，她也知道柯南・道爾此刻還必須陪伴在圖伊的身邊，而默默地選擇一份沒有確定時間的等待。她與柯南・道爾兩人的這段精神戀情，還得等待十年後方能修成正果。

33. 在道爾與母親瑪麗的通信裡，只是偶爾提及琴到家中做客等瑣事，未曾交代兩人還有其它互動，或是私下的想法。相較於道爾在談及自己的作品、政治議題或日常生活諸事，皆能與母親侃侃而談，這是相當罕見的。兩年後，1899 年六月道爾在給英尼斯的信件裡，首次將這件事告知家人：「你不必擔心會發生什麼變故，也不必擔心會給圖伊造成傷害。我還是像從前一樣愛她，只不過我的生活裡有一片巨大的空白無法填補，現在有了萊基就不一樣了。一切都會和諧如初，沒有人會受傷，對我對萊基都好。我會謹慎處理，避免對任何人造成任何傷害。」

即使在情感波動之時，道爾仍是一位多產的作家。不僅是長篇歷史文學，他也兼寫社論與文評，似乎不管在任何條件下，發生什麼狀況，他每天都能堅持寫作。有時在晚飯過後他就在書房埋頭創作到深夜，有時在午後打完高爾夫球神清氣爽時寫。幾年下來道爾創作了多部的騎士文學故事，《河岸雜誌》依然與他有著長期合約，其中《羅德尼寶石》（Rodney Stonc）這篇小說就為他帶來了五千五百鎊的報酬。儘管福爾摩斯的故事已經結束，但美國演員及編劇威廉．吉勒特（William Gillette，1853 —1937 年）來信詢問柯南．道爾能否將福爾摩斯改編為戲劇登上舞台，柯南．道爾很爽快地答應了。

1899 年，《夏洛克．福爾摩斯》在倫敦轟動上演，由威廉．吉勒特扮演福爾摩斯，該劇的宣傳以「偉大偵探迄今尚未發表的故事」為噱頭吸引觀眾。其中第一版的劇本便是由道爾執筆，其實只是將先前發表過的幾篇故事匯編在一起登台演出罷了，儘管如此在當年仍是萬頭攢動，證明這些年來社會大眾依舊沒有忘了這位大偵探。直到二十一世紀的今天，將近有八十位演員將福爾摩斯搬上大小銀幕近兩百六十次的紀錄[34]，但威廉．吉勒特是史上第一位扮演福爾摩斯的演員，也是迄今扮演次數的最多的（他此生總共扮演了一千三百多次福爾摩斯，這驚人的紀錄恐怕永遠沒人破得了），更是史上唯一與原作

34. 參考金氏世界紀錄網站：http://www.guinnessworldrecords.com/news/2012/5/sherlock-holmes-awarded-title-for-most-portrayed-literary-human-character-in-film-tv-41743，但該項紀錄只到 2012 年，鑒於這幾年來仍不時有福爾摩斯相關的影集與電影問世，所以必須在這個數據上略為增加。

者共同創作劇本，並得到其認可的演員。今日群眾對福爾摩斯第一印象裡的菸斗與獵鹿帽，正是吉勒特所奠定的形象。當年吉勒特在倫敦萊塞姆劇院（Lyceum Theatre）的演出，令道爾讚不絕口，他還逗趣地說向吉勒特的扮相說道：「老傢伙，很高興又見到你了。」這齣戲劇一連在倫敦上演了八個月之久，甚至在隔年還不斷加場，在一場王室包場演出中，主角吉勒特被新國王愛德華七世召見到包廂中，雙方互動交談甚歡，還耽誤了開場時間。過去道爾曾在〈身分案〉（A Case of Identity）與〈黃面人〉（The Adventure of the Yellow Face）兩篇故事中為福爾摩斯在貝克街 221 號 B 座的寓所創造了一位男僕，大多數讀者皆不會對他有任何的留意，畢竟在書中這位男僕只提到過這麼兩次。但吉勒特的版本中，將這名設定為叫做「比利」（Billy）的僕役小伙子帶上了舞台。扮演比利的年輕演員是吉勒特在英國當地特別挑選的新人，由於表現不俗使得後來道爾在後續的福爾摩斯故事中，進一步寫到了這名叫做比利的年輕人，並給予他多句的出場對話。冥冥中自有天意，當年的道爾與吉勒特都無法預料，這名扮演比利的年輕演員，來日將成為世界影史上最出色、最有成就的演員之一，這部分的故事我們保留到後篇再談。

1899 年，讓道爾最為關注的議題還不是福爾摩斯舞台劇的演出，他密切地留意英國在南非發生的戰事。早在十七世紀時，南非布爾人（Boer，今日稱為 Afrikaaner）[35] 的祖先便在好望角一帶定居，隨著

35. 指居住於南非境內由荷蘭、法國與德國白人移民的後裔，所形成的混合民族。

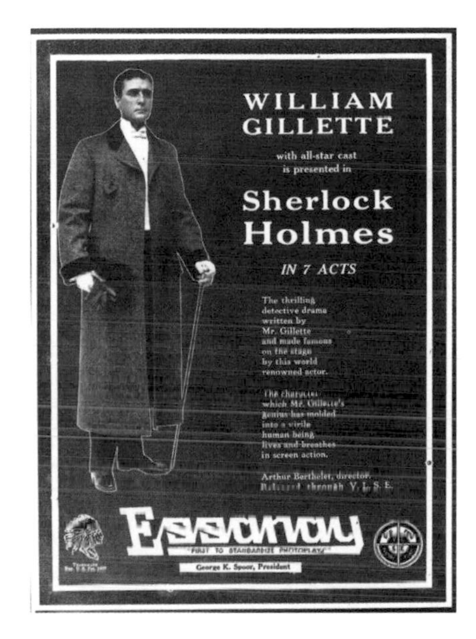

1916年威廉・古勒特飾演福爾摩斯的舞台劇海報

十九世紀初英國將該地區納入殖民統治範圍，作為帝國南非通往印度航線的重點港口，不願受到英國統治的布爾人成群往北方高地遷徙，相繼建立了川斯瓦共和國（Transvaal Republic）與奧蘭治自由邦（Orange Free State）。這些布爾人建立的國家與英國南非殖民地之間原本就有著敵視矛盾的緊張關係，後來在威特沃特斯蘭德（Witwatersrand）一地於1884年發現大量金礦（其黃金儲量占世界黃金總儲量的40%）後，雙方的衝突便一發不可收拾。威特沃特斯蘭德一帶應屬於川斯瓦共和國的統治範圍，其應金礦的利潤和稅收使經濟得到飛速發展，並在當地建立新興城市約翰尼斯堡（Johannesburg）。然而此與引發了大英帝國對於礦產的覬覦[36]，以及威脅到川斯瓦境內英國僑民的人權與經濟利益，於是從印度與地中海增調兵力進駐南非，希望對川斯瓦共和國造成壓力。在尋求外交途徑無法得到解決後，1899年10月11日，川斯瓦共和國與奧蘭治自由邦共和

36. 英國與布爾人早在1880年即因稅收與統治方式的問題，爆發一場較小規模戰爭，最後布爾人是以游擊戰方式擊退英國。

國聯邦議會共同向英國宣戰。

在百餘年後的今天看來，我們很容易理解這是十九世紀當年帝國主義戰爭的一項標誌，對於主動危及他國自由人權的做法，應當予以譴責並記取教訓。然而當局者迷，對於身處於維多利亞時期畢生皆享受在帝國榮光籠罩下的人們來說，期間的是非曲直似乎與今日的判讀會呈現截然不同的風貌。無論在道爾或他筆下的神探福爾摩斯身上，我們皆能看出如此現象[37]，針對當下南非的國際衝突問題，信件中的道爾曾多次與母親展開辯論：「在川斯瓦問題上，我只想說，這個國家遭遇不幸是活該，誰叫他們不放聰明點，反而要激怒我們呢？沒有哪個英國人企圖併吞他們，但如果他們還像這樣頑固，那麼遲早要被吞併的。歷史發展到今天，你是不能剝奪一個國家半數人口的投票權的。」在前面的論述中，很明顯可以感受到道爾維護帝國主義的語氣，然而看完他的說法後，似乎又站在川斯瓦的英國僑民立場發聲，國際問題的錯縱複雜程度可見一般。當時已經從軍的英尼斯很可能會被派往戰地，道爾基於愛國主義也燃起了投筆從戎的意志，但已四十歲的道爾這時要上戰場來說年齡恐怕是偏大了。母親瑪麗對布爾人充滿著同情，並且懷疑英國政府的動機不純，但她堅決反對長子道爾加入這場戰爭：「英尼斯去是他的職責所在，或許他還要上場殺敵。但你就不一樣了。你的角色是兒子、丈夫、父親，是家裡的頂樑柱。你能給

37. 在福爾摩斯系列故事中，時常可從對話語言感受到，身處於維多利亞時代的驕傲與自信。福爾摩斯本人相當忠於女王與國家，還曾經在貝克街寓所的牆上，用手槍子彈打出了象徵女王「V.R」的巨大字母形狀。

川斯瓦共和國（左）與奧蘭治自由邦（右）的國徽

成千上萬的讀者帶來慰藉與歡樂，充當砲灰實在不值得。」

包括柯南・道爾在內，大多數的英國人皆認為這場戰爭將不會持續太久，布爾人敢向大英帝國宣戰簡直是以卵擊石。年邁的維多利亞女王也向子民發出聲明：「我們不可能失敗，對我們而言，失敗並不存在。」這樣的鼓舞也得到了普遍民眾的共鳴與認同感，在當年如果出言反對這場戰爭，很可能就會被貼上叛國者的標籤。只不過日後的事實證明，這場出師無名的戰爭並沒有預料中很快地結束，它是十九世紀末英國歷時最長，耗資最大，傷亡最為慘重的一場戰爭[38]。

道爾從未上過戰場，年齡又過大，儘管如此他仍覺得自己總可以

38. 布爾戰爭總共耗費三年（1899 年 10 月 11 日— 1902 年 5 月 31 日），耗資超過兩億英鎊，總共有兩萬兩千名英軍在此戰喪生，布爾人有三千多名陣亡，三萬人遭俘虜。這是一場讓英國蒙羞的戰爭，更標誌著英國海外擴張史的終結。

成為軍醫支援前線。瑪麗並不像一般的英國輿論者看好這場戰爭，心思縝密的她向來能冷靜做出判斷，她認為這場戰爭充其量是一場金錢與貪婪的戰爭。正如同當年道爾在作品中將福爾摩斯賜死，瑪麗曾一度氣急敗壞不跟兒子對話，這回聽聞道爾想趕赴前線，她不得不發出重話：

你到底什麼意思呢？你這麼高大魁梧的一個人，怎麼可能不會成爲敵人的靶心？何不留下你的小命，爲國內的人們做貢獻？這不是更有價值嗎？你的作品，給廣大群眾、病人、遭受痛苦的人以及士兵帶來了多少慰藉，你想過沒有？……我的看法是，這場戰爭最初是被南非的幾個百萬富翁利用，並推波助瀾成今天這個樣子的。他們爲了達到目的，無所不用其極。……布爾人辛辛苦苦地在荒原上建立起他們的家園，你以爲他們樂意拱手相讓給羅茲（即瑪麗前述的南非商人）等人嗎？貧瘠的草園之於他們，就像我們的國土之於我們，都是很珍貴的。……他們沒有經過訓練，也沒有任何作戰經驗，卻能打敗我們的軍隊，這並非偶然。像你這樣的人要是去了那裡，難逃厄運啊！

我想，可憐的圖伊她也不會理解你的。明擺著的道理，沒有哪個士兵不會死，遲早都會陣亡。親愛的孩子，不是媽詛咒你，你要是去了，只會比別人更早喪命。千萬不要去，亞瑟。這是我的立場。你待在英國完全可以做很多事。你也說了，到了那邊，隨時都有可能被拉到戰場上。上帝可以作證，每每想到這些，我心裡滿是苦楚。……去參戰無異於自殺，況且這也不是什麼崇高的事業。

……看看地圖吧，還有多少領土不是英國的呢？我們覬覦鄰國的那麼一點點土地，到底想要什麼？唯一可能的解釋，就是那座金礦才是他們眞正垂涎的東西。高尚勇敢的英國獅子從火中取栗，最終能吃到栗子的卻是貪婪的猩猩。

……你是作家，是創作夏洛克·福爾摩斯和滑鐵盧戰爭的作家，能代你去的人何止千萬？……你是千裡挑一的人才，如果就這樣走了，爲你嘆息扼腕的人何止千萬？假如眞有個三長兩短，家也毀了，母親的心也碎了，更嚴重的是孩子沒有父親撫養，對孩子來說，還有什麼比這個更痛苦呢？你可能覺得這是一次千載難逢的機會，可是親愛的孩子，我覺得你這是頭腦發熱。

……你的親戚朋友不少，可母親只有一個。我已經讓一個孩子爲國效力了，而你的責任不是參軍，是用你的作品鼓舞愉悅大眾。如果你不答應我，我就要到你家去。你有這樣的想法眞教人擔心。

為了讓讀者深刻感受到一份出自於對孩子安危擔憂的母愛關懷，所以我盡可能地引用瑪麗信件的大部分內容，這當中不僅有著瑪麗萬般的不捨與疼惜，也是對於孩子做出如此錯誤決定的不認同。身為維多利亞時代的傳統婦女，瑪麗有著異於常人的獨到見解，除了不忍兒子親赴險境之外，她從頭到尾相信這是一場不道德的戰爭，直覺上對於祖國的侵略野心是無法贊同的。很可惜柯南·道爾的個性與母親同樣地倔強，他已不想再跟母親爭辯，在接下來的幾封信裡往往顧左右而言他，盡量不去提戰爭的事。事實上，道爾想要親赴前線參戰的原因，不只是熱血的愛國主義，他計畫能親臨戰場收集第一手的資料與報導，準備為該次戰爭寫下一部軍事文學著作。或許，還有一小部分原因是有關面子的意氣之爭：「如果一切順利，我就能目睹歷史大事的經過；如果需要動員男子參戰，我就要幫忙。留在英格蘭我會無聊到死的。遇到熟人，他們總會問我怎麼還沒上前線呢？」

1900 年年初，義無反顧的道爾加入了好友藍曼（Langman）組成的醫療隊，在安頓好家中一切以及和琴道別後，前往南非的布隆方丹（Bolemfontein，或譯布隆泉）主持戰地臨時醫院。即使瑪麗轉而向藍曼先生寫信表示抗議，道爾依舊不為所動。在通往前線的路上，道爾眼見「電報線桿遭焚毀，火車站被夷為平地，郵車燒成焦炭」的殘破景象。布隆方丹城裡中也盡遭破壞，醫院上下只能依靠一口破敗骯髒的老井維生，道爾重拾醫生的身分為傷者進行安頓治療，他仍然在空閒之餘向母親報告戰地的一切：

死亡籠罩著我們，此時，死亡的方式也異常噁心。地板上擺滿了病床，病患不是虛弱無力就是奄奄一息。我們用了不計其數的亞麻織品和器皿。這種病的特點是不斷產生污染物，而且危險係數極高，臭氣令人作嘔。就連最差的外科病房，跟我們的野戰醫院相比，都算是乾淨的了。人在舒服的環境下待四個星期不算長，但在那樣恐怖的環境下，聽著那樣的聲音，聞著那樣的氣味，日子可真難熬。到處是噁心的蒼蠅，食物上也停滿了，有的恨不得要鑽進你的嘴巴裡，而每一隻蒼蠅身上都沾滿了病菌。……一個人在我給他扇扇子的時候死去了，我親眼看到他眼裡的光漸漸消失。死了的人就用條毛毯裹起來埋了，一天平均要埋六十個人，墳都來不及挖深。

自願前往南非的柯南．道爾

除了進行醫療任務之外，道爾也如願見證到第一線的戰爭場景，並按時在他的筆記中詳細記錄，對於這場戰爭的報導與評價他希望盡可能在極短的時間內寫出來。道爾在前線為病患診治時，也不時遇見他忠實的讀者，有些受傷的病患得知為自己治療的醫師即是福爾摩斯故事的作者，不由得振作起精神，甚至還有幾個能與他聊上幾句，「醫生，我很喜歡讀你的書。你自己最喜歡那一則故事呢？」傷者有氣無力地問。每天在戰地醫院忙進忙出的柯南．道爾醫生，早已經筋疲力盡懶得聊這方面的話題。「有蛇的那一個吧。」他隨口回答道。

由於前線的髒亂衛生條件實在太糟，以至於整個醫療團隊有過半數的人也感染了傷寒，無法繼續工作。藍曼先生認為階段性的任務已經結束，決心在 1900 年七月份之後將醫療隊撤回英國。道爾在前線也一度發燒，但還不至於影響工作，他慶幸自己先打了疫苗，否則恐怕也會感染傷寒。儘管如此在前線近半年下來的髒亂生活仍舊影響他的消化系統，直到多年後他才逐漸恢復正常。

甫從南非前線回國的柯南．道爾，馬上又投入到另一個紛亂的戰場。與圖伊和孩子們在林蔭別墅相聚幾日後，他便前往倫敦與琴會面。兩人在街上散步時，巧遇妹妹康妮與其夫婿，道爾當下意識到這段地下戀情已經曝光。康妮夫婦表示不能理解道爾背叛圖伊的行為，雙方產生了爭執，此番爭論也引燃到母親瑪麗那裡。道爾急忙給母親去信，盡訴自己的委屈：「我對圖伊是又愛又尊敬的。結婚這麼多年來，我從來沒有跟她吵過架，我也不會給她帶來任何痛苦。我不知道您怎麼會有這樣的想法，覺得她的存在對我來說是一種痛苦。事實上不是這樣的。」道爾至少這麼認為，多年來是他在支持著這個家，他當然希望兄弟姊妹能對他的付出感到理解贊同。但為此康妮夫婦選擇冷漠的態度向兄長表達抗議，著實令道爾感到難過與無奈。

很快地道爾便無暇再糾結於家中的冷戰了。1900 年下半年，自由統一黨（Liberal Unionist Party）[39] 頻頻與道爾接觸，詢問他是否有意代

---

39. 自由統一黨成立於 1886 年，由原本的自由黨（The Liberal Party）分裂而出，成員大多是在愛爾蘭議題上反對愛爾蘭自治的自由黨人士。在 1886 年的英國大選，自由統一黨獲得了七十七個議席。1895 年，自由統一黨再和保守黨合作，共同創建了統一黨（Unionist Party），但兩黨並未完全合併。直到 1912 年，自由統一黨正式被保守黨吸收合併。

表該黨參選在愛丁堡中心區的席次。自由統一黨向來的主張反對愛爾蘭自治，這對身為愛爾蘭後裔的道爾來說並不矛盾，與前往南非支持布爾戰爭的心態一樣，道爾認為愛爾蘭與蘇格蘭、威爾斯一樣，都是大不列顛不可分割的一部分，這是當年維多利亞時期不列顛帝國情節的一種展現。柯南・道爾身為知名作家，又剛從戰地服務歸來，再加上他正好出生於愛丁堡，遂成為了自由統一黨陣營積極拉攏的對象。道爾沒有考慮太多便答應這項邀約[40]。

該年的9月25日展開選舉活動，儘管柯南・道爾是土生土長的愛丁堡人，但多年來他已身在英格蘭生活圈，離開家鄉實在太久。在與愛丁堡當地的自由統一黨發言人和黨代表會晤時，他們發現道爾對該地的具體政治議題一問三不知，對本黨的終極目標也不甚了解，不免有些失望。不過根據道爾自己的判斷，他在該選區自由黨的競爭對手實力並不強大，強大的是這個黨的組織以及它在該地向來未曾遭遇敗選的歷史。熱血的他投入了為期十天的密集競選宣傳活動，再度施展過人的演講本領：「我剛從戰場回來，對軍隊滿懷激情，我會竭盡全力爭取民眾的支持。」道爾一貫主張維護帝國利益，並支持統一黨與保守黨結合以確保布爾戰爭進行到底的政見。（坦白說，這樣的政見恐怕連他的母親都不

40. 儘管如此，柯南・道爾對於是否參政仍詢問過生命中最重要兩個女人的意見。在給母親的信中他分析：「為什麼要參加選舉？對我有什麼好處？豐富人生閱歷，或許對我的個人發展有好處。到時不管結果如何，至少我已經碰過運氣，也履行了做為公民的責任，參加了許多有意思的競選活動。……總的來說，我還是覺得利大於弊。畢竟當選後也不是不能辭職。如果我覺得這個職位讓我無法接受，那麼我隨時可以辭掉。我想聽聽您的意見，媽媽。我是重視您的意見，和她的意見，因為愛讓人不再迷失。」

見得會把票給他）在政見會上，總是擠滿了想一睹名作家風采的群眾，道爾有時一天連趕十場政見發表也樂此不疲。

在那個年代的競選活動，也和我們今天的選舉情形類似，總會發生一些敗壞選風的情形。道爾發現他的競選團隊疑似有人在發黑函，他頗為不悅：「有人為我寫了一封信，公開抨擊對手的人格，說他爺爺侵吞公款，然後捲款逃走。雖然孫子很有錢，可就是不願做出任何補償。可是我不讓他們用，這種做法不厚道。」儘管他的選區是屬於自由統一黨的艱困選區，道爾仍堅持維多利亞時代的紳士君子之爭。「這兩天來，至少有一千人緊跟著我，從集會的地方到王子街，直到我跟他們道了晚安才肯離去。他們將我團團圍住，想跟我握手，這是因為他們被我的話觸動了心弦，就好像我已經在選舉中大獲全勝似的，其實還有三天才見分曉。希望這期間不要再出現什麼波折。有的話也就是宗教了。但如果真的是這個問題，那麼我會絕對坦誠。我不相信混水摸魚，也不會把它當成一種策略。」如同他筆下的大偵探，柯南．道爾在選舉態度上也給人一種正氣凜然的印象，連他昔日在愛丁堡大學的恩師—這位現實人生福爾摩斯的原型—喬瑟夫．貝爾教授都來為道爾站台。貝爾教授向民眾表示，如果道爾將來在議會的表現能有他在醫學院時期的一半那麼好，那麼他將足以在英國政壇留下永不磨滅的傳奇。

但結果確實被道爾預料到，在選前一天有狂熱的天主教反對者，在選區內貼了三百多張的傳單公告，控訴柯南．道爾是「天主教陰謀家、耶穌會密探與新教顛覆者」，捏造他計畫將蘇格蘭新教納入天主教轄區，如果投票給他將是對「蘇格蘭人美好情感」的褻瀆。儘管道爾奮而回擊，但由於來得太過突然，反應時間仍舊不夠，再加上他終究無法否認曾接受過天主教耶穌會學校教育的事實。開票結果道爾仍以五百多票差距落選。道爾事後回憶這些傳單對他的傷害：「我的支持者看到工人們蜂擁著去讀傳單布告上的文字，紛紛表示：『我再也不支持他了。』」自由統一黨在選後向道爾建議發起當選無效之訴，另外也向法院告發這些影響選舉結果的激進天主教反對者，黨中央將為道爾支付所有的訴訟費用，然而道爾終究還是拒絕了，儘管當時的他仍極為不悅地吞下了這口氣。

縱使落選，道爾必須澄清自己的立場，他登報駁斥反天主教激進派對他的抹黑。道爾表示自己雖然早年是在天主教的教育環境之下長大，但放棄此宗教信仰已有多年，他堅持宗教信仰自由，任何頑固的教條都無法被接受，而且在本質上也不是真正的宗教。經歷此番選舉，使道爾對於從政的狂熱之心急速冷卻，在日後回首時他說：「如今回想起來，我倒寧願將對手看作是一輩子的大恩人，他在最後的時刻改變了局面，使我避免誤入歧途，深陷泥淖而不可自拔。我生來就不是一個從政的料。」話雖如此，他仍舊十分關心政治，與政治人物的互動頻繁。

柯南．道爾回歸到寫作的日常生活，積極投入有關布爾戰爭史的寫作，此時的南非戰爭依舊陷於膠著，儘管英軍人數眾多、武力強大，但布爾人長於游擊作戰，炸毀火車，伏擊英軍。盛怒之下的英方採取瘋狂式的報復手段，掠奪牲畜、逼供與強姦、燒毀農作物、向水井投毒，甚至將俘虜強行關押於集中營，希望藉此瓦解敵方的意志力。集中營裡的衛生條件其差，食物短缺，醫療護理散漫，致使許多戰俘病死。該消息曝光後，不只是引發歐洲各國輿論關注，甚至連國內也開始出現反對的批評聲浪，正如瑪麗所預料的，英國社會開始質疑此戰的正當性。報章雜誌上出現了大量的批判社論，不甘寂寞的道爾也加入了辯論，只不過他仍舊是站在維護官方的立場，堅持這場戰爭的合理性。有次他為一名從布爾人手中逃出的戰地記者與多位軍事評論者辯護，這名年輕的記者日後回國選上了國會議員，他名叫溫斯頓．邱吉爾（Winston Churchill），即未來要帶領英國撐過二次世界大戰的傑出首相。這次的機緣，使得道爾與邱吉爾結為好友。

雜誌上的頻頻筆戰令道爾感到有些心煩，國內逐漸升高的反戰情緒也令他頗為擔憂，這是對前線士氣的嚴重打擊。於是在愛國熱情與滿腔怒火的趨使下，道爾花了一個月時間寫出一本六萬字的小書《戰

爵士勳銜

爭的起源與方式》（The Cause and Conduct of the War）。書中他大力為政府立場辯護，也為前線的官兵打氣，更駁斥英軍在戰爭中許多不人道的傳聞。「歷史上沒有任何一場戰爭，有絕對正義的一方；不可能所有的行動都不會遭人詬病。英國政府已經盡全力避免戰爭，英國軍隊在戰爭中始終奉行人道主義精神。……事實上，這場戰爭自始至終沒有發生一起強姦案；如果有的話，犯案者立刻會被槍斃，這一點英國人與布爾人都很清楚。但這該死的謊言卻被國外報紙大肆轉載，還說『連英國人自己都承認了』。英國士兵在南非的行為實在好得不容指責。」道爾希望這本小書能引發回響，還與出版社商議翻成法文、德文、義大利文、西班牙文、荷蘭文等多國語言版本，他認為這本書一定會在某些程度減少社會對南非布爾的反彈聲浪。確實，《戰爭的起源與方式》的出版招致了不少的負面批評，反對者甚至痛斥本書是該時代論及重要國際歷史事件中最無用、最粗製濫造、最不忠事實的出版品。不過，爭議性越高也代表了話題性越多，該書的銷量反應良好，短短三個月裡就賣出了三十萬本，道爾藉此大賺了一筆。

柯南．道爾與溫斯頓．邱吉爾於布爾戰爭紀念郵票上

風波尚未平息，1902 年五月布爾戰爭終於結束，川斯瓦和奧蘭治兩個國家滅亡，南非境內的布爾人皆淪為英國的臣民。維多利亞女

王已在前一年病故，無緣見到曠日持久後的勝利，但對新國王愛德華七世而言畢竟是象徵日不落帝國的榮光延續。政府為了表達對柯南・道爾赴前線支援，還有撰文提振軍隊士氣，反駁對英方不實指控的貢獻，決定授予他「爵士勳銜」（Knight Bachelor）。起初道爾不願接受這份殊榮，他認為那些作為都是身為英國國民的義務之舉[41]。然而最終他仍被母親說服，瑪麗從頭到尾反對兒子參加這場戰爭，也認為英國發動這場戰爭是不義之舉，但最後認為兒子的授勳總是光宗耀祖之事，不可拂了政府一番美意。於是在 1902 年 10 月 24 日，亞瑟・柯南・道爾爵士（Sir Arthur Conan Doyle）成為了他的新名稱。時至今日我們或許可以這麼註解，柯南・道爾是布爾戰爭的最大受益者之一[42]。

41. 道爾最初確實不想接受這個爵位，他在信中說道：「我最珍視的還是憑我自身的努力和決心換來的『博士』這個頭銜。我不會屈尊去接受任何其他頭銜，即使是妳（指母親）、琴、荳荳一我最愛的三個人在我面前跪下來。」話說得很硬，但終究還是接受了；更引發人聯想的是，髮妻圖伊連他生命中最重要的前三名都排不上了！

42. 現實生活裡道爾無法拒絕授勳的榮譽，他只好藉由書中的虛擬世界來抒發鬱悶。日後在 1925 年所連載的福爾摩斯故事〈三個同姓人〉（The Adventure of the Three Garridebs）中，故事背景設定於 1902 年六月，道爾透過華生說道：「故事發生的時間我記得一清二楚，因為那個月福爾摩斯拒絕接受爵位。這個爵位是要表彰他為部隊做出的貢獻。或許將來我會講講有關他在部隊服役的故事。」

四、書本內外的偵探

1900 年七月，柯南·道爾從南非開普敦（Cape Town）搭乘遊輪返回英國的途中，邂逅了《每日快報》（Daily Express）的戰地記者魯賓遜（Bertram Fletcher Robinson，1870—1907 年），兩人一見如故，在船上相談甚歡。魯賓遜向道爾講述了自己家鄉德文郡一件涉及超自然現象的故事，自古以來當地流傳巨大魔怪的民間傳說，加上達特穆爾（Dartmoor）的荒原地形和陰森恐怖的監獄，引起了道爾極大的興趣。

為此，在 1901 年四月柯南·道爾還抽空由魯賓遜的導遊帶領下，親身走訪德文郡與達特穆爾一帶，尋找創作靈感。他們參觀了散落在曠野中的石器時代遺址，「今天我們倆在荒野上走了近十四英里，雖然有點累，但還是很開心。這裡地域廣袤、冷清荒涼，簡陋的民房、奇異的巨岩、小棚屋和墳墓散布各處。」面對這絕佳的戲劇化場景，道爾決定將這則民間傳說改編，並破解其中的詭譎疑雲。然而他並不想再重新塑造出一個新角色，柯南·道爾想讓昔日的名偵探福爾摩斯登場來駕馭這則傳說。於是他將故事背景設定在〈最後一案〉的福爾摩斯未死之前，並花了兩個多月完成了這部全新的福爾摩斯故事《巴斯克維爾的獵犬》（The Hound of the Baskervilles，或譯巴斯克村的獵犬）。

2011年曾有「福爾摩斯學」的相關研究作品《嚴正指控》（The Case of the Grave Accusation）令全世界的「福迷」感到震驚，書中觀點認為《巴斯克維爾的獵犬》其實是柯南．道爾剽竊魯賓遜的原創，並極有可能為了向世人隱瞞魯賓遜的創意之功而將其謀殺[43]。見獵心喜的媒體在未做出任何查證工作後便進行了一連串的八卦報導，甚至台灣本地的談話性節目也曾製作專題請名嘴在節目上大肆渲染。若還原道爾當年的信件足可證明：「本故事的敘述完完全全是我的風格，但中心思想和其中的鄉土色彩則出自於魯賓遜。……我必須要跟魯賓遜合作，而且他的名字也要跟我一樣署名於封面上。」道爾原向《河岸雜誌》編輯提出了這項要求，至於為何最終出版時並非署名兩人合著，原因是道爾要求屆時故事將分六期連載，而每部分的稿費報酬卻高達六百英鎊。對出版社而言他們很願意重新將福爾摩斯帶回大眾眼前，也有預感本期的銷售量將重回盛況。但如果必須同時支付高額稿費給兩位作者，

《每日快報》的戰地記者魯賓遜（攝於1902年）

43. 魯賓遜在1907年的三十七歲英年早逝，官方說法是霍亂所致，由於他在新聞界風華正茂，向來以大膽新穎的報導吸引讀者，卻又驚傳猝逝。乃至當時民間傳聞他是在寫下珍藏於大英博物館的一具「惡運木乃伊」（The Unlucky Mummy）的專題報導後，遭到木乃伊的恐怖詛咒而猝逝。圍繞該具木乃伊的恐怖傳說層出不窮，包括1912年沉沒的鐵達尼號（Titanic）也與其相關，時至今日，這些傳說軼事仍大幅出現於坊間許多討論歷史謎團的相關書籍中。

《巴斯克維爾的獵犬》的劇情繪於倫敦地鐵的牆壁上（圖片來源：Matt Boulton）

恐怕將大大超出預算，無法配合出版了。於是最終魯賓遜並沒有署名於作者欄位，但在書中作者致謝辭時仍有這麼一段：「這個故事的創意源自我的朋友佛萊徹·魯賓遜先生，他在整體情節構思和提供地方性細節方面給予我相當多幫助。」道爾在事後也去信魯賓遜表達謝意。

或許仍有人為此感到不平，認為道爾至少可以將一部分稿費給與魯賓遜，如此做法才算厚道。事實上，當初魯賓遜本身從未曾提出他要聯合署名為作者的要求，再者包括道爾、魯賓遜與書商三方之間均有默契，《巴斯克維爾的獵犬》中的每一個細節片段與字句皆出自於柯南·道爾本人，因此作者欄確實只要寫一個人即可。至於在百年後的相關研究中，會大膽向道爾提出諸如剽竊乃至暗殺的指控，只能說是好事者的穿鑿附會之說，想引發爆炸性話題增加新書銷量的手段罷了。另外，掌握社會輿論風向的媒體，也該在某些程度上自我節制以及善加查證。

《巴斯克維爾的獵犬》至今仍是福爾摩斯探案裡，向來評價最高、最著名的故事，後來被翻拍成電影與動畫更不下二十次。在 1901 年的八月份開始連載時，立即受到讀者一致的好評，昔日書報亭前大排長龍的盛況再現，當月雜誌的發行量暴增三萬份，為了滿足大眾的要求，隨後又加印了六次。遠在美國的出版業也隨即買下版權，並在十天之內將五萬本雜誌銷售一空。民眾已經有近九年的時間沒有福爾摩斯故事的陪伴，但名偵探的形象絲毫未被這個社會所淡忘。故事開頭，福爾摩斯再次於華生醫師和讀者前，透過一根遺落的手杖，展現出那特有的觀察力與推理能力。在閱讀的當下，讀者能夠激動地感受到「福爾摩斯又回來了！」儘管在故事本身的設定中，這是福爾摩斯在葬身瀑布前所接受委託的案子，但對許多敏感的評論者與讀者而言，柯南．道爾願意重拾這個題材來創作，表示或許他能繼續寫出更多福爾摩斯先前的冒險故事，甚至是創造他的復活奇蹟。

對道爾來說，緊接著 1903 年和 1904 年的生活都備感壓力與忙碌。一方面，圖伊罹患肺結核已經長達十年，儘管一切端賴道爾與家人的悉心照料才使得她能夠在舒適環境下延續性命，但這十年來圖伊自身也飽受病魔摧殘及煎熬，此時她的病情也越來越不穩定，逐漸進入最後階段。另一方面，由於《巴斯克維爾的獵犬》佳評如潮，美國方面的雜誌社向道爾邀稿，希望以四萬五千美元的重金購買十三個新的福爾摩斯短篇故事。精明的道爾順勢而為，提出只能賣出美國方面的版權，他計畫以同樣的十三篇故事與英國《河岸雜誌》另行訂約。顯而易見，《巴斯克維爾的獵犬》與先前福爾摩斯舞台劇的廣受好評已經讓道爾不再抗拒福爾摩斯，儘管前兩年問鼎政壇受挫，但如今他已擁有爵士勳位以及在歷史文學方面有了些許作品，擁有全國知名度的他眼下應該是要讓家人過上更好的生活。打鐵要趁熱，既然群眾皆忘不了福爾摩斯，證明這塊舊招牌仍有極大的商業利益，於是名偵探復活的時機到了。

距離上一個短篇的〈最後一案〉已有十年時間，而且書中的偵探已葬身於深淵，道爾不免略有遲疑。幸好在琴這位最佳心靈伴侶的協助下，兩人共同編出了新的故事梗概，福爾摩斯根本沒有跌下瀑布，他只是為了特殊原因隱身了三年，並透過戲劇性的登場與華生醫師再續前緣。1903 年秋，類似今日的電影預告宣傳手法，英美兩地的出版商提早做出聲勢浩大的廣告宣傳，向社會民眾宣告近期內名偵探即將歸來。《河岸雜誌》的專題報導中這樣寫著：

讀者對於夏洛克．福爾摩斯第一次出現在公眾視野裡的時刻還記憶猶新，對於先前那些家喻户曉的冒險故事也如數家珍。當年他死亡的消息對我們就如失去親友一樣的悲痛。幸運的是，根據可靠的管道，這個消息被證實是假的。他是如何在萊辛巴赫瀑布擺脱與莫里亞蒂的纏鬥？他爲何連好友華生都要隱瞞？他要如何再次登場？以及他如何憑藉最經典的推理手段宣告自己的回歸？一切的一切，請期待新系列的作品揭秘。

這年十月份，福爾摩斯在〈空屋〉（The Adventure of the Empty House）這則短篇中重新登場，書報亭與書店前再度出現熙熙攘攘、人聲鼎沸的現象，《河岸雜誌》也再度湧現熱烈的訂閱潮。隨後的十二則短篇故事也按月推出，日後出版商將這一系列的故事合併為單行本《福爾摩斯歸來記》（The Return of Sherlock Holmes）出版，繼續得到眾多讀者的追捧。事實上在這個系列中，道爾雖然表現出持續創作的強烈意願，卻也對自己的創作力感到憂心，他曾向出版編輯說：「現在你應該明白，我為什麼不願意繼續把這些故事寫下去了吧？這麼多年來，儘管很多人請求我續寫，我都拒絕了。寫得太多了，難免有點雷同，很難推出新意。」的確如此，細讀此一系列的故事當中，我們會發現〈獨行女騎者探案〉推理的成分較不足，而類似懸疑小說；〈諾伍德的建築師〉（The Adventure of the Norwood Builder）以及〈金邊夾鼻眼鏡〉（The Adventure of the Golden Pince-Nez）兩篇儘管故事張力較強，但兇手的隱身手法幾乎如出一轍，失去新意；〈失蹤的中後衛〉（The Adventure of the Missing Three-Quarter）更是平淡無奇，故事不值得一提。

即使如此，這一年多下來的連載已經足以讓群眾造成瘋狂。據《河岸雜誌》的報導：「為了能看到最新一則故事，福爾摩斯迷在最大的公共圖書館外大排長龍。為了滿足讀者迫切的看書需求，圖書館不得不在本雜誌每月的出刊日延長半小時的開館時間。」許多指名「福爾摩斯先生收」的信件如潮水般寄到雜誌社，希望能幫忙索取到名偵探的簽名，甚至當中還有希望委託福爾摩斯辦案的信件。柯南・道爾本人也很尷尬地收到了讀者寄來的菸草、菸斗、小提琴弦等物件，希望這些精心準備的小禮物能請他代轉給那位名偵探。許多雜

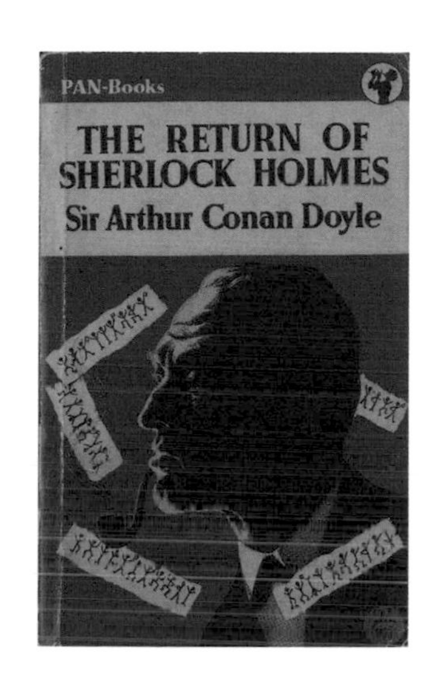

《福爾摩斯歸來記》書封（圖片來源：Jeremy Crawshaw）

誌也陸續出版了關於福爾摩斯故事的探討文章，包括華生醫師究竟結了幾次婚、失蹤期間的福爾摩斯到底去了哪裡……。可見福爾摩斯已不再只是單純文學世界裡的虛構角色，更逐漸成為一種社會流行的象徵符號。

之所以能夠睽違大眾視野十年後再度受到追捧，或許可以從歷史的角度切入觀察。首先閱讀《福爾摩斯歸來記》這系列的故事背景，可以發現時間點皆設定在 1894 年至 1898 年間，柯南．道爾非常刻意避免福爾摩斯接觸到二十世紀的現代化設施，如電話、汽車等物件。將時間點設定在世紀末之間，仍讓大眾足以回到那個熟悉的維多利亞時代，喚回心中那股對日不落帝國的依戀與憧憬。尤其在歷經一場南非布爾戰爭的煎熬後，英倫民眾的潛意識裡已確實感受到往日帝國的榮光只待成追憶，當前的愛德華時代不管在外交國防，甚至是工業經濟發展上，已經逐漸失去上個世紀的領先地位，面臨到後起之秀如德、美等國的進逼威脅。閱讀福爾摩斯故事，彷彿是一劑鴉片酊，甚至如名偵探嗜用的古柯鹼般，讓讀者瞬間忘卻當下，重回那帝國榮耀時光與己身的青春歲月。如此對時代風華的追憶與憧憬心態，將持續到一次大戰戰後，整體歐洲社會回顧到戰前的「美好年代」[44] 而臻至頂峰。

再者，翻開福爾摩斯探案的總目錄，將很容易發現出現頻率最多的就是「冒險」（Adventure）詞彙。當中反映了十九世紀的價值觀，以及該價值觀的內向翻轉[45]。英國在維多利亞時期的帝國主義達到巔峰，幾乎囊括了各大洲的殖民地，前往未知的國度冒險，探索前所未見的人事物成了該時代的時髦價值觀。如此豪壯的冒險情懷也意味著必須離開熟悉的舒適圈，放棄美好平靜的生活，承擔可能生病、受傷、甚至喪命的風險，前往海島、叢林、沙漠或神秘古國，去遭遇未知的險境或敵人，進而突破難關成功歸來。在殖民心態與冒險價值觀的背景影響下，十九世紀湧現了許多文學史上傑出的冒險文學，如《金銀島》（Treasure Island）、《環遊世界八十天》（Le tour du monde en quatre-vingt jours）、《地心歷險記》（Voyage au centre de la Terre）、《所羅門王的寶藏》（King Solomon's Mines）與《魔窟女王》（She:

---

44. 美好年代（Belle Époque）是後人對此一時代的回顧，1871 年普法戰爭結束後，歐洲大陸有長達近五十年的時間裡沒有大規模的實質戰爭爆發。長時間表面的和平狀態以有助於工業革命的持續進行，加上此時期歐洲國家對世界其他地區的殖民掠奪，連帶促成了經濟空前的繁榮。此時期被上流社會認為是「黃金時代」，除了資本主義與工業革命的持續發展，科學技術也日新月異，汽車、電話、電燈、電影乃至飛機都陸續出現，歐洲文化、藝術及生活方式等均在這個時期發展日臻成熟。美國好萊塢知名劇作家、導演伍迪．艾倫（Woody Allen）於 2011 年拍攝的《午夜．巴黎》（Midnight in Paris），便是以對美好年代的嚮往為主軸，探討懷舊觀念、存在主義等議題，獲得了第 84 屆奧斯卡金像獎的最佳原創劇本獎，相當值得一看。

45. 此觀點主要援引楊照，《推理之門由此進》，台北：本事文化，P54-55 論述。

A History of Adventure）。相對於這些境外的冒險故事，福爾摩斯的故事同樣面對著未知的敵人與陷阱，卻是將「冒險」的特質從遠方內向翻轉，移到大多數讀者所熟悉的倫敦大都會。

為何從境外的冒險生活內向翻轉也能獲得成功？主要在於對大多數資產階級、中下層讀者而言，實際上的境外冒險生活是不可求的。但是在倫敦大都會裡，卻藏著一個黑暗的冒險異質空間，令尋常讀者感到陌生與恐懼。這個空間是福爾摩斯熟悉且有心理準備的，於是透過福爾摩斯的帶領下，每位讀者都能夠像華生醫師進入到黑暗的異質空間一樣，同樣有陌生感、恐懼感，驚訝錯愕中卻又帶點刺激的冒險意味。「柯南．道爾給我們的，是平凡人面對非常事物中的一種現場、參與感，我們不是等英雄冒險回來講給我們聽，我們在那裡，用我們感官自己去看、自己去理解、自己去感受。」[46] 應該可以這麼說，柯南．道爾塑造的福爾摩斯冒險故事，在占盡了天時、地利、人和的情況下，成為了該時代人們在文明發展社會裡，滿足冒險心態與求知慾的一項心靈調劑。

1905 年夏天，道爾再度犯上舊癮，將時間投入於歷史小說《白色軍隊前傳》的創作中，儘管他自認這部作品投入他最多的想像力與熱情，堪稱是他的巔峰創作，但當時社會上的書評普遍皆不看好這本書，甚至認為充其量只是一部少年文學的歷險作品。（我們知道，柯南．道爾只要一接觸歷史文學，判斷力就會失準）到了下半年，與道

46. 前引書，P56。

爾有深交的前殖民大臣約瑟夫·張伯倫（Joseph Chamberlain）力勸他再戰政壇。許多人困惑道爾怎麼會再次犯傻，二度參與令他厭煩的選舉活動？其實張伯倫希望透過自由統一黨的勝選來進行關稅改革運動，而道爾也一向支持這項關稅改革，儘管內心有些不情願，但還是決定為社會做出自己切實的貢獻。接連幾個月，他又在愛丁堡各地舉辦演講，其實與上回相比，這次道爾的熱情減退不少，加上圖伊的健康狀況急劇惡化，所以儘管他在講台上口沫橫飛、戰鬥力十足，但下了台後常常迷網地問自己，究竟能做些什麼改變？最終的開票結果確實不出所料，道爾再次以七百票的差距落選，自由統一黨於該年度的選舉大敗，張伯倫不久也因中風而退出政壇。面對選後的窘境，各界朋友來信安慰道爾，但他並沒有任何的失落感，此番經驗讓他決定再也不踏入政界。

1906 年春天，圖伊的病情越來越不樂觀，肺結核已擴散到她的咽喉，嚴重影響到她的發聲，身形也越發消瘦，儘管在丈夫和孩子面前她仍強打精神，露出一派輕鬆模樣，只是這一切都瞞不過身為醫生的道爾。道爾自知，圖伊即將迎來人

《地心歷險記》的插圖，反映了當代熱愛冒險的風氣

生的最後階段，他希望多付出一點時間陪伴妻子，多帶她出去走走看看，讓圖伊盡量在享受天倫之樂的愉悅心情下走完最後一程。該年五月份她還去了一趟劇院觀賞道爾編排的戲，但這也是她最後一次的外出，病毒已經侵入到腦部，圖伊幾乎全身癱瘓只能躺在床上休養，並時常昏睡不醒。在最後的時間裡，道爾的一對兒女瑪莉及金斯利（此時分別為十七歲與十五歲）整日皆隨侍在側。瑪莉在日後回憶母親最後的階段時，說到圖伊希望在自己走後，丈夫能夠繼續快樂並且有人陪伴，並且最好那個人是琴女士。很顯然地這名賢內助早已知道丈夫與琴這幾年來的感情關係，但她並不在意，反而覺得因為自己多年來的病體而拖累丈夫，著實過意不去。她很感激這位醫生丈夫對她長期以來的護理，最後只希望他能快樂。瑪莉追憶道：「當痛苦的離別時刻到來時，父親坐在床邊，淚水從他粗糙的臉龐滑落，他的大手緊握母親的小手。當我彎下身親她時，她喃喃道：『照顧好金斯利』，很快她就沒有了氣息。」圖伊於7月4日凌晨三點鐘辭世，終年四十九歲，兩天後家人為她舉行了葬禮。與道爾結縭近二十二載

的她，儘管在精神層面上與丈夫的互動不多，但圖伊總是細心操持家務，讓道爾在文學創作與外務奔波的生活中無後顧之憂。葬禮後道爾憶及亡妻說道：

與病魔的持久戰最終還是失敗了。但至少我們曾守住堡壘，這一守就是十三年。而在許多專家看來，這是根本不可能的事。……我努力不讓圖伊感到一絲不快，對她無微不至地照顧，給她所有的關心與安慰。我做到了嗎？我想我做到了。上帝知道我是誠心實意這樣去做的。

由於甫經歷喪妻之痛，再加上當年在南非戰爭期間感染的腸道疾病復發，接下來的一段時間道爾常在家休養，「這三週我都獨自一人，沒跟任何人來往，並不是不高興。我只是想一個人靜一靜。」這段時間他常一個人在書桌前努力寫作，希望用工作來減輕或沖淡失落的情緒。直到這年歲末，真正讓柯南．道爾擺脫消沉並振作起來的是一起疑案。正如他筆下的名偵探般，道爾收到了一封求救的委託信件，這樣的情形並不少見，多年來經常有來自各地的人們會向他或筆下的名偵探求助，不過當中有這麼一封信吸引了道爾的關注，如果世上真有福爾摩斯其人，那他肯定也會插手經辦這個案子。

圖依與兒女瑪莉及金斯利

來信者是一名叫做喬治・艾達奇（George Edalji）的年輕律師，他是一名混血兒，父親是來自印度的聖公會牧師，母親是傳統英國婦女，再加上兩個弟弟，居住在史丹佛郡（Staffordshire）的大威爾利地區（Great Wyrley）。大威爾利地區屬於偏遠郊區，在這裡「有色」的牧師被視為異類，當地居民大多無法理解為何一名有色人種為何有權執行教化白人的有權力，因此該教區的傳教過程並不順利，艾達奇一家人在該地的日常生活受到許多異樣眼光注目，幾乎可說是受到了種族歧視。這當中包括了多年來他們全家經常受到匿名的恐嚇信件，以及莫名其妙收到大量他們並未訂購的貨物，此外還曾經發生有偵探聲稱接到艾達奇夫人委託，前來調查其夫的不忠行為；甚至有殯葬業者來訪說要收屍的誇張事例。艾達奇一家不堪其擾，多次報請當地警方處理，令人遺憾的是，當地警長也對這家人懷有濃厚的偏見，所以總是將這些備案做冷處理，毫無積極作為。

就在艾達奇一家人在當地過著備感艱辛與壓力的生活時，1904 年二月到八月間，大威爾利地區一帶的牧場總共有十六隻牛被人惡意用利刃捅破腹部而死。該地警方接獲匿名信件通報，聲稱是艾達奇家的長子喬治所為，該通報甚至說刺殺牛隻的惡劣行徑是想要為接下來殺死女童的犯行演練。這通密報獲得了警方的高度警惕。幾天後的 8 月 18 日清晨，前夜的大雨剛停歇，又有一匹腹部遭刺穿的死馬在教區附近的濕草地被發現，警方即刻前往艾達奇家進行搜索，並當場查獲了四把剃刀、一雙沾滿泥濘的靴子和一件溼答答的雨衣，並在這些物件上發現馬鬃殘留。警方當場逮捕了喬治，雖然老艾達奇牧師一再辯稱昨晚兒子並未出門，父子兩人睡在同一個房間，但警方並不採信家屬的說法。這起事件在原有種族歧視心態的當地引發了軒然大波，大批的民眾包圍艾達奇寓所，咒罵叫囂聲此起彼落，艾達奇一家也瀕臨崩潰邊緣。

喬治遭到收押後，在很短的時間裡受到了有期徒刑七年的荒唐判決，法官與陪審團皆採信筆跡鑑定師所認定的匿名信件上的筆跡正是喬治本人所寫，此舉是惡劣囂張的他主動寫信向警方預告日後的殺人計畫，還有檢方所提供的馬鬃證物應該即為當日死馬身上的毛，任由原本自己就是律師的喬治如何申辯，仍舊遭到不公的判決。最為誇張的還在後頭，就在喬治遭收押不久，當地又有一頭牲畜慘遭同樣手法殺害，原本發生這樣的情況應當會令檢警更加懷疑整起事件的合理性，但出於種族歧視心態的狹隘偏見，檢警卻寧願認為這是喬治應該還有同夥在外逃逸，蓄意製造事端。

喬治．艾達奇

這起事件日益受到整個英國社會的關注，報章雜誌也做出多篇評論報導，當中還是有許多知名人士與團體願意為艾達奇一家發出不平之鳴，認為整起事件漏洞百出，無法以理性服人。隨後發生更為荒謬的事，1906 年十月，就在喬治入獄兩年多後，他莫名其妙地被釋放，官方也沒給任何解釋，但即使被釋放也不意味著是無罪釋放，他再也無法回到先前的律師行業，日常生活仍不時受到警方監控。憤恨不平的他四處尋找奧援，呼籲公眾能夠幫他洗刷冤屈，向政府討回公道。喬治想起了當年讀過福爾摩斯一系列的冒險故事，於是主動寫信給作者柯南·道爾，希望借重他在政界的人脈與社會的聲望，證明自己的清白。

道爾先前對此案就有過關注，在收到苦主的求援信件後，不由得怒火中燒。「得知他們家的情況之後，我義憤填膺，並發誓徹查此事。這家人沒權沒勢，父親是一名有色人種牧師，母親是一名藍眼灰髮的勇敢女士，本該保護他們的警方，從一開始就對他們採取嚴酷的做法，而且毫無理由地認定他們製造受迫害的假象，稱他們的控告是自找麻煩。」他認為若喬治果真有罪，那麼就理應服從判決七年的徒刑；若是無罪，那麼就有權利獲得官方的赦免、道歉與賠償，但眼下莫名其妙將人釋放，也沒有還給當事人一個清白或合理說法，這樣的司法體系實在令人感到憤怒，道爾本性裡的騎士精神油然而生，面對這起不公不義的事件他無法置身事外。

道爾約喬治·艾達奇在倫敦的查林十字大酒店見面，想當面詢問案情。剛走進大廳不久，道爾便見到一名皮膚黝黑的年輕人坐在扶手椅上看報，原想趕緊走過去打招呼的道爾忽然停下了腳步，在旁邊仔細端詳了一下喬治，他發現喬治將報紙拿得很近，且角度有些偏。後來向喬治詳細詢問，終於證實了道爾的判斷：喬治有很深的近視與閃光，可惜當初檢警根本不理會這一點。後來道爾安排喬治做了一次視力檢查，並親自前往大威爾利地區的犯罪現場查看，發現當地的泥土是紅褐色，與檢警查獲的靴子上的泥土並不同。他更拜訪了當地警長了解案情，在言談當中發現警方對艾達奇一家原本就持有強烈的偏見，而那位所謂的筆跡鑑定師也曾有鑑定失誤導致法院誤判的前例。至此道爾明白，患有深度近視閃光的喬治．艾達奇，認不出六碼外的任何人，不可能在漆黑的雨夜來到犯案現場，在不驚動其他牲畜的情形下，如此迅速敏捷地作案。而且在漆黑的夜裡捅死一隻牲畜，「即便是最熟練的老手，身上也不可能只被濺上兩點三便士銅錢大小的血跡。」如此一個不具備犯罪動機與犯案能力的人，如果真的做出這一系列的殘忍血案，恐怕只能用瘋狂可以解釋，但沒有任何跡象可證明喬治的精神失常。整起案件顯而易見充滿著種族歧視的偏見，「放眼全國，也找不到比喬治．艾達奇更無辜的案子」，此案勘比英國版的德雷福事件[47]。

此案的嚴重誤判正好符合過去道爾在〈波希米亞醜聞〉中透過福爾摩斯表達的論點：「如果沒有找到證據就亂加猜測，那麼我們

47. 德雷福事件（Affaire Dreyfus），發生在1894年九月，法軍上尉德雷福因涉嫌間諜案而遭審判，儘管當庭的證據有嚴重的瑕疵，但因德雷福本身猶太籍的身分遭到軍方高層懷有歧視地對待，軍事法庭後來將他判決流放與關押在法屬圭亞那外海的魔鬼島監獄（Île du Diable）。1896年軍方私下查到間諜案的真兇，卻刻意包庇不想翻案，相關檔案後來流到參議員手中，該名參議員甚至還受到軍方高層出言恐嚇。儘管軍方後來重新召開偵查庭也以查無實據處理。德雷福之兄四處奔走，將真相公諸於世，舉國譁然。著名作家埃米爾．左拉（Émile Zola）發表《我控訴》（J'accuse）一文給法國總統來表達對德雷福案的同情與不滿，但官方仍舊反覆做出幾次荒唐重審。此案最終拖到1906年才真正還德雷福清白，使其重返軍中。此外，當年整個法國社會因德雷福事件引發許多爭議，尤其在猶太種族議題上，另外也間接促使著名自行車賽事一環法自行車賽的誕生。

可能會犯下大錯。我們周圍有很多人，不是從實際出發得到自己的結論，而是先有一個既定的看法和態度，然後把他們認為符合的事實放進去，再丟棄那些不符合他們觀點的事實。」道爾將收集到足以證明喬治無罪的大量證據提交給調查委員會要求重審，此舉博得社會公眾一致的讚賞，認為現實生活裡的福爾摩斯果真站出來為弱勢發聲了，道爾確實也成功扮演了一回真實的偵探。1907 年五月，調查委員會公布調查結果，認定喬治．艾達奇殘害牲畜的罪行證據不足而赦其無罪，但那些匿名信還是他寫的，且對之前造成的冤獄不做出任何國家賠償。道爾聞訊大怒，發表了半個多小時的公開演講，痛斥調查委員會的決定毫無邏輯，「承認了錯誤，卻不給賠償，還有什麼比這更惡劣、更丟英國人的臉？」儘管民意沸騰，道爾也持續登報抨擊，要求檢警應當向社會公開當初的調查紀錄，以及質問內政部長是否此案涉及到種族議題，但都得不到官方的正面回應，該事件的處理結果無疾而終[48]。

最終喬治離開了大威爾利，到倫敦一家小事務所任職，整起事件的陰影和冤屈始終籠罩著他，英國政府始終沒還給他一個公道，他

48. 1908 年，道爾也曾為另一件奧斯卡．史萊特（Oscar Sater）案件申張正義。史萊特被指控在格拉斯哥兇殘殺害一名老婦，患有深度近視的老女傭聲稱看見史萊特剛犯下罪行後逃逸的蹤影，此舉令道爾嚴重質疑，並為史萊特發出不平之鳴。由於史萊特是個聲名狼藉的皮條客，所以官方認為這種傢伙就是容易犯罪的不定時炸彈，對這個案件的查核也沒有太過仔細。但在道爾看來這些都不重要，儘管嫌疑犯素行不良，但若他不是命案的兇手，就絕對不可將罪名栽贓在他頭上。本案撲朔迷離，直到二十年後才讓史萊特獲得平反，但最終兇手仍未尋獲。

終身未婚直到1953年過世。1907年九月道爾與琴終於在交往多年後低調結婚，喬治·艾達奇也是當天受邀的賓客之一，除了賀喜之外他不斷地向道爾的仗義執言表示感謝。

柯南·道爾與琴·萊基的婚禮

在艾達奇事件告一段落後，四十八歲的道爾終於迎娶了等待他多年的三十二歲新娘琴，迎來了他人生的第二春。婚禮結束後，這對新婚夫妻先後到巴黎、柏林、威尼斯、羅馬與君士坦丁堡[49]度過了兩個月的愉快蜜月生活。在停駐君士坦丁堡時，土耳其蘇丹還自稱也是福爾摩斯書迷，並賜予道爾爵位勳章，令道爾備感榮耀。

與琴正式結婚後，道爾也恢復了昔日的活力與創作力，他持續在1908年到1913年之間創作新的福爾摩斯故事，之後集結為《最後致意》（His Last Bow）一書出版。隨後又在1910年寫出全新的冒險小

49. 1930年始更名為伊斯坦堡。

說《失落的世界》（The Lost World），再度獲得了讀者的青睞。內容主要敘述一支由查林傑教授（Professor Challenger）組織的探險隊，深入南美叢林的未知領域，尋找史前生物的故事。《失落的世界》內容妙趣橫生，不同於福爾摩斯系列故事是內向翻轉的都市冒險，道爾這次將讀者確實帶領到遙遠的海外異境，深入一個未知的蠻荒世界，探索前所未見的古生物與古文明，《河岸雜誌》編輯也認為這是福爾摩斯之外，他所出版過最好的一本書。時間也向世人證明，該書確實是道爾除了福爾摩斯故事之外，至今仍在市面上銷售流傳較廣，也數度被搬上大銀幕的作品。

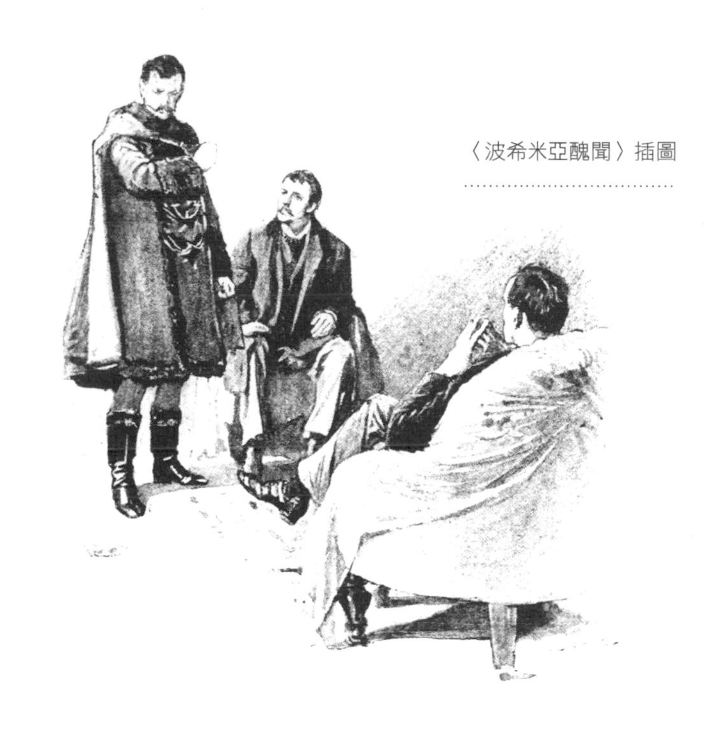

〈波希米亞醜聞〉插圖

五、不安的晚年

由於自拿破崙戰爭以來已有一個世紀未曾爆發大型戰爭，二十世紀初的歐洲社會沉醉在一片歌舞昇平、河清海晏的美好時代氛圍，儘管如此仍有部分有識之士認為歐洲列強間多年來的緊繃態勢隨時可能一觸即發，法國正力圖扭轉自普法戰爭以來的孤立地位，英國則是想要建立更為穩定的國防系統，俄羅斯與奧匈帝國不斷地在巴爾幹問題上有著此消彼長的角力戰，德國更是積極投入軍備競賽與力圖擴張勢力影響版圖。

柯南・道爾一向對歐洲相持不下的緊張局勢表示憂心，更對日漸強大的德國軍備感到戒慎恐懼，他曾多次在報章上撰文提醒當局絕不能輕忽如此現象，尤其是在潛水艇的軍事運用上，德國近年來更是積極投入開發，道爾認定這種新世代的「惡毒裝備」將會使未來的戰爭型態徹底改觀，並對英國海外諸島形成嚴重的威脅：「無法想像一大群潛伏在英吉利海峽和愛爾蘭的潛艇會給英倫三島的糧食供應帶來何等的影響？」他更極力主張在英吉利海峽開通一條海底隧道，連接英法兩國，不僅在和平時期可以便於往來旅遊，戰爭時期更足以保證物資的供給。（今日世人皆能看到，道爾當年的想法確實是被實現了）

在〈最後致意〉的故事裡，讀者也能讀到柯南．道爾透過福爾摩斯講出了一段在戰爭前夕所抱持的態度：

華生，你這個老好人！在這個變化多端的時代裡，你卻墨守成規。東風還是來了，它之前從未吹到過英格蘭。華生，它會酷寒難擋。還沒等它颳來，我們當中的許多人就會迅速凋零。但這是上帝的旨意，待風暴消除一切之後，更爲潔淨、美好的土地將會誕生在陽光之下。

眼見戰爭（東風，意指德國）將無可避免，許多人將會受到波及而喪生，道爾仍對未來的勝利感到樂觀。他特別主張國家應將平時的後備軍人加以集中訓練，以備不時之需。儘管自己遠遠超出入伍的年紀，但畢竟當年曾有遠赴南非前線支援的經驗，「雖然我五十五歲了，但身體還很結實，能夠吃苦耐勞，而且我的聲音洪亮，這在軍事訓練中十分有用。」他認為自己相當清楚何謂戰爭、了解戰爭，依舊熱血的道爾期許自己也能投入後備軍人的訓練當中。

1914 年八月，第一次世界大戰正式爆發，雖然道爾的入伍申請遭到駁回，但他身邊的親友如弟弟英尼斯、妹婿萊斯利、小舅子馬爾科姆．萊基（Malcolm Leckie）與秘書阿爾弗雷德．伍德（Alfred Wood）等人皆盡數從軍。對此道爾給予嘉許及勉勵，他樂觀地認為「戰爭也有積極的一面，它給歐洲一次矯正錯誤的機會，讓歐洲變得更加美好。我認為戰爭不會持續很久，頂多一年就結束了，從歷史經驗判斷，一定不會太久。我希望它能夠終結獨裁統治，消滅軍國主義。」道爾的樂觀看法很快地便被殘酷的戰爭型態破滅了。西部戰線呈現出如地獄般的壕溝戰景象，蛇籠鐵網、地雷、火炮和無情的機關槍讓雙方陷入拉鋸戰的僵持態勢，數百碼內盡是死亡的氣味，企圖由任何一邊突進，都將要付出沉重的傷亡代價。這場戰爭還沒結束就幾乎毀掉整整一代人，道爾的妹婿、小舅子與兩個勇敢的侄子皆陸續在戰場上犧牲。

在關心歐洲戰場局勢演變之餘，道爾也順勢推出了第四個福爾摩斯系列的長篇故事《恐怖谷》（The Valley of Fear），這或許是能讓讀者民眾從戰爭的陰影恐懼下稍做舒緩的良方了。本篇故事與前面兩大長篇《暗紅色研究》、《四簽名》形似，皆由兩個不同場景與人物的故事精心包裝而成。寫完《恐怖谷》後，道爾向《河岸雜誌》總編輯坦言這可能是他最後創作的偵探故事，因為錢已經掙得夠多，接著應該全心投入歷史文學的創作了。看來道爾始終只是將偵探小說視為營利的一種手段，這輩子他永遠無法忘情歷史文學的領域。

道爾說到做到，隨後便開始著手於一次大戰的史料收集上，他與多位軍方高層進行接觸，希望能獲得相關的軍情報告與紀錄，但由於正值戰爭期間大多都遭到駁回。即便如此，道爾這項撰寫戰爭史的作業與史料收集工作仍持續到戰爭結束，厚重六大卷多達五十多萬字的《英國戰史》（History of the British Campaign）成為他晚年最耗心力的大部頭歷史著作。此外，針對德國的齊柏林（Zeppelin）飛艇向英法等地進行的空中轟炸行為，道爾也登報呼籲英國方面不能坐以待斃，空襲中在本國也犧牲了許多無辜的老弱婦孺，他極力主張應向德國進行轟炸報復：「那些指責我提出報復性轟炸行為的人們是濫用言論，因為我們的轟炸是對德軍之前轟炸行為的報復，也是為了避免再出現類似的謀殺行為。有時候，不做壞事固然是美德，但卻要以他人承受痛苦為代價。」身為公眾人物，道爾認為自己該負起相對的社會責任，儘管無法從軍，他仍時常以激昂的言論在報上鼓舞民心士氣，為前線的戰士做堅強後盾[50]。

《恐怖谷》載於 1914 年的《河岸雜誌》

與今日我們在英劇《唐頓莊園》（Downton Abbey）[51] 中看到的情況雷同，道爾一家將宅邸的大部分空間騰出來給士兵居住，並縮減

50. 1917 年四月，道爾甚至在與首相勞合．喬治（David Lloyd George）的一場唐寧街早餐會談中，建議首相落實士兵身著防彈衣的計畫，當然該項計畫因經費等問題無法真正落實，但仍足以表現道爾關心前方將士安危的立場。

51. 《唐頓莊園》（Downton Abbey），是英國獨立電視台（ITV）製作的古典時代劇，於 2010 年首播，直到 2015 年底完結。背景設定在 1910 年代英王喬治五世（George V）時期，約克郡一個虛構的莊園裡的豪門生活故事。播出後受到英國各界極大反應回響，除了收視表現亮眼外，也獲頒艾美獎、金球獎、英國電影與電視藝術學院同業獎等肯定，並於 2011 年榮膺金氏世界紀錄大全的 2010 年「全球最受好評的電視影集」。

倫敦大轟炸時，市民躲在防空洞等待德軍的轟炸機離去

家庭開支以應付於艱難的戰爭時世。不僅如此，大女兒瑪莉也到後方兵工廠工作，兒子金斯利加入倫敦皇家醫學療養隊奔赴前線。這一次史無前例的世界大戰，幾乎與道爾全家人的生活緊密結合了。

金斯利的參戰讓父親備感榮耀，他一貫認為兒子是代替自己親赴前線的：「我大兒子現在在漢普郡團，渴望上陣殺敵，真希望上帝能讓志願者參戰。我相信我們一定能順利完成任務，我們的人是可充當各級軍官和士兵的材料。」但天不從人願，1918 年十月底當道爾前往諾丁漢準備進行一場講座時，從前線傳回金斯利因流感病逝的消息，年僅二十六歲。道爾懷著悲痛沉重的心情走上台演講，事後他回憶:「如果我不是一名唯靈論信徒，那天晚上根本就無法演講。

正因為我是，我才有勇氣走上台，告訴群眾我得知兒子已死，但那只不過是進入另一個世界，所以沒什麼可擔心的。」第一次世界大戰讓道爾身邊的眾多親友蒙塵離世，也致使他越來越親近唯靈論的學說，很顯然地他只能透過超自然的信仰力量來紓解自己的哀慟情緒。

許多書迷讀者紛紛寄來慰問的弔唁信件，無法一一親自回信的道爾印製了一張卡片，上頭寫著：「謝謝您誠摯的慰問。金斯利曾經是，現在也是，一個最親切、最勇敢、最高尚的人。……那悲痛卻又美麗的一章結束了。亞瑟．柯南．道爾親筆。」私底下的道爾不得不藉助唯靈論的降神會一解思子之情，當靈媒喃喃低語說金斯利的靈魂已經現身時，道爾當場激動地落淚。儘管後世對道爾晚年在唯靈降神的迷信行為上有相當的非議，但若考量到其喪失至親之痛，卻又不忍多一分的苛責。

柯南．道爾與長子金斯利

無情的現實打擊仍不肯就此罷休，儘管戰爭不久後也隨著金斯利的離去而結束，道爾與家人終於盼到渴望已久的和平到來，1919年二月再一次沉重的打擊降臨，道爾最疼愛的弟弟英尼斯在戰爭中表現出色，雖然安然度過了戰場的無情砲火，卻同樣成為戰後流感疾病的犧牲者，在比利時病逝。令道爾再次傷心欲絕。除了道爾之外，家族中受到最大打擊傷害的恐怕便是已八十高齡的瑪麗了。晚年的她視力嚴重退化，身體狀況也越來越虛弱，戰爭帶走了她多位的兒孫和女婿，足以令她痛徹心扉。儘管如此，向來理性的她仍舊沒有接受兒子道爾的建議，陷入唯靈降神的迷信儀式中。

晚年的道爾撰寫了一系列的唯靈研究專書，如《關鍵訊息》（The Vital Message）與《未知的邊緣》（The Edge of the Unknown）等，書中盡是討論靈魂不滅、死後世界的信仰議題，起初確實讓人們頗難以接受這是當年曾創造出那位「極度理性的思考機器」的作者。不過唯靈論信仰確實在第一次世界大戰後大行其道，有其堅定的擁護市場，戰場上的屍橫遍野造成無數的破碎家庭，是促發人們渴望與靈界溝通的最大動能。而這場戰爭也對道爾的人生觀以及宗教觀產生了重大影響。身邊親友的接連離世，使他幾乎全心投入唯靈論的信奉裡，公眾逐漸看到一個領著該時代最高稿酬的作家從此之後形同放棄小說的創作，以他的筆和生命力投入另一種信仰世界中。當然，家庭變故是當中極為重要的轉捩點，此外與道爾本身的個性特質也不無關連。自從年輕時脫離天主教信仰後，他始終都在追尋另一種信仰寄託，維多利亞時代的人們在歷經工業革命所帶來的巨大變革與混亂後，琳瑯滿目的偽科學議題也容易被時人所接受，而唯靈信仰更是符合他喜愛想像、神秘與冒險的性格，超自然與不可解的謎團現象，幾乎囊括了道爾一生的創作來源。

1920 年八月，道爾決定到澳洲舉行一系列的唯靈論講座，戰時他在寓所曾接待過多位澳洲士兵傷員，並與他們相談甚歡，這使他對澳洲之行充滿期待：

戰爭高潮時，我曾與澳大利亞軍隊一起度過了數天永難忘懷的日子，我的心與他們連在一起。如果我的傳道確實能給受傷的心靈和迷惘的頭腦帶去慰藉，那麼我不把福音傳給那些爲我們的共同事業而英勇奮戰、損失慘重的人，還能傳給誰呢？這三年來我飽受爭議，經常一周做五次講座，而且持續在媒體上爲這一事業辯護。……講座將多不勝數，辯論也會很嚴峻。天氣酷熱難當，而我也年過六旬了。然而，一想到付出總會有所回報，凡此種種我都可以不在乎。……雖然困難在所難免，但我向上帝發誓，不完成任務決不回國。我一定要把鮮活的宗教氣息吹到人們的心裡。

一談到宗教，道爾總是充滿熱情，滔滔不絕，這是在他晚年最能感受到愉悅的工作。儘管在當年頗受非議，百年後的今日重新審視此舉，只要該信仰過程中無牽扯到詐財犯罪行為，或許看待彼此對立的信仰應當能多一些包容與理解。

晚年的柯南．道爾轉向唯靈論的研究（Ada Deane 攝）

道爾在澳洲的巡迴講作行程長達半年之久，當他仍在海外傳道時，母親瑪麗因腦溢血於家中過世。「我的旅程平靜地結束了。然而，母親去世的噩耗傳來，給家人團聚的喜悅蒙上了一層陰影。她已經八十三歲高齡，這幾年近乎失明，所以她的離去倒不如說是一種解脫。然而，一想到再也

看不到她那和藹的表情和親切的舉止，我們無法抑制心中的悲痛。丹尼斯（道爾與琴之子）哭道：『我們的奶奶是多麼寬厚的一個人啊！』這說出了我們的心聲。她寬廣的心胸、博大的愛心無人能及，她能深刻同情弱勢，她也不惜犧牲自己的時間與安逸，給予受難之人無私的幫助。即使在年邁體弱、雙目失明之際，她還能一心為他人謀福利，急他人之所急，並通過自己的努力給他們帶來驚喜。」一想起親愛的母親，道爾滿是感激，長年來母子倆總是保持心靈的互動，母親的教誨也給了道爾無數的啟發，她是道爾一生最重要的女人，或許也足以稱得上是福爾摩斯之母。

1922 年，道爾涉入到晚年最受爭議批評的事件—「柯汀利精靈事件」（Cottingley Fairies）。柯汀利是約克郡布拉福德（Bradford）城外的一個小村莊，1917 年的夏天有兩名十來歲的小女孩，愛西·懷特（Elsie Wright）與表妹法蘭西斯·葛瑞菲斯（Frances Griffiths）在家中後花園用相機拍下了傳說中的精靈照片。 該照片之後在報章雜誌上刊登，引發了社會討論關注。事實上，一次大戰後的「靈異照片」也如雨後春筍般的盛行，配合唯靈論的信仰，許多攝影師利用簡單的曝光原理，往往能將往生者的照片與家屬合成，填補了那些在戰爭中喪失至親的人們心靈的渴望。許多唯靈論鼓吹者也聲稱攝影機的鏡頭能捕捉到那些人們肉眼所無法辨識的影像，而且青春的女性本身也較容易有通靈的體質，讓「柯汀利精靈事件」在當時代引發軒然大波。

這件事自然也會引起道爾的興趣，他向雜誌社要了原始照片檔來

柯汀利精靈照片

看，也主動到柯汀利村莊實地調查，更採訪了那對小姊妹及為她們拍攝的父親。對道爾這麼一位維多利亞時代的紳士而言，他實在不敢相信無邪的小女孩會說謊，而且這樣的一張照片更足以證明多年來他的唯靈論研究與傳道方向是正確的，道爾對此深信不疑，於是為此撰文聲援。想不到這回卻掀起更大的輿論質疑：「這些照片中的精靈怎麼會長得跟童話故事插畫中的那麼相像？為何它們的打扮和髮型都那麼的時髦？為什麼那隻地精的上腹部有一支帽針卡著？」甚至有間蠟燭工作室發表聲明認為柯汀利精靈的造型與它們在宣傳夜間照明燈時的廣告精靈長得太過相似。執迷不悟的道爾拒絕讓步，仍不斷撰文為此辯護，對於社會各界提出一切能證明該照片造假的證據，道爾一概選擇無視。

社會公眾至此對柯南・道爾大失所望，福爾摩斯的偉大創作者已被視為一個容易受騙的固執老人，更何況騙他的只是兩個小女孩，有些人甚至開始懷疑他的精神狀況。在政治界，儘管國王喬治五世、勞合・喬治與邱吉爾等人都與道爾有舊情，也非常喜歡閱讀他的福爾摩斯，仍對他在瘋狂的迷信行為上非常失望，甚至在政壇上出現了要撤回他爵士頭銜的聲音。

他的親友們可以忍受或是禮貌性的忽略道爾對那些瘋狂唯靈論的追求，但卻無法贊同那些他逐漸與現實脫節的古怪想法。道爾晚年的好友之一，也是當時代最顯赫的魔術師、逃脫大師胡迪尼（Harry Houdini，1874—1926 年），也時常與道爾辯論靈魂的相關議題。對胡迪尼而言，他也非常想念已去世的母親，如果靈魂確實可以招喚他是求之不得，但身為魔術師的他卻屢屢能在降靈會上揭穿那些靈媒的把戲[52]。道爾甚至還認為胡迪尼的逃脫術是讓靈魂消失並重組的現象，是超自然現象的特異功能，任憑胡迪尼百般辯解魔術只是障眼法與技巧的熟練，道爾依舊充耳不聞。當時代報章上流傳著這麼一則笑話：J．M．巴里[53]創造的彼得．潘站在舞台前，想請相信精靈存在的在座觀眾鼓掌，來使故事中的小仙子叮叮（Tinker Bell）復活。底下的道爾馬上起身帶頭鼓掌。福爾摩斯

---

52. 在降靈會中，道爾透過琴的身體招喚了胡迪尼母親之靈，但胡迪尼那位匈牙利籍的母親只會講簡單彆腳的英語，更別說還能在紙上用英語寫作。另外，降靈會當天是 6 月 17 日，恰好是胡迪尼母親的生日，他認為如果真的招喚到真正的母親，她肯定會提到這件事的。最重要的是，他眼見道爾之妻琴在紙上畫下了好多個十字，但胡迪尼的母親是猶太人，斷然不會使用這樣的符號。結束後道爾卻強辯人離開塵世的時間越久，受教育的程度就越高，所以胡迪尼的母親在天堂一定學會了英語。這次的降靈會使得胡迪尼確信唯靈論終究是一場騙局。從另一方面來說，道爾夫婦的事前準備功課真的沒有做足。

53. 詹姆斯．馬修．巴里爵士（Sir James Matthew Barrie, 1860—1937 年），蘇格蘭小說家與劇作家，著名兒童文學《彼得潘》（Peter Pan: The Boy Who Wouldn't Grow Up）的作者，是道爾愛丁堡大學的學弟。1895 年移居倫敦，開始創作散文、小說及劇本，與道爾的人生經歷頗多相似點。儘管他與道爾有所往來，卻也對他晚年在信仰上的荒唐行徑嗤之以鼻。

卻從舞台的另一端現身，當場拆穿柯汀利精靈的假象，讓道爾愣在現場。

柯南・道爾與逃脫大師胡迪尼

柯汀利精靈事件的風波直到道爾去世仍持續蔓延著。直到 1983 年的三月，時年已七十六歲的法蘭西斯才向《泰晤士報》的記者坦承，那些精靈的照片是從書上剪下來的，「對那些相應的故事我真是受夠了。我討厭那些照片，每次看到它們都讓我畏縮不已。我們原想這只是惡作劇，但大眾卻一直把它當一回事。照理說，此事在六十年前就應該了結的。」表姊愛西隨後也發言：「我不想我死後，我的孫子們認為他們有個瘋子奶奶。我很遺憾有人用一個帽針把我們的精靈全都刺死了。……這個玩笑原本只想持續兩個小時的，但它卻持續了近七十年。」

道爾在晚年仍筆耕不輟。除了他親眼見到福爾摩斯與《失落的世界》搬上大銀幕之外，他更在 1926 年的新作《迷霧之地》（The Land of Mist）中再度讓查林傑教授登場，並讓這位勇敢的探險家教授晚節不保，在書中接受了作者本人的唯靈論信仰。查林傑教授在書中以誠懇的語氣表示：「它真是令人難以置信，卻又顯得如此神奇、真實。」幸好

1925 年《失落的世界》電影海報

大偵探福爾摩斯逃過一劫，否則絕對有礙其流傳至今的傳奇。最後的幾篇福爾摩斯故事，如〈吸血鬼〉（The Adventure of the Sussex Vampire）或〈爬行者〉（The Adventure of the Creeping Man）儘管帶有若干的哥德式奇幻色彩，但福爾摩斯仍持有他那理性務實的科學態度：「（吸血鬼）這種東西既然能牢牢地站在地面上，那它就應該跑不了了。」即便如此，還是可以感覺到柯南·道爾的創作力，在〈獅鬃毛〉（the Adventure of the Lion's Mane）與〈蒙面房客〉（The Adventure of the Veiled Lodger）等篇的表現顯然已大不如前了[54]。

儘管二十世紀已經過了二十多年，最後幾年的道爾仍堅持著維多利亞時代的傳統觀念，他一貫主張騎士精神，具有紳士風度，但卻反對婦女擁有參政權，更討厭女性在公共場合裡吸菸的舉止。對於社會主義他覺得反感，街頭常出現的大罷工也讓他感到吃驚，費滋傑羅[55]筆下的爵士年代也從美國吹拂而來，輕佻虛無、散漫顛狂之

54. 許多批評者認為最後的幾篇福爾摩斯故事筆力已衰退，這位偉大的偵探也因作者的僵化產生智能下降的情形。更重要的是，1920年代已經迎來了偵探小說的黃金時期，阿嘉莎·克莉絲蒂（Agatha Christie）筆下的那擁有灰色細胞的翹鬍子偵探赫丘勒·白羅（Hercule Poirot）與冷靜的瑪波（Jane Marple）老太太，以及G·K·卻斯特頓（Gilbert Keith Chesterton）創造的布朗神父（Father Brown）都顯得有獨特的魅力，也代表了新世紀的朝氣，讓福爾摩斯面臨了劇烈的競爭。柯南·道爾在完成最後一篇的〈蕭斯科姆古莊園〉（The Adventure of Shoscombe Old Place）後，也向《河岸雜誌》總編輯坦言：「福爾摩斯就像他的作者一樣，關節有點僵了，但我已經盡力了。如今已到了永別的時候了。」

55. 費茲傑羅（Francis Scott Key Fitzgerald，1896 — 1940年），美國二十世紀早期最偉大的作家之一，最著名的小說為《大亨小傳》（The Great Gatsby），深刻描繪了1920年代美國社會在歌舞昇平中空虛、享樂、矛盾的精神與思想狀態。

風蔓延，社會風氣已呈現紙醉金迷、今朝有酒今朝醉的氛圍，戰爭的破壞與傷痛已逐漸淡出人們的記憶，更遑論那過眼雲煙的維多利亞時代。

柯南．道爾一家到紐約遊玩（攝於 1922 年）

1928 年十月，道爾接受了生前唯一的攝影鏡頭採訪，在談及唯靈信仰話題時，認為最終讓他篤信於此的關鍵即是戰爭：「當這些年輕優秀的孩子們從我們的視野中消失，整個世界都在問：『他們變成了什麼？他們在哪兒？他們現在在做什麼？他們消失於無形……』戰爭的殘酷讓我認識到深入了解唯靈論對人類無以倫比的重要性。於是我開始以更大的熱情研究它，並將餘生的最高目標定為向其他人傳播這方面的知識以及我從中得到的慰藉。」直到最後，道爾仍在為自己的文學聲譽建立在一個通俗小說人物之上而感到懊惱，甚至覺得有時候很討厭福爾摩斯這一人物形象，寧可自己不曾創造出這個角色。畢竟都是因為福爾摩斯太受歡迎，使得倒道爾其他嚴肅的作品不能得到「應有的賞識」。

1929 年的 5 月 22 日，道爾在琴與孩子們的圍繞之中慶祝了他七十歲的生日，這個時期他仍不斷為信仰撰文與演講奔波著。忙碌的生活節奏奪去了道爾的健康，他時常感到喉嚨疼痛，卻不覺得有時

柯南・道爾與兒子阿德里安於1930年合影，並於該年過世

間停下來休息。隔年7月1日，他率領著代表團前往倫敦，還為了游說內政大臣對巫術法案進行改革的議題進行討論。儘管當時已身感不適，道爾仍氣喘吁吁地堅持唸完事先預備的稿子，他用手指敲擊著胸口，彷彿想要繼續維持心臟的跳動，以便他說完沒來得及說完的話。這天他幾乎是心力交瘁，在琴的攙扶下費力地回到家後，便再也無法起身離開了。接連幾日他只能依靠氧氣瓶呼吸，精疲力盡的道爾寫下了最終的幾句話：「讀者們也許會說，我經歷過無數次的冒險，但最驚險、最光榮的一次還沒到來。」7月7日清晨，道爾起身說想看看窗外鄉村的風光，琴與孩子們替他披上了睡袍，讓他坐在窗戶旁的一把大柳條靠椅上。道爾最後撫摸著琴的頭說道：「應該給妳發塊獎牌，上面寫著『最佳保母獎』，妳真的很偉大」，琴知道這是丈夫對她最後誠摯的肯定，不禁潸然淚下。過不久，道爾在妻兒的陪伴之下瞑目而逝，享年七十一歲。

7月13日星期日晚上，在倫敦的亞伯特紀念廳舉行了柯南・道爾的追思會，大廳在一早便擠滿了悼念的人們，除了親友、書迷和唯靈信徒之外，還聚集了許多媒體記者，有傳言柯南・道爾爵士可

能會藉此顯靈，民眾都不想錯失了這個機會，整個大廳最後將近有一萬人出席。道爾的遺孀琴在十年後也追隨他而去，其他的子女，包括與圖伊所生的瑪莉和早逝的金斯利，還有琴後續所生的丹尼斯、亞德里安與琴，他們皆沒有後代傳承。年紀最小的女兒琴，在二次大戰時曾加入英國皇家空軍，從事情報工作。琴在後來還擔任了女王伊莉莎白二世（Elizabeth II）的侍從女官，授封女爵，一直相信父親道爾在天之靈應有所安慰。琴在 1997 年去世，自此柯南・道爾的直系血脈已絕。

柯南・道爾的一生充滿傳奇與冒險，他曾去過北極海圍捕鯨魚，也曾遠赴南非前線感受戰爭。他也擁有多樣性的身分，不僅是醫生出身，也是知名且優秀的小說家、能言善道的演說家、堅定愛國的爵士、癡狂迷信的唯靈論者，更是全世界最知名虛構角色的創造者。在他身上也匯集了多元性的樣貌特質，撰寫偵探小說時他理性重邏輯，寫歷史小說時他浪漫豪氣，寫冒險文學時他大膽精明，寫戰爭報導時他熱血澎湃，寫信仰哲學時卻又保守癡迷。在他的筆下，百年後的我們得以回顧那光輝璀璨的維多利亞時代的最後一瞥，隨著福爾摩斯那百折不撓的精神去打擊犯罪；也能追尋那日不落帝國主義的昔日榮光，與查林傑教授深入暗無天日的神秘叢林，體驗驚險刺激的冒險生活。儘管他在世時最為看重的是歷史小說文體，但在大部分的評論者看來這些小說的內容並不如福爾摩斯和查林傑教授的冒險故事有趣，並不深具流傳價值，而其晚年的唯靈思想論述更是屬於荒唐論調，皆早已隨著無情的時間而淘汰。儘管如此，他在文學史上的地位仍獨具非凡意義，正如同他在 1894 年受訪時曾說：「我們對藝術談論得太多，反而忘記了藝術的根本目的。藝術是為了愉悅人類一給生病、無聊、萎靡的人帶來快樂。如果我的作品也像史考特和狄更斯讓成千上萬的人得到了快樂，那麼我的作品與他們一樣都是真正的藝術。」毫無疑問，道爾本人與他的幾部經典文學作品，就如同他筆下的貝克街大偵探一樣，將永遠長存在世間讀者的心中。

柯南．道爾（攝於 1907 年）

後篇

如果做一個隨機的街頭訪問，要人們舉出一個記憶裡的小說偵探，無論接受採訪的民眾來自何方，恐怕十之八九的機率大部分人都會聯想到福爾摩斯。（《名偵探柯南》可不是小說啊）在這一百多年來，「夏洛克·福爾摩斯」不僅僅是一個小說虛擬人物的名字，他已成為一種特定的文化符號。儘管在柯南·道爾之前與之後，推理小說家所創作出的書中偵探多如繁星，甚至他們當中的許多人的辦案方法或性格塑造，也比起福爾摩斯來得先進或生動，但福爾摩斯名偵探的地位似乎從未被撼動，永遠在虛擬的偵探世界獨占鰲頭。

時至今日，一幅帶著獵鹿帽、嘴叼菸斗的人物側臉形象，往往被視為徵信業、追蹤探索的符號代表；倫敦貝克街上的福爾摩斯博物館前，也總是大排長龍，來自世界各地的書迷或影迷，幾乎都不約而同在來到這座昔日世界之都旅遊的同時，撥出一點時間前來朝聖，更別說當這些朝聖者在剛來到貝克街地鐵站時，舉目所見牆上磁磚、看板盡是大偵探的形象與插畫，以及那座令人記憶深刻的站前挺拔雕像時的感動了。

貝克街車站前的福爾摩斯塑像（林哲民攝）

一個虛擬的角色是否受到歡迎，我們不只能從他的形象符號或是相關的紀念場所來觀察，此外也可以看到，這位名偵探在百年來登上銀幕或舞台的次數與頻率幾乎無人能及。更特別的是還有原作者離世後的八十年來，層出不窮的仿作（Parody）與贋作（Pastiche）之多寡便可看出端倪。儘管推理小說之始源自於愛倫．坡，但真正讓此類型小說受到大眾矚目，逐步定下推理小說基本劇情，並讓偵探的個人魅力與其推理技巧，成為大眾深刻的記憶卻是由福爾摩斯開始。善於說故事的柯南．道爾，運用他的筆將一代又一代的讀者帶進他的世界，在龍蛇雜處的倫敦市中心，跟隨著福爾摩斯與華生醫生的腳步追蹤罪犯、破解謎團，分享其破案過程所帶來的刺激、娛樂和純粹的閱讀樂趣。

百餘年下來，這部被作者視為廉價通俗小說的作品，已經通過了時代洪流的考驗，成為今日推理文學類型的經典之作與特有的文化符號。因此，後世的讀者可以用感性的朝聖心態讀它，仔細品味這部經典作品的絕妙之處；也可以用考古的心態讀它，探索後世的推理小說的情節發想來源；更可以用崇敬的學徒心態讀它，從中去領悟如何訴說一個精采的故事以及架構一個非凡的虛擬偵探世界。我們無論用什麼態度、方法去讀它都可以，就是不能不讀。

在後篇，我將試著運用追尋歷史的心態去讀它。柯南・道爾當年成功塑造了一個生動的場景與氛圍，我們會隨著作者的文字走進往昔的維多利亞時代：煙霧瀰漫的街道、昏暗閃爍的煤氣燈、輕巧優雅的出租馬車，一名舉止慌張無措的體面紳士或是頭戴面紗的優雅女士來到了貝克街 221 號 B 座，向兩位主角揭開了另一場詭譎邪惡的謎團挑戰。讀者很自然而然會被神秘恐怖的氣氛團團包圍，迅速穿越到百年前的時空。在原作者投入這部作品長達四十餘年的創作生涯中（1886－1927 年），總計有六十篇的福爾摩斯呈現在世人眼前，此四十餘年的時間不僅是柯南・道爾人生中最菁華亮眼的部分，也是維多利亞時代晚期接續到愛德華七世統治，象徵大英帝國由盛轉衰的重要階段。也因此，凡作品當中論及到的國際局勢、社會現象、文藝休閒乃至言談用語，均可成為我們進一步了解該時代的參考資料。

言歸正傳，以下就讓我們按照原作出版順序，逐篇探索該時代的生活特徵，與讀者朋友分享其中的文史趣談及秘辛，期望能從中增進閱讀樂趣。

暗紅色研究

A Study in Scarlet

惠斯勒的色彩美學

生活就像是一束沒有色彩的紗線，而謀殺案就像是摻雜其中的紅絲線，我們的任務就是要把它拆開，分離出來，把每一吋都暴露出來。

柯南・道爾於 1886 年創作了《暗紅色研究》（或譯血字的研究）一書，儘管最初遭到多間出版社拒絕刊登，但後來總算是在 1887 年的《比頓聖誕年刊》（Beeton's Christmas Annual）上發表，讓名偵探首次與讀者大眾見面。這部作品與書中的人物在剛出版時並沒有受到廣泛的注目，這類型刊物也屬於打發時間性質的娛樂性雜誌，所以往往讀畢即丟，據聞目前全世界只有十本 1887 年的《比頓聖誕年刊》被保存下來。

本作對福爾摩斯迷來說，最大的意義是呈現了兩位主角人物的結交過程。在醫院實驗室裡，華生醫生首次見到了這位古怪的室友，許多人往往都誤以為當福爾摩斯與華生握手時所說的：「你從阿富汗來？」是他登場的第一句話，其實不然，在此之前福爾摩斯正在做的試劑實驗，隨著實驗成功令他脫口而出的：「我發現了！我發現了！」才是名偵探問世的首句台詞。

更重要的是，柯南．道爾的這部作品在文學史上，運用了一種特殊的敘事模式，是從推理文學鼻祖愛倫．坡那裡所繼承改良的。他選擇讓主角身邊一個次要的人物，來向讀者訴說這個故事。在此之前無論我們閱讀莎士比亞、狄更斯、珍．奧斯丁、雨果……等人的作品，往往是以一種「全知觀點」（Omniscient）在了解故事梗概，這種觀點幾乎等同於敘事者的視角，因此我們會讀出哈姆雷那句著名的：「To be, or not to be. that is the question」[1]；我們也能清楚得知尚萬強[2]在良心發現後內心的煎熬與不安，也深知他那想徹底洗心革面與呵護珂賽特的心境。但在柯南．道爾的這部小說裡，記錄的每一句話、看到的每一個場景，都經由華生的主觀判斷，包含他的

---

1. 語出莎士比亞戲劇《哈姆雷》第三幕的第一場，哈姆雷王子口白的第一句，中文語意：「生存還是毀滅，這是一個值得考慮的問題。」

2. 尚萬強（Jean Valjean），是雨果的名著《悲慘世界》（Les Misérables）中的第一男主人翁。早年因為偷了一塊麵包而遭判刑五年，又因屢次越獄失敗而加重刑期至十九年。在出獄不久後，又強奪小男孩的硬幣不還，最終受到米里艾（Bishop Myriel）主教的感召而悔改。此後化名為馬德連先生（Monsier Madeleine）經商致富，好善樂施的他成為了小城鎮的市長。卻遭到警探賈維爾（Javert）的懷疑：馬德連市長似乎就是當年屢次越獄的尚萬強，也是甫出獄就強奪小男孩硬幣的前科犯。因此尚萬強受到良心不斷的煎熬譴責，最終只好帶著守護女孩珂賽特（Cosette）的承諾，不得不棄職潛逃。

好惡感情提供給讀者。如此一來，華生成為了福爾摩斯與讀者之間的中介，讀者會先認同華生的敘事觀點，再間接認同福爾摩斯。也因為有華生，伴隨在福爾摩斯身邊歷經冒險，讀者可以更深刻體會到這些冒險的真實性與緊張感。華生醫生這個角色最重要的關鍵，是讓讀者逐漸分心，遺忘了故事背後那作者全知觀點的存在。以華生的角度敘事，取得讀者的認同，使整起事件顯得更加真實。聰明的讀者時常會游離在福爾摩斯與華生的觀點之間，雖然只能知道華生告訴我們的部分真相，但卻會持續不斷猜想著，福爾摩斯究竟要怎麼做、如何想？如此的敘事風格能讓讀者一方面崇拜福爾摩斯那般的全能全知，又能暗自慶幸自己不像華生那麼遲鈍，這是一種雙重的閱讀樂趣。我們不得不佩服道爾開創了這種文學敘事風格。

《暗紅色研究》的故事背景，與十九世紀中葉摩門教的傳播過程有所相關。摩門教（Mormonism）亦稱為耶穌基督末世聖徒教會（The Church of Jesus Christ of Latter-day Saints），其創始者約瑟夫・史密斯（Joseph Smith Jr.，1806 － 1844 年）在 1830 年前後將一組宣稱獲得自天使授予的金箔密文破譯為《摩門經》（The Book of Mormon）出版，在紐約正式建立摩門教。該教派相對於其餘基督教會系統，有其一套複雜的教條規範，早期奉行一夫多妻制度，並以真教會的信念自許。但由於教義與習俗與當地教會及民眾屢起衝突，不得不輾轉遷徙，先後轉進至密蘇里、俄亥俄與伊利諾等地。

摩門教徒遷移（圖片來源：Mechanical Curator's Cuttings）

1844 年，創始人史密斯於諾伍（Nauvoo）當地的暴動事件中遭到謀害，楊百翰（Brigham Young，1801 － 1877 年）繼任為先知與會長，率領信眾再次向西遷徙，經過長途跋涉後摩門教徒於 1847 年抵達猶他州，並建立了鹽湖城，即今日摩門教總會所在地。此番西遷的過程，摩門信眾將其比喻為「尋找美國錫安山」之舉，柯南．道爾描述書中摩門教徒於沙漠中拯救了瀕死的小露西（Little Lucy）與費瑞爾（John Ferrier）兩人，正是該教轉進西遷的過程，因此書中還有「咱們耽擱的太久了，起身吧，向錫安山前進！」之口語，其意在此。不過，道爾當年在書中對摩門教關於綁架、謀殺等部分的描述，相當受到爭議，許多並非切合史實。

關於本篇故事的中文譯名，一般坊間大概有《暗紅色研究》、《猩紅色研究》與《血字的研究》三種（其他幾乎皆在紅色問題中打轉，深紅、腓紅、血紅，不一而足），相互比較之下應以《暗紅色研究》或《猩紅色研究》較貼近原作者當年命名的原由，因為道爾的思路是模仿該時代的名畫家惠斯勒的創作風格而來。

出生於美國麻州的詹姆斯．惠斯勒（James McNeill Whistler，1834 － 1903 年），向來就是一個特立獨行、個性高傲古怪的人。因父親是鐵路工程師，因此自幼全家皆需隨著父親的工作地點而遷居，惠斯勒的兒時生活便在聖彼得堡成長，讓他自幼便對歐陸有一份獨特的情感。青少年時惠斯勒進入美國西點軍校求學，但嚴格規律的軍事化教育與他躁動不定的個性極為衝突，惠斯勒旋即遭到軍校退學。

此後惠斯勒轉往巴黎學畫，儘管個性放蕩不羈，但在繪畫方面他卻絲毫不含糊。除了在美術學院向名師學習之外，一有時間他就會在羅浮宮裡待上好幾個小時，惠斯勒不斷地模擬歷代大師的作品，對於畫作當中的每一個細節、線條、用色皆了然於胸，直到最後他幾乎能準確無誤憑記憶繪出歷代佳作中的技巧細節與色調層次。

惠斯勒時常被歸類為印象派畫家，但他的創作又與印象派的重點有所不同，惠斯勒並不著重於光線與色彩的效果，他認為如何詮釋色彩與構圖形式，才是繪畫的真正內涵。一反維多利亞時代盛行的典故畫，惠斯勒在 1860 年代陸續推出多幅沒有主題、沒有故事性，只以微妙的明暗差別與不同塗法呈現，並配合音樂命名的作品，如《白色交響曲第一號：白衣女子》（Symphony in White, No. 1: The White Girl，1862）、《白色交響曲，三個女孩》（The White Symphony - Three Girls），畫作中的女性幾乎毫無特色，只在畫中不同層次的白衣、背景、花卉中追求色調的變化美感，惠斯勒也成功在藝術圈樹立自我的風格。

1870 年代後，著迷於色彩研究的惠斯勒開始創作一系列用顏色譜成的樂章，包括《灰色的佈置：自畫像》（Arrangement in Grey: Portrait of the Painter）、《夜景：藍和金色 - 舊貝特希橋》（Nocturne: Blue and Gold - Old Battersea Bridge），在這些以色彩搭配、構圖的作品中，足見惠斯勒自身對畫面佈局、色彩解構的分析精神，柯南・道爾之所以取名《暗紅色研究》的書名，也正是搭上了該時代的前衛藝術風氣[3]。

---

3. 道爾原先將書名命為《謎團難解》（A Tangled Skein），不過與惠斯勒著迷於色彩解構的分析模式相似，文學界在十九世紀中葉也逐漸興起了一股以色彩配搭美學來命名作品的風潮，如愛倫・坡的〈金甲蟲〉（The Gold-Bug）與〈黑貓〉（The Black Cat）、威廉・威爾基・柯林斯（William Wilkie Collins，1824—1889 年）的〈紅桃皇后〉（The Queen of Heart）與〈白衣女子〉（The Woman in White），與史蒂文森的《黑箭》（The Black Arrow）等。此外，Scarlet 也足以象徵道爾筆下那個陰森、昏暗與恐懼的倫敦犯罪腐敗意象，因此他才特別將書名改為《暗紅色研究》，此後道爾所撰寫的歷史文學作品《白色軍隊》亦為此風格之延續。

惠斯勒（James McNeill Whistler），《灰與黑改編曲一號：畫家的母親》（Arrangement in Gray and Black No.1 : Portrait of the Painter's Mother）

對多數民眾而言，惠斯勒的《灰與黑改編曲一號：畫家的母親》（Arrangement in Gray and Black No.1 : Portrait of the Painter's Mother）應當是最為熟悉的作品了。這是他時年六十七歲的母親安娜，坐在椅子上以側面入鏡，手握白絲巾，眼視前方；牆上懸掛一幅風景畫，畫面左邊有一條黑色的布幕。畫面中白、灰、黑的層次巧妙安排，柔和低調的色彩從母親的頭髮與衣服一直延伸到牆壁與背景，突顯出母親柔順堅忍的個性特質，整體畫面也呈現水平與垂直的交合，布滿數學的幾何圖案，象徵著次序與規律，這正是惠斯勒對自己母親所下的最好註解。

這幅作品是我直到大學時期，無意間觀賞由英國著名的喜劇演員羅溫・艾金森（Rowan Atkinson，即豆豆先生）所主演的喜劇片《豆豆秀》（Mr. Bean）才開始欣賞，這幅畫在該劇中扮演舉足輕重的關鍵，豆豆先生在當中對這幅畫的惡搞戲謔方式，著實讓人捧腹大笑，誠摯推薦給每位讀者在閒暇之餘觀賞，相信也會讓大家用另一種輕鬆詼諧的方式來認識惠斯勒這位色彩美學的大師。

藝術的價值

當然，不見得每一個人對於惠斯勒得美學理念都能表示贊同、欣賞。當時代英國最著名的藝術評論家羅斯金 就非常不客氣地抨擊惠斯勒《黑色和金色的夜曲：降落的煙火》（Nocturne in Black and Gold：The Falling Rocket）這幅畫：「我從來沒有料過一個紈褲子弟將一瓶油彩潑到大眾的臉上後，還要勒索兩百基尼的高價，這簡直是存心詐欺！」向來自滿驕傲的惠斯勒怎能嚥下這口氣，深感自己的專業被惡意詆毀的他隨即與羅斯金對簿公堂，這起事件也揭開了藝術界長期以來，藝術家與評論家之間的鴻溝裂痕。

在法庭上惠斯勒被法官詢問僅花費短短兩天就完成的畫作為何收取高額的票價觀看，只見惠斯勒不卑不亢地回答：「表面上看來我是僅花了兩天就完成沒錯，可是這當中的構思與繪畫技巧來說就不只是兩三天的功夫了，這幅畫的背後是我終生學習經驗的藝術體現，這個觀賞價位算便宜了。」這一席話將法官駁得啞口無言，惠斯勒以身為藝術創作者的自信與驕傲，義正詞嚴表達了「台上三分鐘，台下十年功」的理念，確實可做為今日我們尊重肯定藝術專業性的借鏡。儘管後來惠斯勒贏了這場官司，但他也被昂貴的訴訟費用搞得幾乎破產了。

四簽名

The Sign of the Four

高雅有品味的學院派畫作收藏者

與警方打交道是最令人難受的事，我天生就不喜歡那些粗俗的人，很少同他們接觸。你們可以看到，我的生活氛圍還算頗為文雅，我自認為是個藝術鑑賞家，這才是我的嗜好。那幅風景畫就是出自柯洛的手筆，即使有的鑑賞家會懷疑那幅薩爾瓦多·羅莎的作品是贋品，可是那幅布格羅的畫絕對是真品。我特別偏愛當代法國學院派的作品。

在《四簽名》裡牽扯到一件寶藏的爭奪戰。華生醫生未來的妻子瑪麗·摩斯坦（Mary Morstan）小姐收到一封奇怪的邀請信，於是登門委託福爾摩斯的協助，福爾摩斯感到事情有奇特之處，聯同華生主動陪同瑪麗應約。邀約人是一位自稱薩迪斯·舒爾多（Thaddeus Sholto）的小個子禿頭先生。當薩迪斯邀請福爾摩斯等人進入光彩奪目、美侖美奐的宅邸大廳後，說出了上述的那番話。

薩迪斯收藏著許多名貴的家具與稀有的東方文物，更在牆上掛了多幅傑出的畫作，他以藝術鑑賞家自居，享受附庸風雅的恬適生活。他首先向客人介紹的作品是柯洛的風景畫，柯洛（Jean-Baptiste Camille Corot，1796 － 1875 年）是當時代享有盛名的風景畫大師，藝術史上一般將他視為法國巴比松畫派[4]的先驅。他生平最愛旅行與大自然的原野風光，也習慣一路素描和油畫寫生他所看到的風景，在柯洛的作品中，觀者時常可以領略到一股自然樸素，幽遠迷濛的空間感。他不僅深刻地影響巴比松畫派的創作風格與內涵，也對稍後的印象

柯洛（Jean-Baptiste Camille Corot），《波微附近的瑪麗塞爾教堂》（The Church at Marissel）

4. 巴比松畫派（École de Barbizon）是 1830 年至 1840 年在法國興起的鄉村風景畫派。因該畫派的主要畫家都在巴黎南郊約五十公里的楓丹白露森林（Fontainebleau Forest）旁的巴比松村落腳而得名。巴比松畫派向來反對學院傳統教條、拋棄保守的繪畫理論，主張親近自然，描繪農村田野的質樸內涵。這批畫家當中，最為台灣民眾所熟知的即是繪有《拾穗》（Des glaneuses）與《晚禱》（L'Angélus）的米勒（Jean-François Millet）。此外，其中的杜比尼（Charles-François Daubigny）也向來受到梵谷的推崇景仰。杜比尼生前在法國奧維小鎮（Auves-sur-Oise）的故居曾為梵谷數度流連，於此繪下最終的兩幅畫作，梵谷並於其中透露出尋短的訊息。參見拙著《直到我死去的那一天：梵谷最後的親筆信》，台北：華滋出版，2015 年。

派風景畫產生相當程度的啟發。

十七世紀的義大利畫家薩爾瓦多．羅莎（Salvator Rosa，1615－1673年）是巴洛克時期最狂野的畫家之一。他擅長於寓言主題與宗教性地的繪畫題材，而且他的作品當中瀰漫著一股憂鬱的氣息。與他的前輩卡拉瓦喬[5]極為相似，羅莎也擅長以犀利的明暗對比作為畫作激情的表現，個性也同樣地孤傲叛逆。

十九世紀中期的法國藝術圈，無庸置疑盡是學院派的一枝獨秀現象。這裡的學院專指法國的皇家美術學院（Academies Royale），這所學校至今仍在塞納河邊「Le quai Malaquais 十七號」的地址屹立著，而布格羅（William Adolphe Bouguereau，1825—1905年）便是該時代學院派畫家中的佼佼者。

十九世紀不像今天的人們擁有那麼多種類的文化娛樂，甚少私人舉辦的展覽，以至於代表官方的美術學院長期壟斷整體社會的審美價值，以新古典主義的創作美學為判斷標準，學院裡的院士們也控制著整個畫壇的走向，每一年所舉辦的官方沙龍展是否入選，端看能否遵守學院派定下的墨規，重視線條、素描、歷史畫等原則；官方沙龍展

5. 米開朗基羅．梅里西．達．卡拉瓦喬（Michelangelo Merisi da Caravaggio，1571—1610年），義大利巴洛克時期的先驅藝術家，也是該時代最為叛逆、狂躁、奔放的畫家，以他明暗對比與戲劇性的呈現手法揚名於世，卻也在私領域道德方面惡貫滿盈，對隨後新興的巴洛克繪畫影響深遠。

的入選或落選不單單只是自尊心的問題，更牽涉到往後能否順利出售作品與決定社會地位的因素，大多數的藝術家皆將其視為年度大事。

布格羅（William Adolphe Bouguereau），《波浪》（The Wave）

布格羅本身即受到學院派一向遵循的新古典主義美學訓練起家，這是相當重視紮實基本功的訓練過程。首先，素描的教育十分嚴格，從畫作類別的分類、分項、分目反覆磨練，直到學生對於人物、樹木、風景的描繪皆能精準描繪。接著還要每個月接受不同學院院士的指導，開始模擬歷代大師的作品，熟練之後始進入繪製構圖的階段，還得查閱畫作當中每個細環瑣節裡的歷史典故資料，是得付出相當多心力的過程。布格羅在描繪人體的結構肌理和各種姿態表情時，不僅能有精確的比例構圖，還能表現豐富多變的感情。民眾每當欣賞到他的作品時，都能感受到他畫中世界的安祥寧靜，在喧囂的生活中得到暫時的沉澱與慰藉。

布格羅在十九世紀中晚期炙手可熱，幾乎擄獲了歐美各國收藏家的心，社會名流幾乎都以能收藏幾幅布格羅的作品為豪，布格羅本人也曾自豪地表示：「我每分鐘值一百法郎。」無怪乎故事裡的薩迪斯以家中有學院派的收藏品自豪，也以藝術鑑賞家自居了。然而，學院派後來的災難一方面與他們向來輕視抵制印象派太過有關，兩者之間的藝術觀念當然有著懸殊的差異，彼此之間更有著巨大的敵意。此外，十九世紀晚期因工業革命興起的資本家所主導的美學價值觀，也決定了畫派的起落，當這批新興資本家（當中有許多美國人）將投資轉向支持印象派藝術後，學院派就註定不再受到專寵，漸趨沒落。導致今日的社會公眾，反而較多認識莫內、雷諾瓦、塞尚、梵谷、高更……等人，百餘年前屬於當紅炸子雞的學院派如布格羅者反而顯得默默無聞了。儘管如此，他們昔日的作品仍舊常出現在市面上複製畫的拍賣場合上，可見時過境遷後，仍有多數民眾認同學院派的藝術審美觀念。

今日台灣的民眾很慶幸地可以不用出國便能分別觀賞到柯洛與布格羅的作品，貼近體會故事裡福爾摩斯等人在薩迪斯客廳的視覺享受。位於台南的奇美博物館藏有柯洛的《島嶼尖端的渡船伕》（Boatman by the Island），整體畫面皆籠罩在一片柔和寧靜與朦朧的氣氛當中，柯洛將畫面裡的藍天與水面以淺灰色進行調和，使得天水間的色澤彼此交融，呈現浪漫的氣息。至於布格羅（奇美譯為布葛赫）的作品，奇美博物館藏有四幅，其中以《慈愛》（Charity）與《祈願》（Prayer to the Virgin）兩幅最能展現出作者一貫的恬美安寧氛圍。

最後也對本故事的背景略做介紹。擁有悠久歷史的文明古國印度，早在1526年便建立起了龐大的蒙兀兒帝國（Mughal Empire，1526－1858年），但隨著歐洲人航海時代的來臨，西方殖民主義旋即將觸角擴展至此，並為了爭奪印度數度發生了劇烈衝突。十八世紀由於與英國東印度公司（British East India Company，BEIC）之間的戰爭落敗，印度逐漸成為了英帝國的殖民地。此後在東印度公司高壓的威權統治之下，印度人受到了層層的經濟剝削及非人道的不平等待遇，終於在1857年由於二十萬印度雇傭兵的特權遭到取消，爆發了廣泛激烈的印度民族起義（The Great Rebellion，或稱印度兵變 Indian Mutiny）。

1857年登於倫敦新聞的印度民族起義畫報

此次起義席捲了大半個印度，牽連甚廣，給予英國東印度公司殖民者嚴重的打擊，儘管最後起義仍以失敗告終，但東印度公司失敗的統治優勢也宣告結束，隨即改由英國政府直接統治印度。《四簽名》的故事背景就是此番印度起義事件，為了逃離戰亂烽火連天的局面，印度王公才將一批價值連城的財寶攜出藏匿，進而引發一場寶藏爭奪戰。

波希米亞醜聞

A Scandal in Bohemia

約翰生博士與包斯威爾

醫生，你就待在這裡。要是沒有我自己的包斯威爾，我將不知所措。這個案子看來很有趣，錯過它那就太遺憾了。

以推理小說的觀點來看，〈波西米亞醜聞〉的評價並不算高，創作靈感還來自於愛倫・坡《失竊的信》（Purloined Letter），但這畢竟是《河岸雜誌》最早發表的一篇福爾摩斯短篇故事，更是柯南・道爾的文學人生中最大的轉捩點，原本默默無聞的他從此一炮而紅，逐漸踏上一線暢銷作家之路。當然，在這則短篇小說中也出現了足以令全世界的福爾摩斯迷沉醉的「那個女人」—艾琳・艾德勒（Irene Adler）。

福爾摩斯接受了波西米亞國王的委託，要向艾德勒追回當年兩人交往時的照片，在這場兩人的鬥智較量中，擦撞出了耀眼的火花。艾德勒本身的聰明才智令福爾摩斯折服，改變了對女人的看法。許多忠實的讀者皆認為這麼一個才貌雙全的女子應當是匹配名偵探的最佳人選：

首先，她美豔絕倫。福爾摩斯也說她是「世上最俏麗的佳人」。在其他五十八篇的福爾摩斯故事中，我們幾乎看不到名偵探曾對哪個女人有過如此的讚美。

其次，她是著名的聲樂女低音，擔任華沙歌劇院首席女歌手。本身喜好音樂也對樂器、樂理頗有研究的福爾摩斯，應該也會欣賞艾德勒的才藝。

再者，艾德勒的易容術技巧絲毫不輸給福爾摩斯。在故事

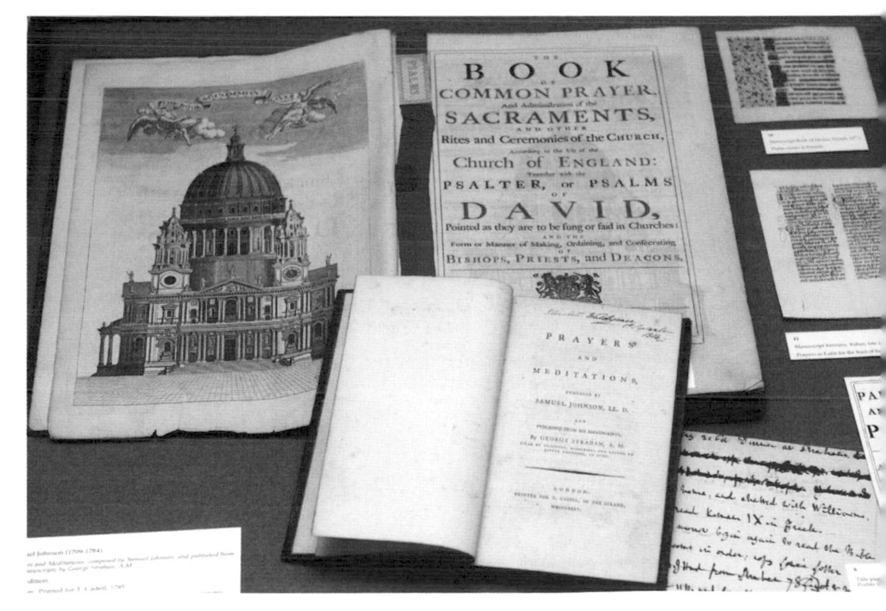

約翰生辭典（圖片來源：Tulane Public Relations）

中，經過裝扮後的艾德勒來到貝克街寓所外，向不明就裡的福爾摩斯打了招呼。這出神入化的易容術連名偵探一時之間也認不出來，足以讓福爾摩斯為之欽佩。

這麼一個有才貌、有智慧、有膽識的女性，畢竟也在福爾摩斯平靜的心底掀起了不小波瀾，名偵探自始至終都保存著她的相片倩影。儘管作者沒有在故事當中讓兩人擦出愛的火花配對，但近百年來，有太多的仿作、電影都常讓「那個女人」重新登場，與福爾摩斯再續前緣。可見儘管這個故事本身差強人意，但這個角色的塑造非常成功，不只在名偵探心中掀起波瀾，也在後世萬千讀者中泛起一陣漣漪。

在本篇故事裡，中文部分譯本常有翻譯不全或註釋過簡的情形發生。即上述「哪兒的話，醫生，你就待在這裡。要是沒有我自己的包斯威爾，我將不知所措。這個案子看來很有趣，錯過它那就太遺憾了。」一句，它的原文是：

"Not a bit, Doctor. Stay where you are. I am lost without my Boswell. And this promises to be interesting. It would be a pity to miss it."

坊間有些中文譯本怕增加讀者負擔，常直接省略掉包斯威爾之名，那麼這個包斯威爾究竟是個什麼樣的人物？說到包斯威爾，就不能不提到他畢生仰慕的摯友約翰生博士，福爾摩斯那段話正是把自己與華生比做這兩者之間的關係。

約翰生（Samuel Johnson，1709 － 1784 年），是英國歷史上最富盛名的文學家、思想家之一，此生最大的成就即花費九年時間獨力編纂的《約翰生辭典》（A Dictionary of the English Language）。這本書堪稱為《牛津英語詞典》（Oxford English Dictionary）出版前最詳盡絕妙的著作，至今仍具有相當大的可讀性。約翰生以他那博古通今、廣見洽聞的學養投入本書的編寫，《約翰生辭典》充滿了該時代典雅的文學詞彙與各類型多元有趣的知識典故，此外它最大的特色是當中的例句廣泛取材自著名的文學作品，如莎士比亞（Shakespeare）、約翰·彌爾頓（Milton）、培根（Francis Bacon）等人之名著，這些例句往往妙語如珠，絲毫不會令讀者感到當下是在閱讀一本嚴肅的辭典。民初著名學者錢鍾書先生當年赴英留學時，就是在這本書的陪伴下度過曠日廢時的郵輪生活。

約翰生以本書的成就享譽英國文壇，十八至十九世紀的知識份子幾乎都讀過他的著作，可見其影響力之大。而約翰生的個人奮鬥史也極為勵志，童年時他受到疾病影響導致一眼失明，一耳失聰，加上外貌頗為嚇人，總是不得人緣，儘管日後成為一名教學認真的老師，仍未受到學生尊重歡迎，旋即結束教職生涯。約翰生的父親在他二十來歲時過世，僅留給他一些書當作遺物，但約翰生刻苦自學多年，日後在報章雜誌上陸續撰寫散文、詩歌與評論，逐漸奠定其名聲。

在其功成名就的晚年，約翰生始遇忘年之交包斯威爾（James Boswell，1740 － 1795 年），他看出包斯威爾是個良才，還資助這位年輕人前往荷蘭求學。兩人終其一生保持堅定緊密的友誼，在約翰生過世後，包斯威爾特別撰寫了《約翰生傳》（The life of Samuel Johnson）以感念這位伯樂的恩惠。這本書文情並茂，也是英語世界中最優秀的傳記文學之一。包斯威爾還在書中提到：「我敢斷言，在這部傳記中所見到的約翰生博士，將是有史以來在人類當中最為完整的一個人。」

顯而易見，福爾摩斯向華生提及要他擔任自己的包斯威爾，正是表達華生是自己事業成就與軌跡的最佳紀錄者。無獨有偶，包斯威爾所寫的《約翰生傳》中所述，絕大部分是約翰生功成名就後的晚年記錄，對其早年刻苦鬥爭的生活則較少述及。而華生所發表的福爾摩斯功績簿裡，也甚少述及名偵探兒時或早年的經歷。這是柯南·道爾在引用約翰生與包斯威爾比喻時，無心造成的一個歷史與虛構故事的巧合。

儘管早年過著刻苦艱辛的生活，但約翰生博士仍以樂觀詼諧的態度來面對生活。他在《約翰生辭典》中留下了許多令人莞爾的幽默例句，例如向來對蘇格蘭人有偏見的他，在定義「燕麥」一詞解說：「穀類的一種，在英國通常用來飼養馬匹，但在蘇格蘭當地人卻靠此糊口。」而為「枯燥」一詞所寫的例句就是：「編詞典真是件枯燥的事情。」

紅髮會

The Adventure of the Red-Headed League

吉普賽的美麗與哀愁

我的朋友可以說是一個音樂家，而且是很瘋狂的那種，甚至他自己就是一個演奏家，而且技藝精湛，同時他作曲的才華也非常驚人。整個下午他和其他觀眾坐在一起，看上去精神很好，隨著音樂的節拍有節奏地舞動著手。

〈紅髮會〉本身是個很奇特、具有挑戰性的案子，福爾摩斯在聽完客戶威爾遜（Wilson）先生的案情描述後，說出了那句「這是要抽足三斗菸才能解決的問題」的名言。他讓華生不要與他交談，獨自蜷縮在安樂椅上，弓起的膝蓋幾乎頂到他的鷹勾鼻，嘴叼著黑色陶製菸斗，雙眼緊閉著沉思。華生很細膩地展現了福爾摩斯正在運轉他那精密如機器般的大腦推理時的景象，這幅經典的畫面也被日後許多戲劇原封不動地一再詮釋。當福爾摩斯完成他的邏輯推理後，起身將菸斗放在壁爐上，以胸有成竹的態度向華生提議：「今天下午薩拉沙泰在聖詹姆斯廳演出。華生你願意放下看診騰出幾個小時嗎？」當天下午，華生就陪同好友聆聽了一場精彩的音樂會，名偵探彷彿將惱人的奇案拋到九霄雲外，如上述的引言，整個人置身於悠揚的音符當中，如癡如醉。

薩拉沙泰被公認具有帕格尼尼的遺風

薩拉沙泰（Pablo Martín Melitón de Sarasate y Navascués，1844 － 1908 年）是十九世紀中後期，出自西班牙的知名小提琴演奏家。薩拉沙泰自幼即展現過人的音樂天賦，五歲時在女王伊莎貝拉二世（Isabel II）前從容不迫地表演，令西班牙王室極為讚賞，甚至贈送他一把史特拉底瓦里名琴，還願意為他負擔此後的學費。薩拉沙泰在十六歲從巴黎音樂學校畢業後開始各地的巡迴表演，他那大膽奔放、疾速炫技的演奏方式，以及演奏音色的清晰飽滿，很快便擄獲了聽眾的心，公認他具有帕格尼尼的遺風。

在故事中的福爾摩斯也善於演奏小提琴，甚至對樂理也有相當程度的研究，所以在他的閒暇娛樂當中，音樂確實占了很大的比例。當然，福爾摩斯只是柯南・道爾作品中虛構的人物，不可能真的現身在薩拉沙泰的音樂會觀眾席上，但道爾在書中如此描述，就越讓讀者感覺到這位名偵探的真實性，彷彿他也時常出現在倫敦許多公眾表演的場合，或許哪一天就坐在我的位子旁邊也不一定，讀者越產生如此潛意識的錯覺，道爾的作品就越受到熱烈歡迎。薩拉沙泰的晚年也正好是福爾摩斯故事活躍的年代，我們不禁感到好奇：他是否得知自己曾出現在暢銷小說裡，那位聲譽卓著的大偵探還曾聽過他的音樂會呢！

而薩拉沙泰最為民眾所熟知的名曲就是《流浪者之歌》（Zigeunerweisen, Op. 20），這是當初他到匈牙利巡迴時受到吉普賽文化與民俗音樂的啟發而創作。在樂曲當中，他既以慢板的濃烈旋律，歌詠了吉普賽民族長期漂泊的哀愁，又在後段以輕快奔放的舞曲風格，掃盡前段的陰霾，讚頌吉普賽人樂觀灑脫、堅強而美麗的流浪心靈。

〈紅髮會〉中，華生醫生為福爾摩斯與威爾遜先生讀報

身分案

A Case of Identity

德文郡公爵夫人的浮華一世情

我從他的肩上往外看去，對面人行道上站著一個高大的女人，頸上圍著厚毛皮圍巾，一支大而捲曲的羽毛歪戴在一隻耳朵上面，很有德文郡公爵夫人賣弄風情的姿態。

英國十八世紀著名畫家根茲巴羅[6]曾為德文郡公爵夫人繪製一幅肖像畫（Lady Georgiana Cavendish，1787年），畫中的女主角身材豐滿、臉色紅潤，帶著一絲挑逗的眼神回應觀賞者，這幅畫成功捕捉了公爵夫人謎般的魅力，為後世的人們留下那位曾席捲風靡英國上流社會的倩影，提供了最佳的參考。

德文郡公爵夫人本名喬吉安娜・史賓塞（Georgiana Spencer，1757－1806年），為英國第一代史賓塞伯爵的長女，她在十七歲時

6. 湯馬斯・根滋巴羅（Thomas Gainsborough，1727—1788年）英國著名肖像畫家，曾為英國王室以及上流社會繪製過許多作品，並與畢生的競爭對手約書亞・雷諾茲爵士（Sir Joshua Reynolds）共同奠定了十九世紀英國風景畫的基礎。

根茲巴羅（Thomas Gainsborough），《德文郡公爵夫人》（Lady Georgiana Cavendish）

嫁給了第五代德文郡公爵，卻從未從婚姻中得到過幸福與美滿，丈夫不曾將心思放在她身上，情婦與牌局才是公爵最關心的要務。喬吉安娜在婚後體認到，她只能在這場婚姻關係中扮演傳宗接代與盡社交義務的角色，於是她只好將精力與智慧、美貌與人緣向外發展，成為上流社會社交圈中的一顆耀眼之星。

喬吉安娜是該時代公認美貌的社交名媛，曾有法國外交官表示：「她出現的時候，每一雙眼睛都緊盯著她不放；她不在現場的時候，仍然是大家競相談論的對象。」她無疑是當時獨領風騷的人物，有時會頂著一頂三呎高的「髮塔」，甚至是一艘揚帆的大船出席宴會，儘管這些都需要多位造型師花上數小時才能完成，卻仍引發眾多仕女爭先恐後的模仿，使得當時許多人在坐馬車時，不得不坐在馬車地板上才進得去。喬吉安娜的年代正好碰上了英國報業興起之時，十八世紀末由於工業革命正起步，就業人口與識字率逐漸上升，也讓她成為了全國性的知名人物。報上屢屢有這樣醒目的標題：「德文郡公爵夫人是今日上流社會最欽羨的對象。」只要該日有報導喬吉安娜的消息，報紙的銷售量一定會激增，她賦予了報紙魅力與時尚，於是一個奇妙有趣的三角關係就在報紙、讀者、喬吉安娜之間形成。

德文郡公爵夫人身邊經常聚集了一大群的文人雅士及政客，儘管當時候女性並沒有選舉權，但她本身卻非常積極地參與政治與競選活動。尤其是在 1784 年的英國下議院選舉中，向來支持輝格黨（Whig，今自由黨前身）的喬吉安娜，大力為她的密友福克斯（Charles James Fox）拉票並成功贏得大選，也帶動名流婦女投入政治活動，造成政壇刮起一陣德文郡旋風。喬吉安娜不僅與多位政壇重量級人物有所交往，還與儲君威爾斯親王（即後來的喬治四世 George IV）過從甚密，更和法國拜金女王后瑪麗．安東尼（Marie Antoinette）惺惺相惜，她的交際手腕可見一斑。喬吉安娜平日就將所有政壇人士間的勾心鬥角、風流放縱詳細記在日記或信件當中，並曾表示：「我的信件將會成為一份定期的報紙。」史家今日對於英國攝政時期[7]的非官方精彩內幕得以一覽無遺，至少有她一半的功勞。喬吉安娜本身獨特的公眾吸引力與政治狂熱，絕對是十八世紀時最前衛的態度表現，這也是她與日後爭取女性參政先驅者最大的不同。後來她被禁止公開拉票，上流社會的婦女再也不敢模仿她在政治上的行為，也使得英國社會還得再等上百

7. 攝政時期指從 1811 年至 1820 年間，在位的英王喬治三世因精神疾病而無法統治，其長子威爾斯親王，即後來的喬治四世遂被任命為國君代理人作為攝政王的時期，後續將有專章介紹。

年，才有女性再度無懼地走上街頭公開要求參政權。喬吉安娜不能不說是走在時代的前頭，歷史尖端的特殊人物。

喬治安娜把她最好的朋友伊莉莎白·福斯特夫人（Lady Elizabeth Foster）介紹給丈夫德文郡公爵，甚至讓她住進自己家中，並且忍受了丈夫與伊莉莎白偷情好多年，本該是兩人的婚姻，從此成了三人行。該現象不僅讓當時代嘖嘖稱奇，如今看來也令人百般不解，更別說喬吉安娜與伊莉莎白還情同姊妹呢！

喬吉安娜此生最大的毛病便是嗜賭如命，丈夫的冷漠、緋聞纏身與多次的難產皆帶給她極大的生活壓力，唯有在牌桌上方能將種種煩悶盡情宣洩，因此儘管她的娘家史賓塞家族和夫家都極為富有，她在死前仍深陷龐大債務。喬吉安娜在四十八歲時因肝部膿腫而香消玉殞，令人感嘆的是，德文郡公爵在她死後不久，隨即續絃，對象就是她的密友伊莉莎白。

關於喬吉安娜的故事，前些年也被改編搬上大銀幕《浮華一世情》（The Duchess），透過影像的呈現，使觀眾去了解身兼一個飽受婚姻關係煎熬的貴婦、一個隱性的政治人物以及一個受到萬眾矚目的媒體寵兒，其內心世界中，只是一個極度渴望真愛的平凡女子的故事。

前述畫家根茲巴羅為喬吉安娜繪製的肖像畫，後來一度遭人所盜，所幸被美國平克頓偵探社追回。該偵探社的偵探也曾在福爾摩斯的故事中現身數次，或許又是一次歷史與虛構故事的巧合吧！

史賓塞家族除了在十八、十九世紀之間，出現了喬吉安娜這麼一位在上流社會獨領風騷、公眾目光焦點的傑出女性外，在之後的二十世紀，喬吉安娜的玄孫輩也再度誕育一位享譽國際、風靡世界的女性—黛安娜王妃（Diana, Princess of Wales，1961 － 1997 年）。儘管相差了百餘年，兩位女性的命運卻如此雷同，同樣受到社會矚目、民眾喜愛、媒體追捧，卻又都在婚姻生活裡傷痕累累，歷經艱辛，最終皆紅顏薄命，想來怎不教人喟然長嘆？

黛安娜王妃與影星約翰．屈伏塔跳舞的倩影

博斯科姆比溪谷秘案

The Boscombe Valley Mystery

《佩脫拉克詩集》與梅瑞狄斯的悲劇婚姻

這是我的彼特拉克詩集袖珍本，你拿去看吧。我在親臨作案現場之前，不想再說一句關於這個案子的話了。

如果你樂意的話，讓我們來談談喬治・梅瑞秋斯吧。那些次要的問題我們明天再說吧。

柯南・道爾原先在撰寫《暗紅色研究》時，並未想到將來要寫下一系列的福爾摩斯傳奇故事，最初他仿造愛倫・坡筆下的杜賓偵探的設定，將福爾摩斯寫成識淺量窄的知識份子。在書中華生曾提到：「他的無知，就像他的知識一樣令人驚異。在當代文獻中，他顯然對於哲學與政治一無所知。」華生驚訝福爾摩斯竟不曉得卡萊爾是何許人也，他的文學知識也是零，甚至還覺得不管繞行太陽轉的是地球或是月亮都不甘他的事。只不過，當福爾摩斯的故事開始連載於《河岸雜誌》，廣受群眾追捧之後，道爾決定讓福爾摩斯的學問開始淵博起來，因為名偵探必須凌駕在所有人之上。

經過改造之後的福爾摩斯，幾乎是一個飽覽文學、出口成章的知識份子。他時常在言詞裡引用許多莎士比亞戲劇當中的名言佳句，也熟悉文藝復興時代的文學及音樂知識。正如在〈博斯科姆比溪谷秘案〉這篇故事裡，福爾摩斯與華生在搭乘列車前往賀里福德郡（Hereford）的博斯科姆比溪谷命案現場時，隨身攜帶著一本《佩脫拉克詩集》在閱讀，至此名偵探也開始文質彬彬起來了。

法蘭切斯科・佩脫拉克

佩脫拉克（Francesco Petrarca，1304 － 1374 年）可說是文藝復興時代最傑出的人文主義者、桂冠詩人。早年曾學習法律的他，接受邏輯清晰的思辯訓練，後來改投神職為教士。未及三十歲，便以詩名顯揚於世。佩脫拉克非常關注古典文化的延續及重生，他經常在古老的修道院圖書館中尋找失落的古典文學手稿，這些古典手稿在長達數百年的時間裡，幾乎都躺在滿布灰塵與粉碎紙卷的修道院庫房裡，被眾多虔誠卻無知的僧侶保管著，靜待識貨者來發掘。佩脫拉克一生足跡踏遍義大利各地，幸運地發現佚失多年的西塞羅[8]演講抄本及眾多文學手稿，並在妥善保存研究後出版，對後世研究古典時期的文學與哲學思想居功甚偉。

8. 西塞羅（Marcus Tullius Cicero，公元前 106 年—公元前 43 年），是羅馬共和晚期的偉大的哲學家、政治家、詩人與雄辯家。其演說風格雄偉、論文機智、散文流暢，設定了古典拉丁語的文學風格，對今日的歐洲思想和文學貢獻仍舊有相當影響性。

除了在拉丁文詩集《阿非利加》（Africa）與十四行詩（Petrarchan Sonnet）在他的精心創作之下，逐漸發展為一種豐滿勻稱的敘述性作品，引領後世詩文潮流。佩脫拉克一貫主張「每個人都該用自己的風格寫作」，藝術並非僅由專業人士可以創造，而是一種自我意識的覺醒，這也再次與文藝復興的人文精神相呼應。

不過後世向來較津津樂道於佩脫拉克寫給仰慕心儀的對象—羅拉（Laura）的眾多方言情詩，也成為後世西方情詩文學的鼻祖，佩脫拉克在 1327 年於亞威農參加一場宗教儀式時，見到這名另他此生難以忘懷的天使，儘管羅拉早已嫁為人婦，佩脫拉克卻對她充滿了讚揚與崇拜，並將所有的孺慕之情訴諸於筆下情詩傳頌後世。拜倫[9]曾逗趣說道：「試想，如果羅拉真的成為了佩脫拉克的妻室，他還會寫出一輩子的十四行詩嗎？」

走筆至此不禁莞爾，畢生堅持不涉及戀愛情事的福爾摩斯，隨身攜帶閱讀的會是佩脫拉克的嚴肅古典拉丁詩集，亦或是他最經典的方言情詩集呢？

除了閱讀《佩脫拉克詩集》之外，在本篇故事中福爾摩斯也向華生提到了一位文學人物喬治．梅瑞狄斯（George Meredith，1828 －

9. 拜倫（George Gordon Byron，1788—1824 年），英國著名浪漫主義詩人。以俊朗的風貌與《恰爾德．哈羅爾德遊記》（Childe Harold's Pilgrimage）、『唐璜』（Don Juan）等詩篇引領浪漫主義文壇。

1909 年）。對於這位維多利亞時代的詩人作家，除非是專攻維多利亞文學領域的研究者，絕大多數讀者想必都對其感到極為陌生。不僅如此，即使在維多利亞時代，梅瑞狄斯的讀者群也相當有限。之所以如此，與梅瑞狄斯作品本身的文字風格和敘事技巧有著極大的關聯性，儘管梅氏文學的創作題材多採自於現實與個人經歷，但由於他擅用許多矯飾辭語與艱深文句，往往使讀者對其作品敬而遠之，例如梅瑞狄斯的詩歌代表作《現代愛情》（Modern Love）即是根據自己的悲劇婚姻經驗而改編，並以理性分析的冷靜態度，呈現出疏離反諷的意味。

喬治・梅瑞狄斯（George Frederic Watts 繪）

不過，由於梅瑞狄斯長期擔任出版社審稿人與文藝評論者的工作，卻也讓他在維多利亞時代的文藝界佔有不可輕忽的一席之地。梅氏最大的優點與貢獻在於，他那寬廣的心胸與視野，促使他積極地向受他審稿的作家們提出許多善意建言，他更樂於提拔該時代的文學後進。平心而論，維多利亞晚期的文壇上充滿璀璨群星，梅氏自有不可抹滅之功。

然而，為何道爾在故事中特意藉福爾摩斯之口提及這位令多數讀者感到陌生的文學家？這個問題似乎從未被百餘年來的讀者所關注，甚至是全球的前輩福學研究學者亦輕忽略過，實際上此間有其深意，蓋因本案當中，道爾將小麥凱西（young McCarthy）與透納（Turner）小姐雙方家族的錯雜恩怨，進而發展的情愫，拿來與現實人生中梅瑞狄斯與前妻瑪莉的夫妻恩怨做為一組強烈之對照。

與故事中小麥凱西年輕時的懵懂無知相仿，昔日梅瑞狄斯在尚未了解瑪莉本人時，便數次向其告白，即使多次遭拒仍屢敗屢戰，瑪莉在禁不起連番追求攻勢下最終只好答應了梅氏的求婚。最殘忍的是，婚後的雙方在朝夕相處下，逐漸產生了個性不合與口角齟齬，而梅氏在文壇始終無法大放異彩，得不到讀者的認同，日常生計也頗難維持。忍受不了此等窘境的瑪莉憤而離家出走，撇下丈夫與他人私奔，此後雙方形同陌路，不相往來。離家兩年後瑪莉病逝，梅瑞狄斯絲毫未見臨終的妻子一面，連喪禮也懶得參加。儘管柯南·道爾向來對這位文藝界的前輩作家保持尊敬，但在描寫到本案故事中這對有著前代恩仇的男女，依舊同心偕手共赴危難，對照現實人生的梅氏夫妻檔，未免不讓人感到唏噓嗟嘆吧！

五枚橘籽

The Five Orange Pips

種族歧視的噩夢

這個可怕的秘密團體是南方各州的前聯邦士兵在南北戰爭以後組成的，並迅即在全國各地成立了分會。它的勢力被用於實現其政治目的，主要是對黑人選民使用恐怖手段，謀殺或驅逐反對他們觀點的人們出國。

與《暗紅色研究》一樣，本篇故事的兇手由美國跨海犯罪，但作案動機則涉及到當時代敏感的種族議題。

隨著南方植棉產業的迅速發展，十八世紀末曾一度衰退的奴隸制度，至十九世紀又再度興起，奴隸主往往透過慘無人道的管理方式，壓榨與剝削奴隸的生命財產自由。對奴隸而言，逃亡是最重要的反抗手段，許多廢奴主義者也透過興建地下鐵路（Underground Railroad）[10]，儘管奴隸主會無所不用其極地進行追捕，許多奴隸也

10. 地下鐵路（Underground Railroad）是十九世紀美國廢奴主義者所興建的秘密路線網絡和避難所，用來幫助非裔奴隸逃往自由州或加拿大，並在 1850 至 1860 年代達到高峰。雖然經由這種方式被營救的奴隸占所有奴隸人口的比重不大，但另一方面卻相對刺激了奴隸對自由的渴望。

不時可能付出生命為代價，但人性中最真誠對自由的渴望仍不斷驅使受壓迫者的前仆後繼。

美國作家史陀夫人（Harriet Beecher Stowe，1811—1896 年）所撰寫最著名的一本反奴隸制的小說《湯姆叔叔的小屋》（Uncle Tom's Cabin，或譯黑奴籲天錄），書中以奴隸與奴隸主之間的衝突，深刻描繪了奴隸制度殘酷的本質，並對後來的美國內戰與反奴隸運動產生推波助瀾的作用。據聞身材嬌小的史托夫人日後接受美國林肯總統接見時，林肯總統逗趣地說道：「沒有想到您這麼嬌小的身材卻能寫出一本書引發了一場大戰（美國南北戰爭）！」從另一方面看來，這本書確實是一本改變歷史的書。1877 年，當梵谷讀到這本書時也格外地感動：「這幾天，我常讀《湯姆叔叔的小屋》，在這本精采絕倫的書裡，藝術家啟發我以新眼光去看待事情。這本書是如此關懷被壓抑的窮人之真正福祉，讓我一再展讀、手不釋卷，我總是能從裡頭得到新的想法。」

儘管美國在內戰時，林肯總統曾宣布《解放奴隸宣言》（The Emancipation Proclamation），然而在戰後的南方重建過程中，重建仍以犧牲黑人權益、支持蓄奴的民主黨在南部重新執政而告終，種族勢力再度抬頭，南方各州紛紛制定了《黑人法典》（Black Codes），黑人的政治權力、職業選擇、婚姻選擇等等基本人身自由同樣受到強烈的立法歧視。更恐怖的是，奉行白人至上主義運動的三 K 黨（Ku Klux Klan, KKK）勢力也在內戰後興起，該黨成員的恐怖攻擊活動層出不窮，黑人居住地時常受到燒殺劫掠的駭人事件。三 K 黨的多數成員皆為前南軍的各級軍官，這些人深感種族優勢地位的威脅，遂以暴力的方式實現其種族歧視與反憲政改革的目標。儘管三 K 黨在 1870 年代被第十八任總統格蘭特（Hiram Ulysses Grant，1822 － 1885 年）下令解散，但其殘餘勢力的攻擊活動卻未曾停止過，這也就是本篇故事中，三 K 黨人跨海來施行報復殺戮的重要背景。

除了前述史陀夫人《湯姆叔叔的小屋》之外，美國幽默大師馬克・吐溫的《赫克歷險記》（Adventures of Huckleberry Finn）[11] 將美國內戰時期的種族問題刻畫得淋漓盡致、入木三分的最佳代表。馬克・吐溫（Mark Twain，原名 Samuel Langhorne Clemens，1835 － 1910 年），向來善用滑稽詼諧的語言嘲諷世相，他沒有顯赫家世，也沒有飽讀詩書，卻能一生奮鬥不懈，自學有成。他敏銳地對人情世故與人性道德做了深度觀察，再以個人特有的機智幽默口吻，擄掠群眾讀者的心，成為美國最受歡迎的作家之一。

某些不明就裡的民眾常認為馬克・吐溫最有名氣與最傑出的作品

11. 一般中文譯名原為《頑童歷險記》、《哈克歷險記》、《頑童流浪記》等。2012 年，台灣大學外文系王安琪教授藉由國科會經典譯著計畫，將本書包含原作刪除之章節重新編譯出版，並將書名正名為《赫克歷險記》（Adventures of Huckleberry Finn）。譯者於卷首做了四點特別聲明：1. 主角人物 Huck，在音譯上「赫克」〔 ^ 〕當然比「哈克」〔 ɑ 〕更近似；2. 赫克並不是「頑童」，真正的頑童是那個調皮搗蛋、折騰煞人、鬼點子層出不窮、不管他人死活的湯姆。相對之下，赫克孤苦無依、自生自滅、身為社會邊緣人物、抗拒世俗文明的洗腦，反而擁有一顆不被汙染的赤子之心，稱他為「頑童」非常委屈他；3. 赫克積極協助吉姆爭取自由，自己則逃避禮教羈束，「歷」經各種逾越道德標準的風「險」與挑戰，也是一種「歷險記」，並不是純粹「流浪」而已；4. 譯為《赫克歷險記》可與《湯姆歷險記》互相對稱前後呼應，各有中心人物為主角，兩本書互為表裡，主角配角互換地位。參閱馬克・吐溫（Mark Twain）原著、王安琪譯著，《赫克歷險記》，台北：聯經出版社，2012 年。

為《湯姆歷險記》（The Adventures of Tom Sawyer），實際上拿《赫克歷險記》與前作相比，頗有小巫見大巫，小塊文章對比「大河小說」之感。海明威曾說：「所有現代美國文學都來自馬克・吐溫的《赫克歷險記》這一本書」。身處在南北戰爭時代的馬克・吐溫，眼見種族的極端偏見與白人行為的墮落，又不耐於教會的庸俗偽善，於是透過《赫克歷險記》將該時代的社會現象進行了幽默詼諧的口誅筆伐。

1884 年《赫克歷險記》原版插圖，主角赫克手拿一隻兔子及獵槍。

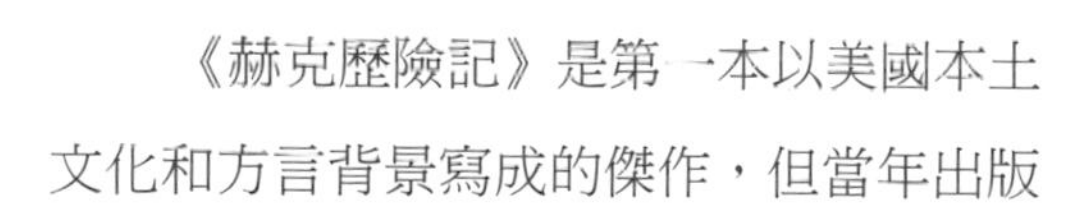
《赫克歷險記》是第一本以美國本土文化和方言背景寫成的傑作，但當年出版時卻引起美國社會譁然，衛道人士與公立圖書館紛紛公然抵制查禁，認為本書言語低俗、充滿種族歧視、又誤導青少年離經叛道、凸顯「白人垃圾」的負面印象、間接肯定黑奴是「高貴野蠻人」。當中最受爭議者，莫過於 nigger（黑鬼）一詞於當中出現了 219 次而觸犯禁忌。然而以今日的觀點看來，這些爭議點都成為了本書的優點與特色。

這本書以赫克第一人稱的敘事方式，透過他的眼光去看待該時代的社會現實與種族問題。由於赫克所處的環境是以黑人為奴的，致使他也帶著有色的眼光去看書中的黑人吉姆。但在整個故事情節中，赫克都在與自己所熟悉的社會價值觀做心理道義上的掙扎，當最終他的赤子之心戰勝了傳統世俗觀時，他毅然決定幫助黑奴吉姆脫離奴隸主，追尋自由。儘管他迷信白人那套「凡是幫助黑奴者必下地獄」的謬論，赫克的良心使他具備了鋼筋銅骨，勇敢說出：“All right, then, I’ ll go to hell ！”（好吧，那麼，我就下地獄吧！）一句話道出了人道精神的實質力量與永恆的價值。馬克．吐溫真正的用意並非在塑造書中赫克的種族傳統刻板形象，而是透過這樣的方式來對美國當時南方的社會意識型態冷嘲熱諷。他將美國社會的虛偽面呈現放在聚光燈之下，並對道貌岸然的清教徒倫理系統與奴隸制度進行批判。這也是本書日後成為美國文學主流一等經典的重要原因。

幽默大師——馬克．吐溫

馬克．吐溫是我自幼便極為崇拜的幽默文學作家，他的幽默機智與妙語如珠確實讓人著迷。美國著名教育家海倫．凱勒曾言：「我喜歡馬克．吐溫，誰會不喜歡他呢？即使是上帝，亦會鍾愛他，賦予其智慧，並於其心靈裡繪畫出一道愛與信仰的彩虹。」此外，我尤其喜愛他那「玩弄文字遊戲」與「諷刺人的藝術」的特點。馬克．吐溫最為人所津津樂道的一則笑話，是他因看不慣某國會議員通過某個法案，因此在報紙上刊登了一則聲明寫著：「國會議員有一半是混蛋！」 報紙一刊出，立刻引發群起抗議，這些國會議員可不認為自己是混蛋，紛紛要求馬克吐溫更正道歉。機智的馬克．吐溫隨即登了一個更正啟事：「我錯了，國會議員，有一半不是混蛋！」好一個幽默可愛的作家不是嗎？

歪嘴的男人

The Man with the Twisted Lip

鴉片與東方主義思維

透過微弱的燈光，可以隱約瞧見東倒西歪的人躺在木榻上，有的聳肩低頭，有的屈膝蜷臥，有的頭顱後仰，有的下頷朝天，他們從各個角落裡以失神的目光望著新來的客人。在幢幢黑影裡，有不少地方發出了紅色小光環，微光閃爍，忽明忽暗。這是燃著的鴉片在金屬的煙斗鍋裡被人吮吸時的情景。

在本篇故事的開頭柯南・道爾帶領讀者一探該時代最貧困紛亂的倫敦東區，鴉片館裡充斥著毒癮者自甘墮落的吸毒場景。

一般而言，罌粟種子可食用、榨油，也可提供藥用，更具刺激神經的作用。對於新時代的許多文明病，如長期疲勞、焦慮煩躁、慢性疼痛等症狀，皆能以鴉片輔助治療。古希臘羅馬時期的醫生便時常以鴉片藥劑來治療各種疾病，到了羅馬帝國時，著名的哲學家賢君馬克斯・奧里略（Marcus Aurelius，121 － 180 年）以常服用鴉片來幫助他睡眠、減緩軍事征戰所帶來的緊張壓力，當然鴉片也能使他暫時得以脫離這一向令他鄙夷的塵世俗務。甚至在羅馬時代，有許多久病厭世的人們也會選擇用鴉片來尋求解脫。

倫敦東端的鴉片館，登於1880年《繪畫》（the Graphic）雜誌。配圖文章寫道：煙館裡鴉片售價是六便士一煙管，多吸優惠。（因為當時倫敦鴉片降價，比喝酒還便宜，許多勞工轉向吸食鴉片。）

除了幫助睡眠、舒緩緊張壓力外，鴉片在十九世紀的維多利亞時期，令廣大的勞工族群消愁解悶的用途是最廣為人知的，這當中又以海外華工與印度籍的民工為主。這些為求生計遠赴海外，在異鄉整日做著辛勤勞動的眾多苦力，在工作壓力、煩悶無聊與單身的背景之下，幾乎只能尋求鴉片獲得暫時的解脫抒壓，這些勞工經常負債累累，除了日益嚴重的鴉片毒癮外，賭與嫖也占據了其工作之餘的大多數時間，因此這些來自東方的勞動者只能像推磨的驢子般無休止地從事苦力勞動，直至身體不堪負荷或是吸食過量的鴉片才足以使他們能得到永遠的解脫。

在道爾撰寫這篇〈歪嘴的男人〉之前，維多利亞時代的大文豪狄更斯也曾在他未能完成的最後一部作品《德魯德疑案》（The Mystery of Edwin Drood）裡，針對維多利亞時代的鴉片吸食問題有過深入的描寫與批判。儘管《德魯德疑案》最終因狄更斯的病逝而未能完成，但書中主人翁德魯德的生死謎團以及行兇者何人？如何行兇？種種的疑點已足以讓百餘年來的讀者絞盡腦汁、醉心不已，本書堪稱大文豪絕佳的懸疑推理作品，尤其最終的結局已隨著狄更斯的逝去成了永遠的懸案，以至於這部百餘年前的絕響至今仍吸引全世界無數的學者、作家與讀者不斷地研究揣摩，其續作及偽作更是層見疊出、數不勝數。

《德魯德疑案》中的要角賈斯伯是主人翁德魯德的叔叔，身為上流社會階層的他，同時也擔任著教堂唱詩班的指揮，但私下賈斯伯卻吸食鴉片成癮，經常出入於偏僻陋巷的煙館，混跡於落魄的東方勞工與水手之間。在故事中由於賈斯伯愛上了外甥的未婚妻，更處心積慮製造德魯德與友人蘭德勒斯之間的矛盾，作者狄更斯很顯然地以賈斯伯的鴉片毒癮行止，來作為該角色沉淪為陰險、虛偽者的象徵。在書中首章開篇，狄更斯便透過了賈思伯吸食鴉片後的幻覺，建構了鴉片與東方文化裡散漫、奢華，及充滿感官誘惑之間的聯繫：「在陣陣鐃鈸聲中，蘇丹擺駕回宮，前呼後擁，儀仗隊伍蜿蜒於後。萬把短彎刀在陽光下閃耀，三萬名舞女正拋撒著鮮花。緊隨其後的數不勝數、披著五顏六色華麗鞍轡的白象與皇家護衛。」

故事中藉由賈思伯沉迷於鴉片導致的幻覺享受，以及清醒之後又表現出對與自己為伍的癮君子的厭惡，呈現出十九世紀落後、惰性與非理性的東方主義思維（Orientalism）。隨著鴉片毒癮的日益強烈，狄更斯藉由此東方主義思維暗示讀者，賈斯伯將逐漸由此喪失原本以理性與正義為核心價值的維多利亞仕紳意象。無獨有偶，柯南．道爾在此篇的〈歪嘴的男人〉裡，也藉由倫敦東區的鴉片館情景、內維爾先生（Mr. Neville）的乞丐裝扮與印度人的神秘舉止，建構了一個充滿墮落、貧困、骯髒與罪惡，與狄更斯的《德魯德疑案》相仿的東方主義思維。

儘管狄更斯與道爾兩位文學家都具有相當的人道主義關懷，但仍以鴉片與東方文化之間的連結，進而無意識地產生了若有似無的殖民意識與批判，可見凡人仍無法完全脫離其時代窠臼的視野之侷限，百餘年後的今日實不需強烈苛責之，畢竟這也是兩位文學家始料未及的吧！

林則徐的步步驚心
與一場英國至今不敢面對的戰爭

儘管英國本土在十九世紀吸食鴉片的人也不少，但環顧整個世界，唯獨中國人發明了用菸槍吸食的方法。在中國原先吸食鴉片是屬於上流社會的消遣，但到了 1830 年代，不僅在宮中京城、地方文武官員，乃至販夫走卒也漸漸普及。英國為了平衡從中國大量採購瓷器、茶葉、絲綢的嚴重貿易逆差情況，於 1757 年占有印度之後，發展出一套鴉片銷售及製造的壟斷系統。此後印度生產鴉片的大宗輸往中國，徹底扭轉了貿易逆差的劣勢，1833 年在英國政府取消了東印度公司壟斷的對華貿易權之後，英國商人更是變本加厲向中國傾銷走私鴉片。隨著鴉片泛濫愈演愈烈，終於引起中方清廷高層的重視。

1839 年爆發的鴉片戰爭，始終是中國近代史上無法抹滅的傷痛，但在一百多年來的中、英雙方仍舊對這場戰爭的理解有著巨大的歧異。

林則徐，這位我們在學生時代幾乎都耳熟能詳的名字，似乎此生永遠牢牢地與這場戰爭及銷菸運動綁在一起。道光皇帝尤其欣賞他那番「鴉片流毒於天下，法當從嚴。若猶泄泄視之，是使數十年後，中原幾無可以禦敵之兵，且無可以充餉之銀。興思及此，能無股慄？」的壯懷言論，於是特命他為欽差大臣赴廣東查辦禁菸。最初林則徐的看法是，如果能夠禁絕吸食鴉片，沒有需求，自然就沒有鴉片的供給了。但到了廣東之後，他改變想法決心收繳英商的鴉片，於是透過強硬霸道的手段，派兵將商館中的商人全數扣押，勒令交出所有的鴉片，再有夾帶「人即正法」。這樣的行為從中方立場看來自然大快人心，覺得總算可以大刀闊斧整頓一番了，然而此舉卻有欠深慮，這當中牽扯到敏感的外交問題，在未能先照會英方之前便強行扣留這些商人與貨物，確實是嚴重失誤。儘管當時遭到英國駐華商務總監義律（Admiral Sir Charles Elliot，1801 — 1875 年）的嚴正抗議，林則徐仍置之不理。當然，以十九世紀中國的世界觀與法律觀念而言，泱泱天朝大國在國內查禁毒品何需知會任何人？因此，這第一步林則徐就走錯了。

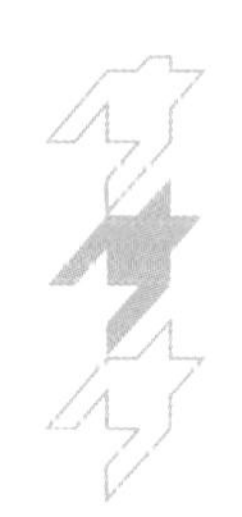

當時在商館中遭到扣留的部分英商也未曾參與鴉片的買賣，但林則徐也拒絕放人，還要求他們開導鴉片商人盡速繳出鴉片，看來林則徐又走錯了第二步。雙方僵持的態勢越演越烈，對英商而言，繳出鴉片被中國銷

林則徐

毀，這當中的金額損失要找誰來陪；再來是沒有提供相對應的審判程序或申訴管道，林則徐所謂的「人即正法」在英國人的眼裡看來是毫無人權與法律概念的。林則徐眼見情況不合己意，甚至動用工人在商館周圍砌牆，想將這裡改變為監獄。還嚴厲查緝商館附近是否有中國人與英商進行私通者，有個船夫不巧因身邊帶著一封外文的信件便遭到處死，當時在廣東一帶儼然已有了「林氏白色恐怖」的味道。

1839 年 7 月 7 日，九龍尖沙嘴的小酒館裡發生了幾名英國水手的酒醉鬧事，不想卻將當地村民林維喜毆死，林維喜這個歷史長河中的微塵，想不到竟對兩國開戰起了推波助瀾的作用。林則徐表示應按照《大清律例》原則，下令英方的義律要交出其中一名水手來抵命，義律總監答應賠償死者家屬，但不同意在未受審的情況之下隨便拉人抵命，這在英方看來是極其不公、野蠻的做法。

直到最後，義律仍試圖採取國際間的外交途徑解決商館遭困、鴉片被繳獲，甚至是林維喜命案，然而種種的努力皆被林則徐視而不見，在他的認知裡沒有什麼國際間的外交慣例，「普天之下，莫非王土」，唯有天朝律例與聖命才是準則。欽差大人完完全全被激怒了，他斷絕了英商一切的食物和淡水，並在沿海水井中投毒，用強勢的武力將外商全數逐出，當然也銷毀了所有繳獲的鴉片。更誇張的是，派出水師襲擊、燒毀停泊在沿岸的外國商船，並揚言這些外商倘若再上岸，一律就地正法，種種的挑釁行為看來已經無異於宣戰。其實，義律本身算是一位開明的商務監督，他並不贊同鴉片貿易，認為中英兩國之間應該存在對等與公平的貿易關係。但今日清廷對本國商人與貿易做出如此嚴重的干涉與破壞行徑，加上已經徹底損害國家形象，儘管義律幾經交涉仍無濟於事，林則徐自己堵死了和義律這位原本可以攜手完成禁菸事業的合作夥伴的可能性，再次走錯了一步。

英國國會隨即在表決對中國戰爭的法案時，六百名議員僅以九票的些許差距通過這項戰爭法案，派出艦隊進行遠征，戰爭的過程與結果自不待言，我們也不往下細說了。然而就當年英國國會表決的比數看來，假設當年清廷與林則徐能夠再多一點的外交手腕與禁菸策略，這場戰爭說不定打不起來。畢竟英方也有自知之明，在亞洲搞毒品貿易，甚至為了鴉片打仗，怎麼說也是臉面無光的事。直到今日，英國本身仍竭盡全力想淡忘自己曾為鴉片打過這場戰爭的往事，1997 年香港移交時，英國總督的告別演說中也避而不談鴉片以及曾為它打過的戰爭。

林則徐以步步驚心的走法完成了他的禁菸壯舉，卻也遭到道光皇帝判處流放的命運；英方為了鴉片利益發動了一場至今仍尷尬以對的戰爭，如果歷史再給一次機會，林則徐還會走錯那麼多步？英國國會的宣戰表決還會通過嗎？

藍寶石案

The Adventure of the Blue Carbuncle

世上最大寶藏庫—大英博物館的起源

我們大步穿過了醫師區、威姆波爾街、哈利街，接著又穿過了威格摩街到了牛津街，在一刻鐘內我們便到達了博物館區的阿爾法小酒店。

本篇故事中的竊賊在價值連城的藍寶石到手之後，匆忙之中將寶石讓鵝吞下，這隻鵝輾轉到了貝克街門房彼得森（Peterson）的手中，在意外由鵝腹中取出藍寶石後，福爾摩斯與華生開始追查竊賊的行蹤以及將寶石藏於鵝腹的動機。這篇故事最大的謬誤即是福爾摩斯道出藍寶石的原產地是出自中國「華南廈門河」（Amoy River in southern China）河岸。顯而易見，此處是道爾的胡謅，在他的一生裡極少碰觸過東方的歷史文化或地理風俗，《四簽名》中所提到的印度部分恐怕也是他僅能掌握的知識邊界，何況是更為遙遠的中國史地。

當然，大部分的讀者並不在乎這些，他們會繼續往下探究故事情節的發展。原來這隻鵝是由在大英博物館工作的亨利．貝克（Henry

Baker）意外購得。貝克先生是個窮酸的老紳士，儘管書中被沒有具體提及他的工作性質（或許是個研究古文物的學者吧），這節我們就約略來了解一下他的工作環境。

大英博物館（British Museum）是世界級的綜合性博物館，也是歷史最悠久、規模最大的公立博物館之一。館內設有九十四間展示室，保有近八百萬件收藏品，由於空間的限制，目前輪流展示的收藏品至少有十五萬件。因為英國在過去有許多惡名昭彰的帝國殖民記錄，以至於坊間多有若干程度的誤解，認為大英博物館的大半館藏皆來自於殖民地或是透過戰爭劫掠所得。這樣的刻板印象似乎早已遠播各地、行之有年，上個世紀初著名的捷克作家查皮克

大英博物館（林哲民攝）

（Karel Capek，1890—1938 年）曾在《英國行旅記》（Letters from Enghnd）中談到：

英國很有錢，從全世界收集了很多寶物。英國因爲是個不太有創造力的國家，所以努力從外國收集寶物。從古希臘城市奧克羅波里斯（Akropolis）的山丘拿來壁面雕刻，從埃及拿來斑岩、花崗岩的巨人像，從亞述拿來淺浮雕，從猶加敦半島拿來多節黏土燒的像，從日本拿來微笑佛像、木雕與漆器，以及從各大陸、各殖民地拿來種種藝術品、鐵製細工品、紡織品、玻璃製品、花瓶、鼻菸盒、書籍、雕像、繪畫、琺瑯細工、鑲嵌貴金屬的書桌、薩拉遜人的劍以及其他種種珍寶，大概全世界稍有價值的東西都被拿到英國來。

大英博物館內的閱覽室
（Diliff 攝於 2006 年）

連知識分子都有著如此的誤解，可見大英博物館多年來吃了不少悶虧。實際上館內分屬十個部門的八百萬件收藏品，其中約有五百萬件文化財大多是個人或財團捐贈，或是博物館本身的考察工作隊發掘的，另外有些則是以國家預算購買的。

大英博物館最初的成立構想並非來自於英國王室，而是由出生於愛爾蘭的學者漢斯・史隆爵士（Sir Hans Sloane，1660—1753 年）所創立。史隆生長在「追求高品位知識」的啟蒙時代，從小就有旺盛的好奇心與求知欲，在求學的過程中他格外努力，並在二十四歲青年階段當上醫生。醫術精湛的他日後成為王室御醫，還入選為皇家學會（Royal Society）的院士，更在前任院長牛頓過世後接任院長一職。從這些資歷上看來，史隆爵士絕對是那個年代響噹噹的英傑人物。

不過史隆爵士對歷史最大的貢獻並不在此，求知欲旺盛的他特別喜愛收藏各式各類的博物。在年輕時他常利用出國考察的機會，大量收集珍稀植物、生物樣本，並做了詳細的分類研究；晚年封爵後他買下倫敦郊外卻爾西區（Chelsea）的宏偉豪宅，收藏了近八萬件的博物資料，其中包含了各式礦石、動植物標本、書籍與手抄本、藝術品與古硬幣。這些都是他窮盡一生收集與研究的珍貴收藏品，但極有遠見的史隆爵士清楚知道，這些豐富的收藏並不是他所能獨享的，到最後他沒有一樣能帶走。於是他在遺囑中表示，要在死後將這些珍貴收藏全數捐贈給國家，條件是國家要贈給他的兩個女兒每人一萬英鎊。就在 1753 年 1 月 10 日史隆爵士以九十三歲的高齡去世後，英國政府接收了這批琳瑯滿目的收藏品，並透過發行彩券募集款項，開始著手成立大英博物館的計畫。

在十八世紀時，今日的白金漢宮（Buckingham Palace）仍未屬於王室所有，英國官方曾考慮將其購買下來成為博物館，但後來由於經費不足而作罷。最終選址是蒙塔古公爵（Ralph Montagu）昔日宅邸，即今日大羅素街（Great Russell Street）館址的前身，並在 1759 年一月正式對外開放，此後亦不斷進行收藏品的擴充和建築物的擴建。故事中的福爾摩斯在剛到倫敦開業時，便住在大英博物館後的蒙塔古街，以方便他查閱博物館裡的各種圖書文獻資料。而柯南・道爾的現實人生中，也在 1891 年的三月份於蒙塔古街開了眼科診所。也因此大英博物館街區一帶，與福爾摩斯及他的創作者都有著千絲萬縷的緣分。

大英博物館比起那些與它齊名的巴黎羅浮宮（Musée du Louvre）或聖彼得堡的艾米塔吉（Ermitazh）冬宮博物館而言，有著顯著性的差異，除了後兩者皆為原王室宮殿的收藏外，在建築外觀上大英博物館也不像它們那般有著宮殿樣貌的宏偉壯麗，究其原因當然是因為大英博物館前身只是公爵宅邸，且座落於倫敦市區內的平民環境中，也較符合民間收藏品向群眾開放的宗旨。

大英博物館開放的兩百六十多年來，與歷史上太多的名人有過交會。上個世紀舊蘇聯總理戈巴契夫（Gorbachov，1931—）在造訪大英博物館時不禁讚嘆：「一切都是從這裡開始的。」戈巴契夫感念的是馬克斯與恩格斯於此鑽研出《共產黨宣言》（Manifest der Kommunistischen Partei）的往事，不只如此，史考特爵士、麥考萊、濟慈、狄更斯、泰戈爾或蕭伯納，許多人類史上偉大的著作和思想啟發，皆曾受過大英博物館的恩惠與一臂之力。

兩百六十多年來，館方始終秉承史隆爵士遺願「為人類福祉貢獻心力」的原則，堅持對所有參觀民眾免費開放，成為世上人類文化資產的重點保存地。

斑點帶子案

The Adventure of the Speckled Band

推理文學始祖—愛倫·坡

「這是一條沼地蝰蛇！」福爾摩斯喊道，「印度最毒的毒蛇。醫生被咬後十秒鐘內就已經死去了。真是惡有惡報，陰謀家掉到他要害別人而挖的陷坑裡去了。讓我們把這畜生弄回到它的巢裡去，然後我們就可以把斯托納小姐轉移到一個安全的地方，再讓地方警察知道發生了些什麼事情。」

印度當地根本沒有沼地蝰蛇這樣的品種，而且蛇本身也沒有聽覺，更不會喝牛奶，本篇故事讓柯南·道爾再次露出了破綻。但對讀者而言這些都是吹毛求疵的論調，〈斑點帶子案〉是福爾摩斯故事中向來最受歡迎的一則，讀者的要求很簡單—刺激精彩即可。

這篇故事中，道爾呈現了推理小說中經典的犯罪手法「密室殺人」，甚至最後的兇手揭曉竟然不屬於人類，整篇故事在當年足以讓讀者大呼過癮。只是「密室殺人」與動物犯案的構想皆非道爾所創，全都來自於他的前輩愛倫·坡。

驚悚小說始祖埃德加・愛倫・坡
（以銀版攝影法攝於 1848 年）

埃德加・愛倫・坡（Edgar Allan Poe，1809 － 1849 年），年幼時父母雙亡，由其教父愛倫夫婦扶養長大。儘管他天資優異、出類拔萃，但在青年時期便有酗酒的毛病，加上放浪形骸的作風，使他先後被維吉尼亞大學與西點軍校先後退學。愛倫・坡最大的優點是想像力豐富且勤於創作，十八歲時便出版了詩集《帖木爾》（Tamerlane），隨即又在文學獎上屢獲佳績，讓他在青年時期便能當上《葛雷姆雜誌》（Graham's Magazine）的編輯並以書評專欄聲名大噪，活躍一時。可惜終因酗酒而戕害自身健康，加上愛妻的早逝使他悲傷過度，在人生的最後階段，愛倫・坡因酒精中毒與鴉片毒癮已無力寫作，致使他在四十歲的盛年時離世，結束他短暫、坎坷、悲愴的一生。

即便如此，愛倫・坡在文壇上的貢獻與創舉已使他無可抹滅。自 1841 年始，愛倫・坡先後發表了〈莫爾格街兇殺案〉（The Murders in the Rue Morgue）、〈瑪麗・羅傑奇案〉（The Mystery of Marie Rogêt）、〈失竊的信〉（Purloined Letter）、〈金甲蟲〉（The Gold-Bug）、〈汝即真兇〉（Thou Art the Man）五篇短篇推理小說，其中就將後世大多數的推理小說模式、結構技巧上的法則，在一百多年前即確立，稱愛倫・坡為史上推理文學的始祖乃實至名歸。

柯南·道爾在創作福爾摩斯系列故事時也大量參考，甚至複製了愛倫·坡書中的基本結構。最顯而易見的例子便是「天才偵探」與「凡人助手」的法則，儘管在愛倫·坡故事中的「凡人助手」仍尚未具名，但已經初步扮演故事解說與記述的角色，有這樣的一個助手角色，讀者才能清楚並進一步認同「天才偵探」的神祕風貌與明察秋毫的推理能力，這項記述方式日後也在柯南·道爾的筆下得到進一步的發揮與加強。而「天才偵探」與「凡人助手」的絕妙配對，我們仍可在今日許多戲劇與電影中看到類似的角色基本結構，也因此一百多年後有太多的小說家與編劇依舊在追隨著愛倫·坡的背影。

另外，柯南·道爾的〈波西米亞醜聞〉故事結構是取材自〈失竊的信〉；後期推出的〈跳舞小人案〉（The Adventure of the Dancing Men）則是來自〈金甲蟲〉的概念。至於〈斑點帶子案〉裡的「密室殺人」布局則完完全全來自於愛倫·坡的首篇推理作品〈莫爾格街兇殺案〉。而且在〈莫爾格街兇殺案〉中，關於兇手的意外性，柯南·道爾也同樣遵循前輩所創的「動物兇手」的極端構想，這種以創造人類以外的兇手加強了故事的意外性[12]。無獨有偶，與愛倫·坡

12. 〈失竊的信〉故事內容主要敘述某官員 D 竊取了王宮裡一封重要的密信，雖然警方已對 D 的住宅進行徹底的搜查，但找遍了各個角落仍不見密信下落。為此警察局長只好向偵探杜賓求救。〈金甲蟲〉則敘述主人翁李格朗先生於郊外拾獲一隻金甲蟲，他順手拿起丟在附近的羊皮紙將其包裝帶回。在偶然之間，烤到火的羊皮紙上出現骷髏像與數字符號，後來李格朗先生便投入數字解碼的挑戰遊戲，找尋被隱藏的寶藏。這篇故事除了影響道爾〈跳舞小人案〉之外，後來的〈馬斯格雷夫禮典〉的藏寶概念亦產生於此。至於〈莫爾格街兇殺案〉則講述發生在莫爾格街公寓四樓裡，萊絲巴奈夫人與女兒雙雙陳屍於密室裡的案件，經過偵探杜賓查看兇案現場後，揭穿本則密室殺人的真兇是一隻猩猩。

幾乎為同一時期在中國清代筆記小說《里乘》[13]當中的〈倪公春岩〉篇章，也出現了一對姦夫淫婦，借助一根中空的竹子，驅使一條蛇從肛門鑽進病中的丈夫體內，使其痛苦而死。這種利用「動物兇手」行兇的犯罪手法，竟然在同一個時間點被中西方不同地域的文學家所採用，真可謂英雄所見略同。屢試不爽的道爾也不只在〈斑點帶子案〉中單獨運用，後來的《巴斯克維爾的獵犬》更是運用這類極端構想的登峰造極之作。

愛倫・坡在世界文學史上所創作的第一本推理著作，還啟發了不只柯南・道爾，還包括後來阿嘉莎・克莉絲蒂、艾勒里・昆恩[14]，甚至是今日家喻戶曉的動漫《名偵探柯南》都需遵循的定律，即所謂「最後的說明解密」，在光怪陸離的謎底揭曉時，謎團最終幾乎都由主角偵探集合該案件的有關人士，做出全部過程的說明。愛倫・坡在將近兩百年前就將推理小說中的決定性構成法則，幾乎沒有太大變化的情形下傳至今日，實不愧於推理文學鼻祖的稱號。

13. 《里乘》為清代許奉恩（生卒年不詳，活動時間約略為十九世紀道光至同治年間，1821—1874 年），本書收錄文言筆記小說一百九十篇。書中凡官場科場、鄰里民俗、男歡女愛、僧尼武俠、神鬼精怪皆有涉及，主要以勸懲為宗旨。

14. 艾勒里・昆恩（Ellery Queen），一對美國作家表兄弟佛德列克・丹奈（Frederic Dannay，1905—1982 年）與曼佛雷德・李（Manfred Bennington Lee，1905—1971 年）的共同筆名。艾勒里・昆恩的小說是典型「公平的推理小說」。偵探所能擁有的線索都呈現給讀者，讓讀者們可以公平與大偵探昆恩鬥智。知名作品有《羅馬帽子的祕密》（The Roman Hat Mystery）、《希臘棺材的祕密》（The Greek Coffin Mystery）、《西班牙岬角的祕密》（The Spanish Cape Mystery）等篇。

儘管在《暗紅色研究》中，福爾摩斯以譏諷的語氣評價愛倫·坡筆下的偵探杜賓（C. Auguste Dupin）：「讓我說的話，杜賓是微不足道的。在一刻鐘的沉默之後，突然說出奇怪的話說中別人的心事，這種把戲十分愛現而且膚淺。」但柯南·道爾內心仍是尊敬愛倫·坡的，他曾坦承：「愛倫·坡是推理小說之父。他創造了這類型小說中的所有手法，以致後繼者幾乎找不到自我創意的餘地。」更何況，福爾摩斯一貫輕視那所謂「十分愛現且膚淺」的讀心術，後來他自己演出的次數可比起杜賓多太多了！

工程師拇指案

The Adventure of the Engineer's Thumb

女王的宮殿之旅—溫莎城堡

「我們想請您今天晚上乘坐末班車來。」

「到哪兒去？」

「去伯克郡的艾津。那是接近牛津郡的一個小地方，離雷丁不到七英里。」

本篇故事在推埋與懸疑的成分都過少，除了兇嫌最後逃脫之外，名偵探也無具體功能的發揮，可說是福爾摩斯故事中較無特色的一篇。

本案發生在伯克郡一帶（Berkshire），地點位於英格蘭東南部區域，雷丁是該郡的第一大鎮，所以當兇嫌誘騙工程師前往伯克郡時，會以雷丁為基礎座標讓他產生距離概念。儘管伯克郡本身沒有行政中心，但英國王室的行宮溫莎城堡便座落在伯克郡的溫莎—梅登黑德鎮（Windsor and Maidenhead）[15]。且維多利亞女王在亞伯特親王於 1861

15. 現任英國女王伊利莎白二世（Elizabeth II，1926 年）在 1958 年將伯克郡升格為「皇家郡」，故伯克郡全名為「伯克皇家郡」（Royal County of Berkshire）。

溫莎城堡外遊客眾多

年去世之後，幾乎將溫莎城堡當成退隱的住所，甚少前往倫敦的白金漢宮，因此在這件案子發生的 1889 年，女王應當可能還住在這裡[16]。這篇故事的犯罪行跡可以說是在「天子腳下」所發生。

位於溫莎－梅登黑德鎮，雄踞在泰晤士河岸山丘上的溫莎堡，是目前王室尚在使用居住的城堡中最大的一座。最早由十一世紀時的征服者威廉（William the Conqueror）[17] 所建，歷經千年來的擴建和

16. 由於華生在本篇開頭即清楚記下本案是在 1889 年的夏天所發生，所以我研判女王或許也會在這個時間點前往蘇格蘭愛丁堡的荷里路德宮（Holyrood Palace）避暑。

17. 威廉一世（William I, William the Conqueror，1028 — 1087 年），原先是諾曼第公爵（ducs de Normandie）的他，於 1066 年領軍跨海征服英格蘭，成為首位英格蘭諾曼王朝（House of Normandy）國王，因此又稱「征服者威廉」。

不斷整修，城堡加上廣闊的公園總共佔地近十一公頃，直至今日伊莉莎白二世女王仍會固定在每年復活節以及六月的嘉德勳章（Garter Service）[18] 授勳儀式來此居住。

城堡中央的圓塔，這是每個到過此地的遊客絕對難忘的一景。此處是昔日征服者威廉的木造圓塔基礎改建，屬於城堡防衛系列的一部分，當中保存了許多珍貴的皇家文獻，而今日圓塔下方的壕溝已整理成一大片美麗的壕溝花園。溫莎城堡的整體結構便是由圓塔將狹長型的城堡區分隔成上下兩個區域，下堡區主要是聖喬治禮拜堂（St. George's Chapel），上堡區則包括了國家大廳與王室私人套房。

我個人最為欣賞也覺得是城堡中最值得觀賞的四個景點，分別為上堡區裡的瑪麗王后娃娃屋（Queen Mary's Dolls' House）、「滑鐵盧廳」與「聖喬治大廳」以及下堡區的「聖喬治禮拜堂」。

瑪麗王后娃娃屋一直是城堡中人氣最高的展示廳，這座精緻絕倫的模型娃娃屋是當今世上最大的娃娃屋，原為 1924 年獻給國王喬

18. 嘉德勳章（The Most Noble Order of the Garter，KG 或 LG）是授予英國騎士的一種勳章，代表的是一種榮譽而非階級。據聞起源於十四世紀的愛德華三世（Edward III）時代，確切的起源仍眾說紛紜。嘉德勳章是今日世上歷史最悠久與最顯赫的騎士勳章之一，僅極少數人能夠獲得此殊榮，其中包括英國國君在內和另外二十四名在世的佩戴者。嘉德勳章的標誌是一根印有「Honi soit qui maly pense」（「Shame on him who thinks evil of it.」「心懷邪念者蒙羞」）金字的吊襪帶，在國家正式場合下勳章佩戴者便要佩戴這個吊襪帶。與其他等級的勳章不同，只有英國國君有權授予嘉德勳章，每年六月的第二個周六在溫莎城堡仍會舉行嘉德勳位授勳儀式。

治五世（George V）之妻瑪麗王后的生日禮物。這項傑作的建造結合了當時一流的藝術能工巧匠共一千多人，按倫敦的貴族宅邸以實景1：12 比例建造而成。此件娃娃屋不只是件普通的玩具，當中的所有物件擺設都有著實用的功能，例如娃娃屋裡配有水電管線，電燈會亮，浴室馬桶可以沖水，書房中任何一本書都能打開翻閱，甚至連酒窖裡的小酒瓶裡裝的也是真正的葡萄酒！這座精緻細膩的瑪麗王后娃娃屋，是象徵著二十世紀初期英國工藝成就的最佳展示。

走過上堡區中的國家大廳，金碧輝煌的滑鐵盧廳隨即映入眼簾，這裡是英國史上最臃腫顢頇的國君─喬治四世（George IV），為了慶祝 1815 年在滑鐵盧戰勝拿破崙而建的交誼廳。兩旁牆壁裝飾著木頭嵌板，上方高掛著一系列當年曾參與該戰役的將官群像，地板上舖著來自印度的世界最大無接縫地毯，整個房間氣派豪華、雍容華貴，是今日女王為嘉德騎士舉行宴會處。而長方形的聖喬治廳，高挑廣闊與鑲滿嘉德勳章和各騎士家徽的天花板是他的一大特色，兩旁牆面上也掛滿了各級騎士花紋的盾牌，使整個大廳顯得雄偉氣派。可惜在 1992 年 10 月 20 日由禮拜堂延燒的一場大火，造成了連同聖喬治廳共九個廳，佔城堡 15% 的面積毀損。今日遊客所看到的聖喬治廳是經過事後重新修復過的，特別是在天花板的部分，眼尖的讀者或許可以在下次參訪時仔細端詳，是否能分辨得出修復後的現代哥德風呢？

下堡區的聖喬治禮拜堂堪稱是城堡中的經典建築，洋溢著中世紀的哥德風格。高大的彩繪窗與細長的支柱，給人莊嚴典雅，氣勢磅礴之感。這裡是嘉德騎士的聖堂，每年的授勳儀式於此舉行，也是王室家族的著名陵寢。禮拜堂內安葬了十位歷任的英國國王，當中包括為了婚姻問題與羅馬天主教教廷決裂，自行創立英國國教，還將王后斬首的亨利八世，圍繞他一生的風流韻事，至今仍是戲劇小說乃至好萊塢最有興趣的題材；以及在英國歷史上唯一一位慘遭群眾革命推翻，身首異處的查理一世（Charles I），在英國內戰[19]之後他被囚禁於此，也使得溫莎城堡成為英國民主革命的聖地；最後，現任女王的父親喬治六世（George VI）也躺在這兒，若是喜愛觀看電影的讀者可別錯過瞻仰他的機會，那部勇奪奧斯卡最佳影片的《王者之聲》（The King's Speech）當中的口吃國王正是他本人。

溫莎堡內的花園

19. 英國內戰（English Civil War）指 1642 年至 1651 年在英國議會派（圓顱黨 Roundhead）與保王派（騎士黨 Cavaliers）之間發生的一系列武裝衝突及鬥爭。歷史上又稱為清教徒革命。

單身貴族探案

The Adventure of the Noble Bachelor

湖底情殤

「看來把你搞得渾身都濕透了。」福爾摩斯說著，一隻手搭在他那件粗呢上衣的胳膊上。

「是的，我正在塞彭廷湖裡打撈。」

「天哪，那是為什麼？」

「尋找聖西蒙夫人的屍體。」

聖西蒙勳爵（Lord St. Simon）的新娘在婚禮後的喜宴場合失蹤了，警方在海德公園（Hyde Park）的水池找到了新娘婚紗，但卻始終找不到屍體。海德公園位於倫敦中心的西敏寺地區，是倫敦最大的皇家庭園（Royal Parks），總面積達到兩百多公頃。在前篇介紹過1851年所開辦的萬國博覽會，水晶宮便設立於此。故事中提到的塞彭廷湖（Serpentine Lake，又稱九曲湖），今日常可看到許多天鵝野鴨悠游湖上，湖畔也遍布著許多散步與做日光浴的遊客，如此風光明媚的景緻，真有人會選擇跳湖？

歷史上確實有這麼一回事，鬧得風波還不小。

這起跳湖的悲劇，發生時間在 1816 年十二月，與著名的英國浪漫派詩人雪萊（Percy Bysshe Shelley，1792 － 1822 年）有緊密的關係。儘管雪萊降年不永，但他那富有熱情與哲思的詩作，已成為該時代自由精神的標誌，至今仍在英國文壇上佔有一席之地。世人最常引用他那句「If Winter comes, can Spring be far behind? 」（冬天到了，春天還會遠嗎？），即出自於他〈西風頌〉（Ode to the West Wind）作品中的最末句，直到今天仍具有激勵鼓舞的象徵作用。

英國浪漫派詩人雪萊

身為貴族之子，雪萊一生卻充滿叛逆與衝突，他極其厭惡宗教與社會制度，畢生都與自身代表的階級做抗爭。雪萊就讀牛津大學僅半年時間，就因倡議無神論而遭到開除，這在兩百年後的今天是難以想像的。但雪萊對於遭到開除一事毫不在意，反倒覺得慶幸：「我要是在那裡再留幾年，他們就會扼殺我對教育的任何愛好，扼殺我離開他們那班畜生的任何願望。」年輕叛逆的他看不慣社會倫理的種種規範與教條，希望能創造一個人人享有自由幸福的新世界。

更為叛逆的行徑是雪萊在十九歲時，便與妹妹的十六歲的同學哈麗葉（Harriet Westbrook）一起私奔結婚。哈利葉是一個小旅店店主的女兒，而且雪萊與這個女孩也只見過幾次面，覺得她挺可愛又楚楚可

塞彭廷湖，今日常可看到許多天鵝野鴨悠游於湖上

憐，哈利葉很喜歡讀雪萊的詩作，不知不覺便愛上這位同學的哥哥。但哈麗葉主動向叛逆子雪萊親近的行為，漸漸遭到身邊同學與父親的排擠與責難，雪萊不忍看著這位女孩受苦，決心帶著她踏上私奔的道路，兩人隨即在愛丁堡結婚[20]。

一個十九歲的新郎與十六歲的新娘，在毫無工作與一技之長的情形下私奔，要如何過日子？這是一定得面臨到的現實問題。但雪萊想得很簡單，他只跟哈利葉說：「我們靠愛情生活吧！」（讀者朋友看到這裡，應該皺了一下眉頭，料想不妙吧）雪萊私奔的瘋狂行徑，幾乎與他的家庭決裂，雪萊的父親大發雷霆要跟兒子斷絕一切關係，立刻停止所有的金援。以至於剛結婚的那兩年，雪萊只能到處舉債躲債，但他又在政治熱情的驅使下，在英國各地旅行，並散發其自由思想的小冊子。此時的哈麗葉也毫無怨言地跟著丈夫四處搬家，吞進了不少

20. 雪萊自幼喜歡同名為哈麗葉的表姊，但在表姊結婚後，或許因移情作用而將情感投射在十六歲的哈麗葉身上。

委屈，還為雪萊生下了一個女兒。這樣的奔波日子雖苦，但小倆口還真能依靠愛來撐下去，只是好景不長，兩人世界即將因第三者的介入而面臨崩解。

雪萊很是仰慕英國哲學家威廉．高德溫（William Godwin，1756－1836年）的自由學說，於是登門造訪高德溫並向其拜師請益。高德溫也很看好這個年輕人，雙方的互動往來也越來越密切。漸漸地，雪萊注意到高德溫前妻瑪麗．沃斯通克拉夫特[21]所生的女兒瑪麗，除了膚色白皙、有一頭秀麗金髮外，瑪麗也遺傳到母親的智慧與風度，令雪萊傾心不已。而當時十六歲的小瑪麗也私淑這位多才英俊的大哥哥，儘管她知道雪萊已有妻室，瑪麗仍在自己所珍藏的雪萊詩集中寫下：「我無法用筆墨形容地愛上了這本書的作者。我發誓，即使我永遠不能成為他的妻子，我也絕不做別人的妻子。」個性堅毅的瑪麗不像其他青春期的女孩只是將這樣的想法當作容易消散的白日夢，只要她決心做的事就絕對會做到。

自從哈麗葉成為人母之後，雪萊與她在持家及教養孩子的觀念方面漸生齟齬，他對哈麗葉的愛也隨著小瑪麗的登場而轉為不滿，雪萊甚至懊悔當年帶著她一同私奔，當年的婚姻關係對他而言已成為一道枷鎖，他決心正視自己的感情，向恩師的女兒盡訴情衷。雪萊一再保證不會傷害到與哈利葉所生的孩子，並會努力朝著將所有人都集中在同一個屋簷下生活的

21. 瑪麗．沃斯通克拉夫特（Mary Wollstonecraft，1759－1797年）英國作家、女權主義者。《女權辯護》（A Vindication of the Rights of Woman）是她最知名的作品；今日沃斯通克拉夫特被認為是史上女權主義的鼻祖之一。

目標邁進，瑪麗很快地便接受了情郎的求愛，但她知道生性嚴謹的哲學家父親倘若得知兩人交往，絕對會引爆一場災難，屆時這段感情將被硬生生斬斷。於是，這位私奔達人雪萊先生，在 1814 年的十二月，再次帶著十六歲的小姑娘私奔逃往法國，距離上一回的私奔僅相隔三年。

對雪萊而言，他主張不受束縛的戀愛關係，自由戀愛的意義大過於實質的婚姻形式，他想把哈麗葉與瑪麗都拉到身邊共同生活，但這是在過了兩百多年後的今日仍不被世俗所接受的作為。雪萊一生的行徑與思想始終受到英國社會的批判與撻伐，爭議至今仍餘波盪漾，相信讀者閱讀至此也能體會到雪萊與世俗社會的格格不入與叛逆性。

雪萊與瑪麗開始同居了，兩人前往瑞士日內瓦湖度假，並在那裡結識了著名的浪漫派詩人拜倫，這群青年男女在那裡過上一陣子悠遊自得的愜意生活。而儘管在英國的哈麗葉苦苦哀求雪萊回心轉意，但堅持心靈自由的雪萊絲毫不為所動。心灰意冷的哈麗葉孤獨地回到了娘家，受到了無數的指責與嘲諷，五年來她含辛茹苦生養孩子，隨著浪漫的詩人為了宣揚理念轉戰各處，當初的一廂情願離家叛逃卻換回了今日的分道揚鑣。萬念俱灰的哈麗葉已經徹底對人生感到失望了，她在傍晚人煙稀少時獨自來到海德公園的塞彭廷湖旁，向湖中央緩緩地走了過去……。

為什麼選擇塞彭廷湖？明瞭真相後或許會讓人更加覺得難過、惋惜。塞彭廷湖是雪萊最喜歡的一個景點，往昔在倫敦居住時，雪萊時常會到海德公園或肯辛頓公園（Kensington Gardens）散步，他時常會折起一艘艘的紙船，丟到塞彭廷湖中，任憑紙船隨風飄去。那種浪漫瀟脫的情懷是哈麗葉當年最愛的雪萊的模樣，直到人生的最後一刻，她的心仍舊掛念著他，至死不悔。

也正是塞彭廷湖發生過這起震撼社會的事件，聯繫到本篇福爾摩斯故事中的新娘失蹤後，對於婚紗在湖邊被找到，才又勾起了警方的高度關注，派初人與船在湖面上打撈。

雪萊很快便收到了哈麗葉的死訊，哈麗葉留給雪萊的遺書上頭寫著：「我完全原諒你，你從我身上剝奪的幸福，你可以去享受。」但雪萊終究沒有看到這封信，沒有多久他便給了瑪麗名分，兩人共結連理。此舉也引發當時社會譁然，輿論對他大肆抨擊，法院也認為他缺乏道德，剝奪了他撫養子女的權利。多年以來，雪萊的政治與宗教觀，乃至婚姻關係都是英國社會口誅筆伐的對象，儘管他在文學方面的成就貢獻得到文壇的公認，但其個人的叛逆性格與道德缺陷至今仍舊多所爭議。1822 年，年僅二十九歲的雪萊乘坐小舟在義大利外海慘遭滅頂，文壇便有「雪萊的早逝，彷彿是對明顯的罪惡之判決」的評價。

雪萊的遺孀瑪麗後來獨自撫養她與雪萊唯一的孩子長大，這位才女在世時便在文壇上顯露出不亞於丈夫的才華與成就。直到今天，瑪麗筆下最代表性的作品仍舊是社會大眾與好萊塢戲劇最有興趣、津津樂道的題材，那就是《科學怪人》（Frankensteins）。

綠玉冠案

The Adventure of the Beryl Coronet

快樂王子愛德華

昨天上午，我在銀行辦公室裡，我的職員遞進一張名片。我一看上面的名字，嚇了一跳，因為這不是別人，他的名字，即使是對於你們，我也最多只能說這是全世界家喻戶曉的，一個在英國最崇高最尊貴的名字。他一進來，我深感受寵若驚。

本篇故事的委託人亞歷山大・霍爾德（Alexander Holder）先生是位銀行家，手上保管貴重的抵押品，一頂來自英國王室的綠玉王冠。王冠上的寶石在半夜卻不翼而飛，看似內賊的霍爾德之子卻無論如何也不願鬆口寶石的下落，急得像熱鍋上的螞蟻般的銀行家只好求助於福爾摩斯。

儘管故事中未曾表明這位前來抵押王冠的顯貴主顧為何人，但從史實常理來判斷，以及眾多福學研究者的論點而言，銀行家口中這名崇高尊貴之人，應是維多利亞女王之子，亦即後來的國君愛德華七世[22]。

愛德華七世（Edward VII，本名亞伯特・愛德華 Albert Edward，1841 － 1910 年），是維多利亞女王的長男，也是讓女王最感到無奈與痛心的孩子。儘管出生不久愛德華就受封為威爾斯親王[23]，等到 1901 年他正式接下母親傳給他的王冠與權位時，愛德華已經是名六十歲的胖老頭了。不過對於愛德華而言，人生真正想追求的，就是無止盡的歡慶與熱鬧，性格開朗的他最喜愛與人交際應

愛德華七世（攝於 1894）

22. 據故事中的銀行家霍爾德先生口述，這名以王冠做為抵押品的男性客戶，名片上寫著英國最崇高、最尊貴的大名。符合此條件者，全英國僅有女王的夫婿亞伯特親王及王儲愛德華堪稱，不作他人想。然而亞伯特親王早已於 1861 年過世，當時福爾摩斯尚年幼未及開業。且以王冠作為抵押品的荒唐行徑，亦頗符合王儲早年的失序行止，故因此推論之。

23. 威爾斯親王（Prince of Wales），自 1301 年英格蘭吞併威爾斯之後，歷任國王便將這個頭銜賜與王儲。現任的威爾斯親王是查爾斯王子（Prince Charles），他在 1958 年時受封此尊號，即將打破愛德華七世待位六十年的紀錄。

酬，半個世紀以來，英國上流社會的派對宴會總少不了他的身影。愛德華一生桃花運旺盛，身邊總不乏美女穿梭，對他而言當個富貴公子哥似乎也是個不錯的選擇。因此他也被冠上「快樂王子」愛德華的稱號。

愛德華自幼就淘氣頑劣，學習精神也經常委靡不振，女王夫婦很早已前就開始對這個兒子特別憂心頭痛。十八歲時他進入了牛津大學就讀，是歷任王儲的第一人，不過他確實不是塊念書的料，無心上課的他始終把生活重心放在那些派對晚宴上，想在大白天的教室講台下裡見到他，幾乎是不可能的事。在轉學到劍橋大學的三一學院後，愛德華依舊持續著快樂王子的習性與生活，而他的大學生涯也只能中途放棄。

儘管學業沒有完成，但身為王儲的他，隨即被分派到軍中去磨練，或許也能對日後的接班形象與個性的穩定上有所助益。然而不出幾天，王子竟然被發現在軍中宿舍裡常和一名舉止風騷的女演員廝混，這個消息一傳到女王夫婦耳裡幾乎快被氣瘋了。因此亞伯特親王只好親自出馬，前往劍橋去瞭解詳情，順便將兒子狠狠教訓一頓。亞伯特親王為了這個兒子傷透了心，在勞心費神的疲憊狀態下回到了倫敦，卻突然染上了傷寒高燒不退，很快地就撒手人寰了。維多利亞女王為了夫婿的死幾近崩潰，徹底改變了後半生的觀念與作風，而且女王也把親王的病歸咎於愛德華的荒唐所造成，自此以後完全不准他過問政治或宗室事務，也越來越少與這個兒子見面。

我們相信，對於父親的死，愛德華一定也感到悲傷莫名；但此後不需過問複雜的政治與人事，似乎又讓他在某些方面得到了舒緩和解脫。往後的四十年間，他僅需專注在儀容裝扮，以及每個月該出席哪些宴會場合，還有全心投入在刺激的獵豔行動中。

此生幾乎無特殊政績可言的愛德華，登基後仍力圖重建母親時代的帝國榮光，因此在世紀之交時的布爾戰爭問題上，採取強硬的態度應對，即使是灰頭土臉也必須盡力去打贏這場戰爭。這或許也是前文所提及到，柯南．道爾對該戰爭的積極肯定態度受封勳爵的原因。

值得一提的是，在 1904 年愛德華七世訪問法國時，由於英法多年來的明爭暗鬥，雙方的關係始終鬧得很僵，加上法國輿論較為同情南非布爾人，所以此行最初受到的抗議聲浪不斷。但隨後愛德華以他那開朗豁達的誠懇態度發表演說後，竟然能在短時間內感動征服了法國民眾，贏得了許多正面的喝采與肯定。英法兩國也藉此簽署了友好協約（Entente cordiale），正式停止海外殖民地的衝突爭議問題而開始合作對抗德國新崛起勢力的威脅，更為日後一次大戰的互助合作奠定了基礎。從這方面看來，這位快樂王子多年來在社交場合的折衝樽俎、八面張羅方面所下的功夫也在關鍵時刻發揮了作用。

快樂王子風流史

愛德華七世一生風流情史不斷，無論是貴婦仕女，或是演員舞女，無不成為他的狩獵目標。在這當中，有兩位特殊的女性值得稍作介紹。首先是珍妮．傑洛姆（Jennie Jerome）女士，除了天生麗質之外，她也是紐約時報大亨之女，從小到大身邊不乏眾多追求者，即使在婚後她的魅力依然不減，許多社會名流對她傾心不已，這當中就有快樂的愛德華了。珍妮女士與愛德華保持了多年的親密友誼，儘管當中的具體韻事不詳，但雙方的曖昧關係可是未曾間斷。還有，珍妮女士之夫也是來頭不小的人物—魯道夫．邱吉爾爵士（Lord Randolph Churchill），他們孩子日後成為了英國首相（Winston Churchill）。

第二位女士愛莉絲．柯普爾（Alice Keppel）則是愛德華終生的紅顏知己，她的魅力不僅是讓愛德華神魂顛倒，連愛德華的亞莉珊卓拉王后（Alexandra of Denmark）也極為認同她，接納這位丈夫的情婦。愛莉絲女士得到了國王終身無比的信任，儘管她永遠只能以情婦的身分陪伴在國王身邊，不過她的曾孫女就遺傳到愛莉絲那特殊的魅力，將後來的王儲成功地吸引到自己的身邊，她叫卡蜜拉．尚德（Camilla Shand），就是那位從已故的黛安娜王妃（Princess Diana）身邊，成功奪得查爾斯王子真愛的女人。看來這個家族的遺傳基因確實對英國王室有著無窮的吸引力！

銅山毛櫸案

The Adventure of the Copper Beeches

刻苦的家教生活

西區有一家出名的叫作韋斯塔韋（Westaway）的家庭女教師介紹所，我每星期都要到那裡探望是否有適合我的職業。韋斯塔韋是這家營業所創辦人的名字，但是實際上經理人是一位斯托珀小姐（Miss Stoper）。她坐在她自己的小辦公室裡，求職的婦女等候在前面的接待室裡，然後逐個被領進屋，她則查閱登記簿，看看是否有適合她們的職業。

本在福爾摩斯故事系列中，讀者可觀察到不少位維多利亞時代的職業婦女。在當中有多個家庭的幫傭，還有是打字員，而其中最常見的職業是家庭教師。

柯南・道爾的姊妹們後來均出外擔任家庭教師，因此他對於家庭教師這個職業，有著特別深刻的感情，以致在福爾摩斯故事系列中幾個篇章裡對該類型角色做了特別的著墨。特別是在這則短篇故事裡，當杭特小姐表示已找到一份家教工作後，道爾曾透過書中福爾摩斯的話表示：「我不得不說，那絕不是我希望自己的姊妹去應聘的工作。」正因為道爾對於家教工作的性質與不安全感有相當的體認，以致他在故事裡產生了某些程度的情感投射，這樣的情感投射很大一部分是來自於道爾對早逝的大姊安妮的惋惜與追思。

維多利亞時代的女性家庭教師，大多數皆來自教養良好的中產階級人家，但不幸遭遇家道中落的變故，因此需要外出工作來負擔家務。面對這麼一份高不成、低不就的工作，她們常對自身境遇感到無奈或自卑，儘管在雇主家中她們並不屬於僕役等級，但實際情形仍會發生遭雇主輕視或孩童欺負，甚至同一屋簷下的女傭也會將其視為同一階層而排擠她們。如此既不屬於家庭成員，亦不歸類於僕役群體的她們，幾乎是尷尬地身處在家庭中的社會無人地帶（social no-man's-land）。

維多利亞和亞伯特博物館（Victoria and Albert Museum）中收藏一幅理查．雷德格雷夫（Richard Redgrave，1804—1888 年）所繪《家庭女教師》（The Governess）道盡了這份工作的一切辛酸。畫中年輕的女教師獨自坐在桌前，手上的信件向她宣告親人去世的訊息；身後有具打開琴蓋的鋼琴，上面放著《甜蜜家庭》（Home Sweet Home）的樂譜，表示她在教授音樂課程時甫接到這個噩耗；孩子們只顧在房間一旁嬉戲遊樂，無人能察覺她的哀傷；桌上餐盤裡的麵包令她食之無味，但因手邊的工作而無法讓她告假回家奔喪，一整疊厚重的作業簿還放在餐盤後等著她批改，此時一抹淚珠從她的眼角垂下。對理查．雷德格雷夫本人而言，他也如同柯南．道爾經歷了一次痛徹心扉的創作過程，畫家心愛的妹妹也是在外出擔任家庭教師期間病歿。他將妹妹的死歸咎於一份不快樂的工作，這些在該時代有教養的女子，在艱難時世裡所遭遇的種種困苦，他化悲痛為力量藉著畫筆呈現在世人眼前。

除了畫家為後世留下當時女教師辛酸艱苦的寫實圖像外，不少維多利亞時代的文學中，也多處提及了這些女性。如夏綠蒂．勃朗特著名的《簡愛》本身就是一部帶有強烈女性自覺色彩的小說，書中涉及到的寄宿學校等事件實際也是作者的親身經歷，這則在逆境

理查．雷德格雷夫（Richard Redgrave），《家庭女教師》（The Governess）

中抱持理想奮鬥的女性意識文學，凸顯了女性慾望與社會規範的衝突拉扯，其實正是作者本身的強烈慾望不見容於現實社會下的聊以慰藉。同樣身為維多利亞時代的女性作家，喬治．艾略特[24]在她離世前發表的最後一部作品《丹尼爾的半生緣》（Daniel Deronda）裡，也向讀者展示了才貌雙全的女主人翁關德琳（Gwendolen）因家道中落的緣故，唯恐自己必須選擇艱辛的家庭女教師道路，致使她不得不嫁給財大氣粗、極度陰險的格朗古（Grancourt）來延續自己和家人的生活。與狄更斯齊名的小說家、社會觀察家薩克萊[25]，同樣在他的代表作《浮華世界》（Vanity

24. 本名瑪麗．安妮．伊凡斯（Mary Anne Evans，1819—1880年），喬治．艾略特（George Eliot）是她著稱的筆名，她擅長描寫平民樸實的農村生活，鮮少以絕對而抽象的道德標準評斷筆下人物，是英國文學史上最富同情與憐憫情操的作家。代表作有《亞當．柏德》（Adam Bede）、《織工馬南傳》（Silas Marner）、《米德爾馬契》（Middlemarch，又譯米德鎮的春天）。

25. 威廉．梅克比斯．薩克萊（William Makepeace Thackeray，1811—1863年），擅長透過小說的描寫來挑戰社會傳統教條的規範。最著名的作品是《浮華世界》（Vanity Fair，又譯名利場）與《亂世兒女 / 貝瑞．林登》（Barry Lyndon）。

Fair）中，從女主人翁蕾貝卡・夏普（Rebecca Sharp）的角度，描寫她不甘接受辛勞困苦的女家教命運，轉而投身英國充滿腐敗、偽善、敗德的中上階層社會，夏普以強烈的生存意志和充沛的精力，為達目的而不擇手段。薩克萊透過夏普的趨炎附勢和無境的自私欲望，嘲諷維多利亞時代那個物質至上、金錢萬能的奢華糜爛社會，他筆下的夏普小姐也成為了後世文學史上著名的「惡女」。

藝術與文學常能游離於社會的邊緣、超脫傳統的教條體制，寄託作者本人的理想標準，來控訴社會不公、充滿壓迫性的面向。這些當年有著良好教養的女子，在遭逢家變後，需外出專職來負擔家務的辛酸面，皆在藝術與文學的呈現下，達到了生動且成功的塑造。柯南・道爾認為大姊安妮是家中的頂樑柱，她遠赴葡萄牙擔任家教，多年來每個月按時匯款回家，但正當道爾開始名利雙收後，安妮卻因一場流感疾病從此與家人天人永隔，這的確讓道爾悲痛不已。此後在福爾摩斯故事系列中所出現的女家教，幾乎皆設定為無助、等待救贖的角色，而這些應受到同情與保護的女性在故事中便需要福爾摩斯伸出援手，這也是道爾對大姊安妮一生悲苦際遇的情感投射與慰藉。所以在《四簽名》中，當華生聽到心儀的瑪麗・莫斯坦小姐是受到前雇主以朋友的身分看待，道爾也透過華生鬆了口氣說：「感謝上帝。」

在這些以家庭女教師為出發點的委託案件裡，在在顯示道爾內心對於大姊深刻永恆的追思與致敬蘊含於其中。

銀色馬

Silver Blaze

賽馬題材藝術

那匹銀色白額馬是索莫密種，和它馳名的祖先一樣，始終保持著優秀的記錄。它已經五歲了，在賽馬場上每次都為它那幸運的主人羅斯上校贏得頭獎。在這次不幸事件以前，它是韋塞克斯杯錦標賽的冠軍。

工業革命在英國開展之後，除了為城市帶來眾多的繁榮與進步、骯髒與混亂，也為十九世紀的維多利亞時代增添了不少新興資產階級的休閒活動，如欣賞歌劇或音樂會、參訪美術博物館、逛都會公園等，而賽馬也是足以表現這些布爾喬亞[26]中產階級時尚的一種熱門遊戲。

當城市中的資產階級集聚於賽馬場，身著最華麗時尚的服裝，彼此寒暄交際，充斥在喧嘩、美酒與瘋狂的賭局當中，仕女與紳

26. 資產階級的法語拼音 bourgeoisie，泛指十八、十九世紀後，社會中從事新興活動如金融貿易、商業投資的群眾階級。

士紛紛為自己看中的騎士馬匹下注，一擲千金，體會血脈噴張的速度競技，這不僅僅是單純的社交活動，也是暗中較勁、炫耀鬥富的競賽。

英國泰特美術館（Tate Gallery）藏有一幅由威廉・鮑威爾・弗利茲（William Powell Frith，1819 —1909 年）於 1856 年所繪《德比賽馬日》（The Derby Day）極為貼切地表現了這種喧鬧的資產階級時尚娛樂。弗利茲本人首次見到賽馬場的壯觀場面，即刻被當中形形色色的人群所吸引，儘管這是一幅以賽馬為題材的畫作，透過

威廉・鮑威爾・弗利茲（William Powell Frith），《德比賽馬日》（The Derby Day）

畫顯而易見畫家本人對馬匹毫無半點興趣，他所關注的是當中千姿百態的人群。

畫中的呈現的群眾，是無數個體的結合，每個人與細節都有自己的故事：有幾個人正在提供馬匹情資給躍躍欲試者，實則行詐騙的手段；圍觀者急著想為自己相中的馬匹下注，一旁冷靜的妻子卻挽住強拉他，希望能阻止丈夫的衝動；身著時尚華麗禮服的仕女端坐在兩輪馬車上，接受紳士的攀談與簇擁，想要一親芳澤的他們急於想將最具潛力的下注資訊分享給女士們；許多人盤坐在馬車頂或高台上，舉起望遠鏡專注於他們所投注的對象；當然在這樣的場合也免不了出現許多下階層的貧民與孤兒，希望能多少博取這些布爾喬亞的一個眼光、一塊銅板；一個衣衫襤褸的赤腳賣花女孩，正以卑微的乞求姿態，向一位衣冠楚楚的叼煙紳士兜售一束鮮花。弗利茲為一百多年後的人們，呈現出一幅維多利亞時代賽馬場中細膩傳神的眾生相，這也是歷史繪畫的時代意義與特質。

在今日讀者閱讀到福爾摩斯為羅斯上校在賽馬場上重現銀色名駒那一刻時，是否也能想像，羅斯上校的表情會如同弗利茲畫中的哪一位人物呢？至於我們的名偵探，在成功解決謎團的興奮之餘，是否會如畫中躍躍欲試的人們急著下注？也許會展現悲天憫人的情懷，施與楚楚可憐的賣花女孩一個關愛的眼神與惠顧吧！

黃面人

The Adventure of the Yellow Face

名偵探的毒癮

他的飲食總是很簡單的，起居也極其簡樸，近於節衣縮食。除了偶爾注射些可卡因以外，福爾摩斯沒有其他惡習。每當沒有案件可查，而報紙新聞又枯燥無味時，他便求助於麻醉劑，以解除生活的單調。

熟讀《福爾摩斯探案》的讀者都知道，這位名偵探為了激盪腦力與刺激辦案的靈感，向來有施打古柯鹼毒品的習慣。若依《四簽名》中摯友華生對他不耐地回應：「今天又是什麼了？是嗎啡還是古柯鹼？」應當可以推想，福爾摩斯恐怕也時常施打嗎啡，或有兩種藥品混合使用的例子。由此斷定，福爾摩斯絕對是推理小說中的偵探群中，一反世俗標準的正面形象，是毒癮最為嚴重者了。

關於福爾摩斯的毒癮，首次在原典的記載是出現在《四簽名》故事中，柯南·道爾甚至還詳盡做了一段關於他如何施打古柯鹼的過程：

福爾摩斯從壁爐上的角落拿了一個瓶子，又從他精緻的摩洛哥木盒中取出皮下注射器，他削長蒼白的手指頭爲針筒裝上針頭，接著捲起左手的袖子。他的眼神注視著他健壯的前臂與手腕，那上頭布滿了數不清的針孔。終於，他將針頭刺了下去，壓下了推管，最後滿足地臥在絨面的扶手椅上，發出一聲長長的歎息。

儘管身為醫生的華生對福爾摩斯此舉極為不悅，但名偵探總以施打百分之七溶液的古柯鹼能提振精神、激盪腦力為辯駁，如此的說詞以今天的角度看來，無異是為毒品吸食者製造一個冠冕堂皇的正當藉口，絕不值得鼓勵。

道爾在後續的幾個短篇中，不時也曾提及福爾摩斯的毒癮，但皆以華生的敘事觀點約略帶過，再也不曾如《四簽名》中的詳盡敘述。如〈波希米亞的醜聞〉裡，含糊提到「他埋首書堆，生活在古柯鹼的昏沉以及他天生敏銳與旺盛的精力之間。」接著便是本篇〈黃面人〉中，那段「除了偶爾注射些可卡因以外，福爾摩斯沒有其他惡習」的論述了。而原典中最後一次提及福爾摩斯的毒癮，是在道爾讓名偵探起死回生後推出的〈失蹤的中後衛〉（The Missing Three-Quarter），「他對於毒品的熱愛差點斷送了他的事業，過去幾年來我也慢慢使他戒絕毒品。我知道，在正常的情況下，他已經不會再有尋求這種人為刺激的渴望，但我知道這樣的執迷沒有完全死去，只是暫時歇息罷了，而且這個歇息很淺，只要一段無聊的日子，他就會復發。」直到道爾在 1927 年結束最後一篇福爾摩斯的故事，書中再也沒有出現關於名偵探的毒癮文字敘述。

故事裡的福爾摩斯之所以會有這種毒癮越來越輕的反應，真正的原因須從真實的歷史背景來解析。根據考古顯示，嚼食古柯葉的習慣可上溯到公元前 3000 年，南美安地斯山的原住民向來都有咀嚼古柯葉來提振精力的傳統。即便如此，直到 1860 年德國學者亞伯特．尼曼（Albert Niemann）才發表從古柯葉中提煉萃取古柯鹼的方式，兩年後德國製藥公司開始生產少量的古柯鹼。與此同時，科西嘉島的藥劑師馬里亞尼（Angelo Mariani）嘗試在法國波爾多酒（Bordeaux）中增添古柯葉的萃取物，聲稱為醒腦、提神的滋補飲料，逐漸廣受歡迎。1884 年時，尚未名聲大振的弗洛伊德（Sigmund Freud）也發表了一篇研究論文《論古柯》（Über Coca），支持古柯鹼在治療憂鬱與消化不良的醫療作用。在醫界部分學者與製藥廠商的大力推薦下，經過稀釋的古柯鹼提煉製成的提神酒精飲料，成為了一種世紀末的文化趨勢，大量販售並得到了廣泛的認同。美國總統格蘭特（Hiram Ulysses Grant）卸任後的晚年疾病纏身，也在這種提神飲料古柯酒的輔助下，才能順利完成回憶錄的撰寫。另外，古柯酒的大發利市也啟發後續不少新品種飲料的模仿推出，包括著名的可口可樂（Coca-Cola）。

因此，柯南．道爾於 1889 年撰寫《四簽名》之時，古柯鹼仍屬於許多醫藥界人士和社會大眾普遍接受的時尚藥品、飲品，儘管它的副作用顯而易見，但福爾摩斯仍可在書中以堅定坦然的態度施打。但由於《福爾摩斯探案》本身是一部相當長壽的連載文學，儘管英國政府到了 1920 年代才正式頒布《危險藥品法案》（the Dangerous Drugs Act），各界在新世紀初年對於古柯鹼對人體所造成的危害及負面影響的言論及認識也越來越多，以至於道爾筆下的福爾摩斯在死而復生後，吸食毒品的相關文字記載也就越來越少，漸至匿跡了。

值得一提的是，這些早年在原典當中關於福爾摩斯的「惡習」，在晚近的影視作品中也做了相當程度的改編。英國已故演員傑瑞米·布雷特（Jeremy Brett，1933 － 1995 年）在上世紀八十年代於格蘭納達電視台（Granada Television）所扮演的福爾摩斯，至今仍是全球福迷公認最為經典、貼近原著的版本。布雷特在原典的六十個故事中，演繹了四十三個案子[27]，仍是目前在大小銀幕中之最。該劇系列的〈魔鬼之足〉據情裡，布雷特所扮演的福爾摩斯在一個杳無人跡的沙灘上埋下他那支用來注射百分之七溶液的、臭名昭著的針筒，藉此宣告名偵探的戒毒。布雷特曾受訪表示：「這是我的主意，主要是為了年輕人。我想讓他們知道福爾摩斯並沒有依賴毒品。我聯繫了琴女爵[28]，詢問她的意見，她對此表示首肯，很喜歡這個想法。因為她也覺得福爾摩斯使用藥品的習慣被過分渲染了。」影劇向來身為文化傳播事業的要角，在名偵探的「惡習」上寧願做些更動，（道爾之女也頗支持這樣的改編）以肩負起部分文化傳播的社會責任，這部分的用心確實值得讀者觀眾的肯定呢！

27. 論者皆以為該部劇集總共拍攝了四十一集，因此也應該是呈現原著四十一個案件。但據我反覆多年的觀看下發現，該劇第三十五集與四十集的劇情乃分別由原著〈單身貴族案〉與〈戴面紗的房客〉、〈王冠寶石案〉與〈三個同姓人〉結合改編而成。故在此以四十三則故事論之。

28. 指柯南·道爾最小的女兒琴。在前篇的傳記中，曾介紹她在後來擔任了女王伊莉莎白二世（Elizabeth II）的侍從女官，授封女爵，於 1997 年去世。

證券交易所的職員

The Adventure of the Stockbroker's Clerk

柏丁頓車站故事

我婚後不久，在帕丁頓區買了一個診所，是從老法誇爾先生手中買下的。

自從華生醫生婚後便離開貝克街，在柏丁頓區（Paddington，或譯柏靈頓）開設了一間診所，這裡位於西敏寺市的繁忙地帶。在福爾摩斯的原典故事中，名偵探與助手時常在柏丁頓車站乘坐火車前往外地[29]，因此可以說柏丁頓車站是原典故事裡提及次數最多的車站之一。

帕丁頓車站（Paddington Station）於 1838 年啟用，不過現存的車站建於 1854 年，也是普遍福爾摩斯學的研究者所認為名偵探出生的該年。今日的柏丁頓車站是國家鐵路與倫敦地鐵的雙功能車站，以鐵路的使用而言，柏丁頓站是通往倫敦西南部、英格蘭西部及威爾斯地區的大西部鐵路（Great Western Railway）的終點站。今日旅客也可從柏丁頓站出發，經由希斯洛機場快線（Heathrow Express）迅速到達機場客運

29. 〈博斯科姆比溪谷秘案〉、〈銀色馬〉與《巴斯克維爾的獵犬》等故事皆有提及。

帕丁頓車站（Phychem 攝於 2005 年）

大樓。另外，在 1863 年的倫敦地鐵開通後，帕丁頓車站也越來越現代化，成為了倫敦大都會鐵路西邊的終點站。這裡是全世界的第一條地鐵，記得當年我在倫敦搭乘時，一邊觀察這條上百年的工程建設不禁一邊感嘆：英國不愧是全世界最早完成工業化的新興國家，當他們的群眾已經可以開始乘坐地鐵前往倫敦市區各地時，在地球的那一端，李鴻章的淮軍與太平天國仍在蘇州城進行一場刀光血影的殊死戰呢！

談到柏丁頓車站，或許對大多數民眾深刻的印象，幾乎會是那隻可愛的柏丁頓（柏靈頓）小熊（Paddington Bear）了。柏丁頓小熊出自英國作家麥可．龐德（Thomas Michael Bond，1926—）於 1958 年所寫的童話故事，這隻小熊向來習慣戴著一頂舊帽子，身披風衣，踩著長筒靴，有時還會拎著一只舊皮箱，故事裡的小熊最初就是在柏丁頓車站現身，所以後來人們便稱呼牠柏丁頓。儘管牠是一隻可愛又有禮貌的熊，但在人類的世界中仍不經意的製造出許多的麻煩與笑料。也正因如此，今日在英國與世界各地仍有許多喜歡柏丁頓小熊的粉絲，想盡一切辦法收集牠的玩偶與周邊商品。英國片商也曾在 2014 年推出《柏靈頓：熊愛趴趴走》（Paddington）的真人電影，受到觀眾的喜愛也得到不錯的影評。讀者朋友若有機會親自到柏林頓車站走一趟，也別忘了車站裡就有一尊柏丁頓小熊的銅像可以一起合照。

不過，假若談到與柏丁頓車站相關的知名人物，在英國人心目中最富盛名的，絕對是它的建造者一布魯內爾（Isambard Kingdom Brunel，1806 － 1859 年），不只是柏丁頓站，當年倫敦大西部鐵路許多主線上的車站，都是布魯內爾設計的，他絕對可堪稱英國在十九世紀前期最富代表性的建築大師、設計天才。布魯內爾的名氣台灣幾乎是默默無聞，但反觀英國國內曾在 2002 年由 BBC 英國廣播公司所舉辦的「最偉大的 100 名英國人」（100 Greatest Britons）民眾評選中，布魯內爾僅次於前首相邱吉爾而名列第二名，或許會讓許多先前不認識他的人驚訝不已[30]。布魯內爾生長在一個工程師家庭，從小便耳濡目染，尚未成年他的專頁設計天分就已經超越自己的父親，甚至在年僅二十四歲時就入選英國皇家科學院院士。布魯內爾當年的傑作，如大西部線的各車站與東線的泰晤士隧道（Thames Tunnel）等工程，經過了百年的時間考驗至今仍在妥善運作中，他的成就也正代表了工業革命的成就達到巔峰狀態的例證。唯一令人遺憾的是，有酗酒習慣的他在五十三歲的壯年時期便中風過世。今

30. 在這項有趣的民意票選中，一般台灣民眾較熟悉的黛安娜王妃是第三名、第四名是達爾文、第五名是莎士比亞、第六名是牛頓、第七名是伊莉莎白一世女王、披頭四的約翰藍儂第八、柴契爾夫人第十六、維多利亞女王第十八、現任的伊莉莎白二世女王第二十四、科學家史蒂芬・霍金博士第二十五；下面還有許多知名人物如亞瑟王、卓別林、狄更斯、珍・奧斯丁、J・K・羅琳、南丁格爾、貝克漢……等。布魯內爾竟然能在這些偉大的巨人名單中列席第二，實在令人稱奇。

日在英國許多地方仍有許多布魯內爾的肖像向他致敬，政府也曾以他的頭像發行了 2 英鎊的紀念幣來表達追思。

柏丁頓區曾發生過一起聲名狼籍的事件，是奈特利事件。約翰·查爾斯·奈特利（John Charles Netley 1860–1903 年）原先只是十九世紀一個名不見經傳的馬車夫，但在 1888 年英國倫敦發生了知名駭人慘案：連環殺手「開膛手傑克」案（Jack the Ripper），警方遲遲無法抓到幕後的真兇，以至於各種陰謀論甚囂塵上。作家奈特（Stephen Knight）曾在他的書中拋出了震驚社會的「王室陰謀論」，認為擔任王室御醫的威廉·高爾爵士（Sir William Gull）正是搭乘著奈特利所駕的四輪馬車在白教堂區來回穿梭犯案，因此奈特利這位馬車夫絕對與案情有著密切的關連性。正當這位本不知名的小人物馬車夫開始引起矚目後，奈特利竟然在柏丁頓區的街上，被人從自己的馬車拋出，遭到馬匹的踐踏，頭顱也遭到車輪輾碎，死狀極慘。這件百年前離奇的命案也同樣沒有追出真兇，更增添了開膛手事件的神秘色彩，也讓柏丁頓區多了一個茶餘飯後的軼聞話題。

除了福爾摩斯的系列故事中，提到了多次的柏丁頓車站之外，在《哈利波特－神秘的魔法石》（Harry Potter and the Philosopher's Stone）中也曾讓它登場。另外，許多好萊塢電影如《納尼亞傳奇：獅子、女巫、魔衣櫥》（The Chronicles of Narnia: The Lion, the Witch and the Wardrobe）、《28 日毀滅倒數》（28 Days Later）都曾以這裡作為劇中重要場景。

這麼多奇幻神秘、豐富多樣的故事竟都與柏丁頓車站有關，讀者朋友下次若有空搭乘倫敦地鐵或鐵路，千萬別錯過拜訪它的機會。

「格洛里亞斯科特」號三桅帆船

梅杜莎號的悲劇

The Adventure of the 'Gloria Scott'

這時從小艇向後方看，三桅帆船已不見船身，只見船桅。我們正在向它眺望，突然看到一股濃密的黑煙直升而起，像一棵怪樹懸在天際。幾秒鐘以後，一聲雷鳴般的巨響震人耳鼓，等到煙消霧散，「格洛里亞斯科特」號帆船已渺無蹤影。我們立即掉轉船首，全力向該處駛去，那依然繚繞的海面煙塵反映了該船遇難的慘狀。

本篇故事涉及到船上叛變械鬥與船難，對於青年時期便參加過捕鯨船航行鍛鍊的柯南．道爾來說，講述海上的冒險故事自然是駕輕就熟。在尚未撰寫福爾摩斯故事之前，他早已寫過〈「北極星」船長〉、〈哈巴庫克．傑佛遜的證言〉兩篇以航海為背景的驚悚短篇故事，事隔多年他再度於這則短篇中，建構了一起驚心動魄的海上驚魂。

許多拜訪過法國巴黎羅浮宮的朋友，除了絕不會錯過尋找那位微笑的美女之外，應該會對德農館（Denon）二樓那些巨幅畫作中的那件《梅杜莎之筏》（The Raft of the Medusa）留下極為深刻的印象。與道爾這則短篇故事相似，畫中所呈現的場景也是描繪船難的死亡、殘酷、冷血與希望。這幅畫作是法國十九世紀早期的浪漫主義畫家傑利柯（Théodore Géricault，1791 － 1824 年）最為優秀的代表作。

傑利柯年少時便開始接受學院派正統嚴格的繪畫訓練，身為古典主義繪畫大師大衛（Jacques-Louis David）的徒孫，傑利柯還專程遠赴布魯塞爾探望這位遭到流放的太師父。此外，傑利柯也曾向卡爾．維爾內（Carle Vernet）學畫，依照福爾摩斯原典中的描述，這位維爾內應算是福爾摩斯的曾祖父或外曾祖父。關於這個問題後面章節我們再做介紹。傑利柯的學習過程非常賣力，他鑽研解剖知識，臨摹羅浮宮前輩巨匠的作品，在參訪義大利許多文藝復興、巴洛克時期的頂極作品後，傑利柯逐漸走出了自己那重視繪畫情感、表現手法強烈的風格。

除了繪畫之外，傑利柯充滿了自由奔放的民主思想，使得他對當時復辟保守的波旁王朝政權[31]有著強烈的不滿情緒。1816 年震驚法國社會各界的梅杜莎號沉沒事件，不僅引起了輿論一片撻伐，傑利柯也決定利用畫作對波旁王朝腐敗的統治進行尖銳的控訴。梅杜莎號原先預定開往西非的塞內加爾（Sénégal），不料卻在 1816 年的 7 月 6 日觸礁沉沒，除了部分乘客搭乘有限的救生艇逃生之外，剩下的

31. 指路易十八政權。路易十八是 1789 年被大革命所推翻，後來送上斷頭台的路易十六之弟，1815 年在拿破崙兵敗滑鐵盧，遭到流放後，路易十八等舊勢力捲土重來，再次執政。

一百四十九人只能擠在一片大木筏上（其中有一名女性），隨著浪濤載浮載沉，這是何等驚險誇張的景像。這張擠滿了一百多人的大木筏隨浪漂泊了十一個晝夜，大多數的人死於飢渴以及為了爭奪口糧與淡水的互相殘殺，當一艘叫阿爾古斯號（Argus）的船發現他們時，船上僅存十五名奄奄一息的倖存者，而回到法國本土後，最終僅有十人保全了性命。

根據事後的調查報告，該船船長的無能指揮是船艦沉沒的最主要原因，這位幾乎沒有任何航海經驗的船長完全是由腐敗的波旁政府徇私任命，甚至在發生船難的第一時間，船長隨即搭乘救難艇逃生，絲毫不顧慮其他船員的性命安危，社會輿論紛紛痛斥腐敗的政府與無能的船長。傑利柯對此更是忍無可忍，決心用畫筆再現這一令人痛心悲憤的船難事件，進而向政府表達控訴。

用心的傑利柯做了非常充分的準備工作，除了盡可能收集相關報導評論外，他還親自口訪倖存者，了解船難悲劇的詳細經過。另外他到醫院中觀察寫生，研究病人在痛苦與瀕臨死亡前的動作神情，還到停屍間去考察屍體腐爛的不同程度，也到海邊觀察浪濤與雲彩的變化，最後還在工作室中搭建了一艘木筏的模型開始描繪。為了精確呈現悲劇的臨場感，避免人物姿態的虛假造作，他故意不用專業人體模特兒，而找了較能表現自然體態的素人模特兒來擺姿勢，像是傑利柯的師弟德拉克洛瓦（Eugène Delacroix，1798—1863 年），後來的浪漫主義繪畫大師，也在畫中木筏的左手邊，扮演了一具搶眼的大體。

這幅《梅杜莎之筏》形成了自左下方向右上方的對角線構圖，木筏沿著這條對角線向上，右方最頂端是一個黑人倖存者，他正拼命地揮動手中的紅布，向遠方海平面上的阿爾古斯號求援。逆向的海風鼓動了風帆，強勁浪濤顛簸著木筏，但木筏上的前景盡是躺滿了往生者與奄奄一息的倖存者，這種動與靜、生與死的恐怖平衡，造成了畫面的緊張嚴肅氣氛。傑利柯還運用了厚塗顏料，以及強烈的光影對比，傳達了倖存者對死亡的恐懼。

整幅作品中充滿了張揚的激情、扭曲的人性與醜惡的死亡氣味，更表達了對當局的嘲諷與控訴。1819 年傑利柯憑藉著此畫在沙龍展上獲獎，隔年他還將這幅作品送到英國巡迴展覽，受到熱烈歡迎。但對法國當局來說，傑利柯絕對是名頭痛人物，路易十八後來對傑柯利不悅地表示：「你畫了一幅災難，不過對你的災難可能還不只這一次。」

傑利柯平日相當熱愛騎馬運動，也愛畫馬，他的幾幅賽馬作品中洋溢著激昂的氣勢與奔放的情感。令人遺憾的是，他在某次的墜馬事件中傷及脊椎，在床上飽受病痛折磨近乎一年後，仍然傷重不治，得年三十三歲。

我曾造訪傑利柯的安息地，巴黎郊區的拉雪茲神父公墓（Cimetière du Père-Lachaise），特意向這位熱血澎湃的畫家鬥士致敬。傑利柯的雕像斜倚在自己的墓碑上，他手中仍握著畫筆與調色盤，眼視遠方，

傑利柯（Théodore Géricault），《梅杜莎之筏》（The Raft of the Medusa）

彷彿仍在構思下一幅激昂的生動傑作。雕像下方的墓碑中央，正是他那幅偉大的《梅杜莎之筏》淺浮雕，與今天掛在羅浮宮內那幅巨型真跡一樣，傑利柯以鮮明激越的色彩處理，及新穎的構圖，加上作品中流露強烈真實情感，成功塑造了自我的風格。

傑利柯那悲天憫人的同理心及嚮往人權自由的真性情，藉由他的畫作穿越了兩百年的時空，依舊感動著人們。

馬斯格雷夫禮典

The Adventure of the Musgrave Ritual

查理一世肖像畫

『這些是查理一世時代的硬幣，』他從木箱中取出幾枚金幣，說道，『你看，我們把禮典寫成的時間推算得完全正確。』

本篇故事中的馬斯格雷大家族，在十七世紀英國內戰時期是忠貞的保王黨，在英王查理一世於清教徒革命遭到處決之後，這個家族始終保存著英王的王冠，期望斯圖亞特王朝[32]的後代能夠在捲土重來時再度取回，不料王冠卻永遠在這個家族保存了下來。

查理一世（Charles I，1600 － 1649 年）是英國歷史上唯一受到處決的國王，他在位的大多數時間，幾乎都在與國會進行勾心鬥角的政治鬥爭，主張君權神授的他向來不體恤臣民，以致於他的反對者幾乎一致

32. 斯圖亞特王朝（The House of Stuart），是指 1371 年至 1714 年間統治蘇格蘭以及 1603 年至 1714 年間統治英格蘭和愛爾蘭的王朝。1603 年，都鐸王朝的「童貞女王」伊莉莎白一世駕崩絕嗣，而由其表侄孫，蘇格蘭的斯圖亞特國王詹姆斯六世入繼而成為英格蘭的詹姆斯一世。此後英格蘭和蘇格蘭組成了共主邦聯，完成兩國的王室聯合。詹姆斯之子即為本篇主角查理一世，他與國會因軍費問題展開了多年的鬥爭，最終釀成了 1642 年的英國內戰，查理一世遭到處決，英格蘭也進入一段共和政體時代。

認為他的統治屬於暴政。近四百年過去，是非成敗轉頭空，他在英國史上的評價大抵蓋棺論定，本節讓我們來欣賞有關他的三幅肖像畫。

提起查理一世的肖像畫，就不能不先認識他的作者，也是查理一世最喜愛的御用畫家范戴克爵士（Sir Anthony van Dyck，1599 － 1641 年）。范戴克出身自法蘭德斯（Flanders，今日比利時西部地區）的安特衛普（Antwerpen），在繪畫史中向來被歸為巴洛克時期的法蘭德斯畫派。年輕時他在巴洛克巨匠魯本斯的工作室中學習，據說某次魯本斯外出時，弟子們正在著手老師交代的畫作後續工作，有人不小心將畫中人物給畫壞了，正當眾人嚇得不知如何是好，深怕老師回來後會大發雷霆，卻見到范戴克不急不徐地提起畫筆潤飾一番。待魯本斯回來一看，發現有人修改過他的原作，不僅沒有大怒，反而極為讚美范戴克的成熟技巧，從此范戴克成為了魯本斯的第一助手，並逐漸走出了自我的風格。

除了接受魯本斯嚴格的訓練之外，范戴克還曾經耗費七年的時間在義大利遊學，接受威尼斯畫派的色彩薰陶，也因此他的作品中兼具了巴洛克的雍容華麗與典雅的色彩，更體現了一股淡淡的憂鬱氣質，這在某種程度迎合了當時貴族的喜好。儘管許多人認為他的作品比不上老師魯本斯的雄渾強健，也缺乏某些深度與內涵，但范戴克晚年人生在英國畫壇的貢獻與影響，也開啟了後一代英國肖像畫之風的道路。

在范戴克二十多歲時，查理一世就非常賞賜這位年輕的畫家，我們在巴黎羅浮宮可見到范戴克首幅繪製的《查理一世狩獵圖》（Charles I at the Hunt）。這幅作品堪稱范戴克最出色的作品，他大膽嘗試將主角查理一世偏離畫作中心來構圖，英王剛結束他的狩獵行動卻絲毫不覺疲備，反而展現出一派的氣定神閒與優雅沉穩。旁邊的僕役還在忙著安撫喘著氣的馬匹，御馬將頭低下彷彿在向主人致敬。而國王頭頂上方的樹枝，也宛如君王的華蓋，為其遮蔽。如此動靜對照的對比，將這位野心勃勃的君主描繪得從容大度，這幅畫也為范戴克日後獲得優寵及授勳爵位開啟了光明之門。

第二幅是收藏於倫敦國家畫廊的《查理一世的騎馬肖像》（Equestrian Portrait of Charles I），不同於前兩幅的優雅沉穩風格，畫中的查理一世騎著高壯挺拔的駿馬，身著閃亮黝黑的鎧甲，脖子上掛了國家最高榮譽的嘉德騎士勳章。由於查理一世個頭不高，范戴克採用低視角的手法將使得馬上國王的英姿看起來充滿更多的威嚴與自信，英氣逼人。這幅作品流露出對君王的理想化以及宣傳效果，因此當初是擺放在宮殿走道的轉角處，給人一種壓倒性的視覺效果。

最後，在今天的溫莎城堡中也保存了一幅極有特色的《查理一世三面像》（Charles I, King of England, from Three Angles），這幅作品是為了讓查理一世製作塑像所用。君王身著三件不同的絲絨王袍，范戴克特別描繪綢緞的閃光與蕾絲的花邊紋路，更可見畫家本人細膩典雅的畫功技巧。從三種不同角度，講求比例精確的對應，彷彿今日逼真的電腦 3D 繪圖技術，很快地能夠將國王的立體塑像呈現在觀者眼前。值得注意的是，由於在四百年前本幅畫作僅僅是為了讓查理一世製作塑像所用，也因此向來在藝術史的評價與審美角度上，重要性與價值不如另外兩幅具優雅沉穩風格，刻意突顯理想性君王的宣傳作品。即便如此，以四百年後的審美與求真的眼光來說，本作品不僅足以作為故事中那幾枚查理一世硬幣上的側面像模組，比起對君王極盡粉飾

范戴克（Anthony van Dyck），《查理一世三面像》（Charles I, King of England, from Three Angles）

讚頌的浮誇溢美之作，我更覺得本作的現實價值更高於前二者。

范戴克為查理一世極盡粉飾讚頌之功，深得君王賞識，所以在1632年他三十三歲時便受封為爵士，特命其「直屬陛下的首席畫家」，賜予他一座豪宅供其作畫。在范戴克去世之前，查理一世從未再找過其他畫家來為自己作畫，可以想見國王對范戴克一生的專寵何其顯耀。儘管范戴克英年早逝，但總算沒有讓他親眼見到這位他用盡一生心力歌頌粉飾的伯樂被處決的下場。可惜的是，查理一世本人完全不像畫作中那麼的典雅從容，更沒有英氣逼人的領導人風範，傲慢保守的他逐漸喪失了民心，將自己陷入孤家寡人、眾叛親離的悲劇結局。

附帶一提，查理一世遭到推翻處決後，英格蘭政治體制進入共和政體。於是人們的社交禮儀也產生了一種新的問候方式，在傳統君主體制時期，雙方見面低階者應該要向對方脫帽致意，但為了反映傳統的社會階層已被摧毀，必須要重新選擇一種代表雙方平等的招呼方式：此後見面，雙方都不須鞠躬，直接昂首以對，「握手」遂成了新時代的招呼方式。

賴蓋特之謎

The Adventure of the Reigate Squire

荷馬史詩與金蘋果

整個藏書室翻了個底朝天，抽屜全敲打開了，書籍都被翻得亂七八糟。結果只有一卷蒲柏翻譯的《荷馬史詩》，兩隻鍍金燭台，一方象牙鎮紙，一個橡木製的小晴雨計和一團線不見了。

《荷馬史詩》是古希臘文學中最早、最璀璨的一部敘事史詩，也是西方文學史上最具影響力的文學著作之一，尤其是當中的豐富神話背景，高潮迭起的故事情節以及深刻的人物形象，為後世歐洲的文學與藝術創作提供了豐富的素材。《荷馬史詩》是兩部長篇史詩《伊利亞德》（Iliás，或譯木馬屠城記）和《奧德賽》（Odýsseia）的統稱。荷馬其人的真實性以及兩篇史詩是否為其所作，始終存在著太多的爭議與疑點，但至少今日學者普遍同意，這些古代在民間由口耳傳誦的史詩，大致在公元前八、九世紀之間，由盲眼的吟遊詩人荷馬（Homeros）蒐集加工整理而成。而用文字將它

吟遊詩人荷馬

們記載下來，又是約公元前六世紀期間的事了。

希臘哲人柏拉圖曾表示：「荷馬教育了希臘人。」《荷馬史詩》對希臘人而言就如同一部百科全書，對社會經濟、宗教活動、思想觀念都有相當的啟迪作用。兩部史詩都在題材處理與謀篇布局上顯示出高超的水準，內容均為二十四卷，一萬多行字，也都涉及十年時間所發生的事，史詩的作者有技巧地將故事集中在一段時間、一個人物、一個事件加以描述，讓整體漫長的情節變得緊湊起來。《伊利亞德》用第三人稱寫法，將歷時十年之久的戰爭集中強調在最後五十一天，而最具體的描寫又著重在最後的四天當中。《奧德賽》主要以第一人稱敘述，將流浪飄泊的十年歲月壓縮在最後四十天，具體衝突又只在最後五天中精準描繪。這樣的敘事技巧也正是口頭文學說書人的特點，能夠迅速抓住聽眾的心與注意力，以簡潔鮮明的藝術特性奠定它特殊的文學地位。

儘管《伊利亞德》和《奧德賽》有前後傳承關係，然而在風格上仍有所差異。《伊利亞德》強調「戰爭」、「英雄」、「雄偉」，具有陽剛之美；《奧德賽》探討「人情世故」、「瑰奇」、「家庭關係」，其舒緩幽閑的敘事風格偏向陰柔之美。也因此《荷馬史詩》兼具現實主義與浪漫主義色彩，各擅勝場，合而為一就成為了西方文學藝術的發展源頭。自十八世紀後期啟蒙思想在西歐各國普及後，對於古希臘羅馬時代的文學藝術或哲學思想，成為該時代最為時尚的流行風潮。貴族名流往往會收藏古典時代的藝術精品來裝點門面，而在書櫃上擺起《荷馬史詩》、柏拉圖的《理想國》、西賽羅的《論演說》或吉朋的《羅馬帝國衰亡史》更能顯出附庸風雅的名士派頭。也因此福爾摩斯與華生到了薩里郡的鄉間度假療養時，在鄉紳家遭竊的物品之一，會出現這樣的一本文學著作（當然，故事中的遭竊物品只是故佈疑陣）。

上一講我們曾介紹到英王查理一世專寵的畫家范戴克，這裡我們延續上述的主題，來看看范戴克的老師魯本斯一幅關於《荷馬史詩》的主題作品。魯本斯（Peter Paul Rubens，1577 － 1640 年）是巴洛克時期最重要的藝術家之一，他的繪畫風格氣勢宏偉、色彩豐富且充滿動感，為歐洲各國的達官顯要所喜愛。記得我曾多次在一些學校機關或圖書館舉辦關於梵谷主題講座時，時常有民眾向我感嘆過去的畫家總是如此窮酸潦倒，只有在離世之後方能被這個世界所看重。

當然，那是十九世紀工商社會的變遷所影響的藝術史走向，我常常打趣地要民眾去注意魯本斯、范戴克、提香、委拉斯奎茲等人的例子，還是有許多古代畫家名利雙收、畢生享盡富貴的。尤其是魯本斯，除了名聲、財富與地位外，他還擄獲了美嬌娘的心，人緣極佳的他甚至擔任了多國王室御用畫師與外交使節，以致他還說過：「當大使是我的職業，畫畫只是我的愛好。」具優雅談吐與博學的魯本斯也與當時歐洲幾乎所有的顯赫家族都有交情，所以訂單應接不暇，座下弟子無數。（看看梵谷與他截然不同的命運道路，不禁教人唏噓）魯本斯也對後世的德拉克洛瓦、雷諾瓦等許多優秀的藝術家產生相當多的影響，是西方藝術史中不可忽視的一位重要人物。

今日在倫敦的國家畫廊中，我們可看到他所繪《帕里斯的裁判》（The Judgement of Paris），也是《伊利亞德》中最知名的橋段之一。復仇女神阿勒克圖（Alecto）因未被列在天界宴會的受邀名單中，惱怒之下以金蘋果要贈給最美的女神為天庭挑起事端。這就引發了天后希拉、雅典娜與阿弗洛狄特（即羅馬神話中的維納斯）三位女神的爭奪，天神宙斯讓她們去找特洛伊王子帕里斯評判，就構成了這幅畫的背景故事。

畫面右方是當時身分尚為牧羊人的帕里斯（Paris），旁邊靠著樹幹的是信使之神墨丘利（Mercury），宙斯遣他來擔任仲介裁判。三位女神分別向帕里斯許諾，希拉會讓他成為偉大君王、雅典娜會讓他成為偉大英雄、阿弗洛狄特將許給他最美的女人。由神鳥孔雀可以判定希拉的位置；鑲有蛇髮女妖面目的盾牌，是雅典娜女神的隨身防具，此時也倚靠在樹幹旁；至於阿弗洛狄特身邊，當然又是觀賞者常見到的丘比特小天使了。

整幅畫作包圍在午後的金色溫暖光線之中，魯本斯以愛妻海倫．富曼（Helena Fourment）來作這幅畫中阿弗洛狄特女神的模特兒，這位大師筆下的女性幾乎都是豐腴華麗的動態美，也具有強烈的韻律感與熱情飽滿的色彩，主要在讚頌人的生命力之美。這些今天看來過於肉感的形象也許讓人不太適應，但也在某些程度上象徵了巴洛克時期的劇變性、複雜性與叛逆多元、物質奢華的時代風格。

故事裡的帕里斯將金蘋果判給了美神阿弗洛狄特，引發了一場歷時十年的征戰。換作是你，會將金蘋果判給哪位女神呢？

魯本斯（Peter Paul Rubens），《帕里斯的裁判》（The Judgement of Paris）

駝背人

The Adventure of the Crooked Man

色迷心竅的大衛王

大衛有一次也像詹姆斯·巴克利中士一樣偶然做了錯事。你可記得烏利亞和拔示巴這個小故事嗎？我恐怕對《聖經》的知識有一點遺忘了。但是你可以在《聖經》的《撒母耳記》第一或第二章去找，便可以得到這個故事了。

許多人對於《聖經》裡大衛王的印象，應該都存在於翡冷翠那尊由米開朗基羅所鑿雕英俊挺拔的大理石像。當時的大衛面對著強敵歌利亞巨人的挑戰威脅，蓄勢待發的他正準備將石頭置入投石帶中，態度嚴肅而謹慎。這尊大衛像呈現了米開朗基羅內在的審美觀，亦即面對生命中的挑戰與危機才是生命價值中最美的部分，米氏透過大衛凝視對手、凝視自我生命的態度，鼓舞著嘗試挑戰生命的芸芸眾生。

然而金無足赤，人無完人，在大衛日後登上猶太王位之後，也曾犯下極端罪惡的錯誤，這段故事如福爾摩斯所說，載於《聖經》的《撒母耳記》。某日，大衛王坐在王宮屋頂上乘涼，碰巧看見部下烏利亞的妻子拔示巴正在沐浴，大衛心中的色慾貪念完全被勾起，極渴望得到她。在與拔示巴通姦並讓她懷孕之後，為了掩蓋自己的罪行，大衛召回在前方作戰的烏利亞，並希望烏利亞與拔示巴即刻同房，如此一來他的通姦行為就可以不被發現是這孩子的父親掩人耳目。

然而烏利亞遵守古代以色列軍人的規定，不能回家與妻子同房，當晚留宿於軍中。此計不成，大衛再生一計，他寫了封密信給前線的將軍約押，信中命令約押派烏利亞到最前線作戰，然後趁戰鬥最激烈時撤退，使烏利亞死於敵軍手中。這個約押是大衛的外甥，本身就是個壞胚子，由他來進行這種冷血的謀殺勾當最合適不過了。

傻呼呼的烏利亞為他的君王帶去了這封葬送他性命的信件，約押果然忠實地遵從好色君王的陰謀命令，讓烏利亞很快地陣亡於沙場，可憐的老實人最終仍不曉得他是如何喪命的。沒多久，大衛王便名正言順地將寡婦拔示巴娶為妻室。（這則故事裡的大衛簡直壞透了，恐怕會跌破不少人眼鏡）

紙終究是包不住火的，當初在前線突然撤退的士兵紛紛將陰謀論的內幕傳了回來，一時之間整個社會輿論鬧得沸沸揚揚。看來社會大眾終究還是喜歡關注八卦緋聞的，無論公元前或公元後。據說大衛此舉也引起了耶和華上帝的不滿，於是派遣猶太人先知拿單來責備大衛王。

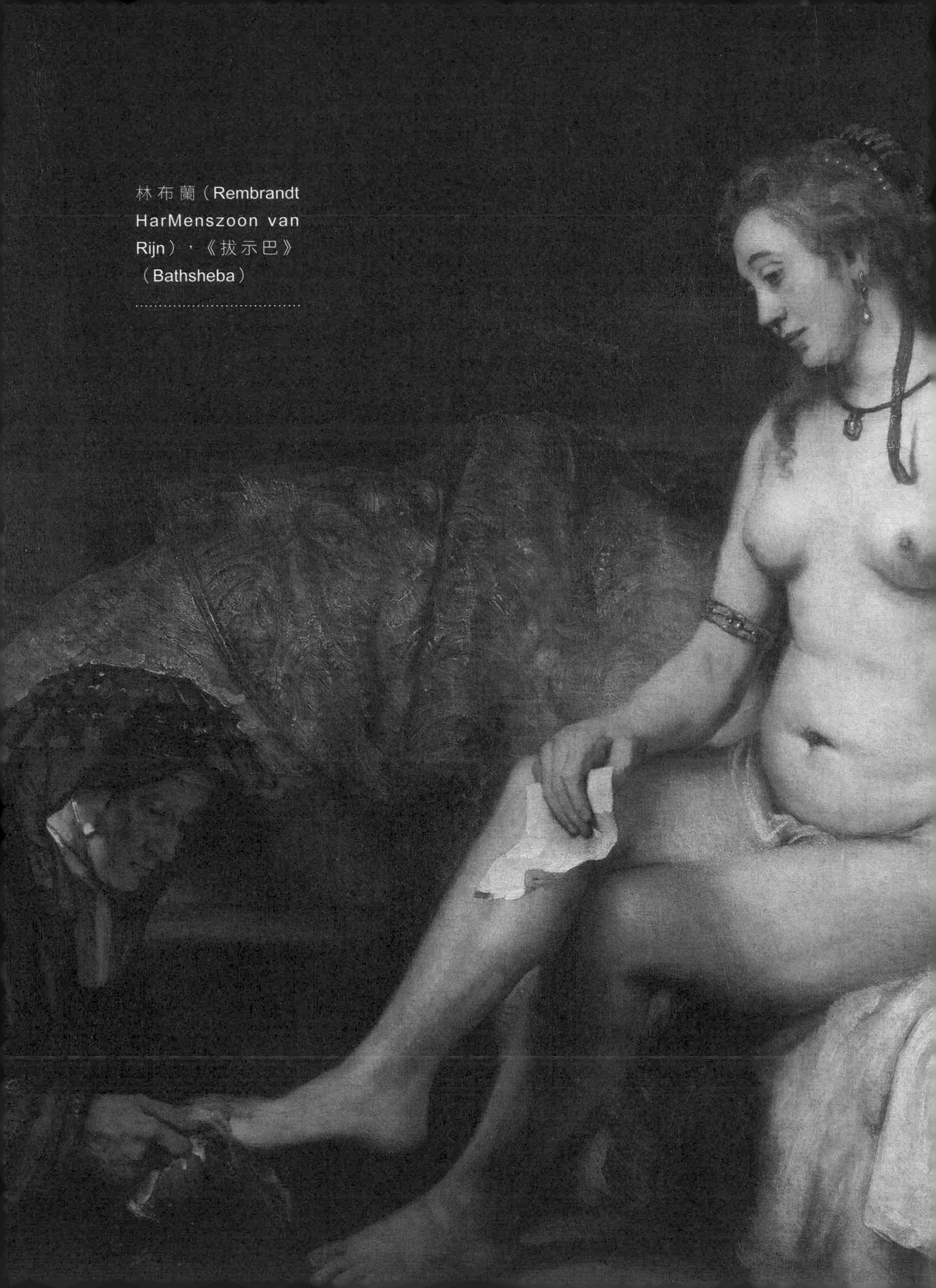

林布蘭（Rembrandt HarMenszoon van Rijn），《拔示巴》（Bathsheba）

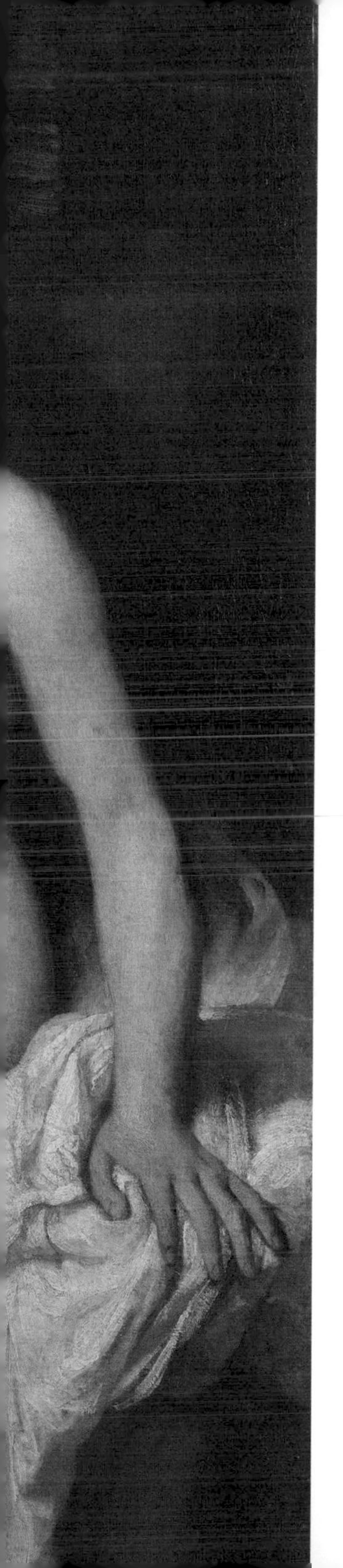

拿單向大衛王講了一個故事來比喻：某位家中養了很多羊的富人，為了款待朋友，卻吝於殺自家的肥羊，故意偷走他貧窮鄰居素日所珍愛的唯一小羔羊。大衛聽完故事中富人的惡劣行徑不禁勃然大怒，直言這樣的人確實該死。此時先知拿單不客氣地指出，這個故事正好就是說明大衛陰謀強娶拔示巴的惡劣行為，並預言說大衛以及他的家人必將受到懲罰來贖罪。

聽到先知的預言，大衛立刻為自己的罪過表示懺悔。但沒有多久，拔示巴與大衛先前通姦所生的孩子便罹患了嚴重的疾病，大衛知道這是上帝的懲罰降臨了，於是絕食了七天七夜來折磨自己，展現悔改認錯的決心。只不過，孩子仍然在第八天夭折了，難過的大衛不得不接受現實的懲罰，並在事後以一連串的苦行來為自己贖罪。儘管大衛在往後的日子裡，並沒有遭受到任何劫難，但他卻沒有料到，直到晚年他還必須承受愛子押沙龍的叛變，父子倆兵刃相向，大衛將為此心痛而死的結局。值得慶幸的是，拔示巴終究為大衛生下了一個聰明果敢的兒子，日後登基挽回了國家的頹勢，這個人就是所羅門王。

大衛王一時的色迷心竅，為自己和身旁的人帶來了一連串的悲劇懲罰，可謂得不償失。藝術史上許多畫家都曾經執筆過這個題材，絕大部分都選擇了拔示巴的沐浴畫面來創作，大概是企圖表現美人出浴會如何讓一代名君神魂顛倒吧！巴黎羅浮宮收藏著一幅由荷蘭國寶級大師林布蘭（Rembrandt HarMenszoon van Rijn，1606 － 1669 年）所繪的《拔示巴》（Bathsheba），畫中的拔示巴收到了大衛王的情書而悶悶不樂，她將情書無力地放在膝上，似乎懶得去讀它。

林布蘭在繪製這幅畫時已經歷了有名的《夜巡》（Nightwatch）事件，他的繪畫事業一落千丈，家中經濟狀況也面臨破產邊緣。他以情婦韓德瑞克（Hendrickje Stoffels）為模特兒，詮釋對美已失去信心的中年婦女肉體，卻還得承受命運的波瀾險阻。晚年的林布蘭感激韓德瑞克的溫柔相伴，他已不在乎名聲、不希罕財富，唯一能堅持的就是以他虔誠的信仰走完他的藝術道路。畫中的他自然純樸創造出溫暖和煦的光影，將他所摯愛的女子置於一種絲絨般輕柔的氛圍中，藉由溫暖的光影與愛情襯托出畫家心目中最神聖的主題，這是林布蘭晚年對生命最真實的體悟。

如果，大衛王在屋頂乘涼時也能以虔誠致敬的心去看待他眼前所見的一切，結局是否會不一樣？

住院的病人

The Adventure of the Resident Patient

中國的戈登

你茫然地在那裡坐了有半分鐘的樣子。後來你的眼睛凝視著那張新配上鏡框的戈登將軍肖像，我從你面部表情的改變，看出你已經開始想事情了。

位於貝克街 221 號 B 座的名偵探租屋處，牆上掛著一幅戈登將軍的肖像，讀者朋友若曾拜訪過今日位於倫敦貝克街的福爾摩斯博物館，或是收看過經典版的福爾摩斯探案影集，都會發現這幅肖像依原典所描述的安穩地掛在牆上。依照故事本篇故事情節，華生醫生剛剛為這幅肖像佩上鏡框不久，加上他本身曾在軍中服役，可推想這幅肖像應為醫生所收藏，而戈登將軍必定也是華生所推崇的人物。那麼，戈登將軍是何許人也？

查理．喬治．戈登（Charles George Gordon，1833 － 1885 年）是道地的英格蘭人，有著挺拔的身材，高額頭，還蓄著濃密工整的八字鬍。因為出身自軍官世家，戈登早年也接受軍事學校教育長大，不僅如此，他的祖上也曾與關鍵的歷史事件頗有關聯：1773 年美國所發生的著名波士頓茶葉事件，那幾艘慘遭洗劫損失的船，正是戈登外祖父旗下所有的。

1852 年，戈登被授與皇家工兵軍團（Royal Engineers）少尉的職務，他有著極為敏感的地理空間概念，所以地圖繪製技術是他的強項，這將有助於日後他在戰場上的布局與地勢掌握。

1855 年，戈登參與了克里米亞戰爭（Crimean War），首次上戰場的他表現得極為勇敢，無懼於暴露在敵人的炮火之下。此後我們可以觀察到，戈登的一生是極為躁動激烈的，他不甘生活在養尊處優的環境裡，對於戰爭的危險與殘酷，他反而樂在其中。戰爭結束後，他先後被派往亞美尼亞與小亞細亞一帶協助繪製邊境地圖和駐守的工作。儘管在 1858 到 1859 年之間他曾短暫回到英格蘭擔任教官，但悠閒安逸的環境令他百般無奈，他發現餐風露宿的生活模式才是自己想要的。隔年，戈登隨著英國軍隊遠征中國，這場戰爭就是歷史上著名的「英法聯軍」（第二次鴉片戰爭），此行果真讓他有身臨關鍵歷史事件的真實感—戈登參與了火燒圓明園的行動。

查理・喬治・戈登將軍

在圓明園付之一炬後，清廷不得不與英法兩國簽訂了《天津條約》，但「還未真正領略到戰爭刺激」的戈登並不打算回到英國，或許他的血液裡流淌著暴力躁動的因子，他還想尋求下一個作戰的對向，也就是南方正在鏖戰的「湘軍與太平天國之役」。戈登在給妹妹的信件中提到：「在英國我們地位卑微，在中國卻位高權重，中國的氣候也較為宜人。」很顯然地，戈登認為只有不斷尋找自己的戰場，方能達到建功立業的人生價值。

此前為了防備太平軍的進犯，1860 年由上海士紳及蘇松太道吳熙共同商議出資，組建了一支洋槍隊，由美國人華爾（Frederick Townsend Ward，1831 － 1862 年）率領訓練。華爾雖非正統軍校出身，但仍給這支洋槍隊中的中國士兵施行西方軍事訓練，讓他們聽從簡單英語口令，組成步兵方陣行進開火，還身著燈籠褲與短上衣的西式軍服。這支洋槍隊也必須配合清軍協同作戰，但其實洋槍隊的軍紀非常敗壞，華爾常縱容部隊洗劫戰果。

李鴻章（約攝於 1860 年）

1862 年，洋槍隊改名為「常勝軍」（實際上他們的記錄是常敗），而華爾本人不久便在前線陣亡，餘部由其副手白齊文（Henry Andres Burgevine，1836 － 1865 年）率領。可惜白齊文不僅言過其實，時常抗命，毫無管理能力與軍事長才，甚至還是個首鼠兩端之人。此時升任江蘇巡撫的李鴻章，也深感常勝軍若成為白齊文手上的籌碼，恐怕將來會比太平軍更為麻煩。於是一方面命上海士紳停發常勝軍的軍餉，一方面發布解除白齊文的職務。而白齊文這方當然最初不肯合作，甚至還一度鬧到總理衙門恭親王那裡，不過這個頭腦簡單的流氓痞子怎會是城府深沈的李鴻章的對手，白齊文後來發現無論是朝廷中央或地方都沒人把他當回事，最後只好灰溜溜地帶幾個洋人投奔太平軍去了。

解除白齊文這個燙手山芋後，李鴻章決心以英國軍官來統領常勝軍，在與英國公使及駐華英軍指揮官士特佛立（William Staveley）的商議之下，戈登在 1863 年三月正式膺任常勝軍的指揮官，即將迎來他所希冀的刺激戰鬥生涯。

在統帥常勝軍之初，戈登面臨了極大的難關挑戰。三年來常勝軍被華爾與白齊文等人慣壞了，他們很少懲戒犯錯的官兵，而且打家劫舍的積習仍在。戈登決心將這支散漫的傭兵部隊改造成鐵衛正規軍，他嚴禁打劫與軍中酗酒、販賣鴉片情形。從此軍隊上下一律按表操課，戈登甚至會拉出隊伍當中不服管教者槍斃示眾。

李鴻章雖然感到戈登是個口氣狂妄、傲慢自大者，但卻也不得不佩服戈登能在短時間將常勝軍訓練為一支勁旅，同時他也確實感受到戈登為人的正直坦蕩。此後戈登常與李鴻章麾下最善戰的統兵官、太平軍的降將程學啟協同作戰：以戈登對地形的了解，迅速派出部隊利用火炮在猝不及防的太平軍城鎮轟出缺口，配合程學啟迅猛無比的進攻方式，幾個月之間便將上海附近的太平軍完全肅清。然而戈登與程學啟雙方卻有著明顯地不合，程學啟也時常在李鴻章耳邊說了不少戈登的壞話，但對李鴻章而言這些都必須暫時忍下來，眼前最重要的是攻下太平軍據守的蘇州，若能奪回蘇州便能從東面對太平天國的天京（南京城）進行最後的包抄了。

不料，正是因為蘇州之戰而使戈登與李鴻章幾乎反目，戈登也因此結束了他在中國帶領常勝軍的生涯。

太平軍在蘇州城屯聚四萬雄兵，防禦也相當地堅固，儘管該城受到李鴻章的淮軍與戈登常勝軍的合力包圍，但幾次苦戰進攻皆遭受蘇州守軍的擊退。1863 年十二月城中出現了內鬨，幾位級別較低的王合力殺死了主帥慕王譚紹光，他們事先與程學啟進行聯繫，希望以獻城投降來換取朝廷對他們的赦免。這些小王中的領導者是納王郜永寬，他過去便認識程學啟這位降將，深知他儘管作戰能力優異，但為人兇狠狡詐，所以尚未完全信任他。此事被戈登所知，認為只要能以最少的死傷能拿下蘇州城當然欣然接受，在得到李鴻章認可後，戈登願意當雙方的保證人，確保這些有意投降的諸王事後安全無虞。

不料，程學啟在蘇州開城之後，為投降的諸王舉辦了一次鴻門宴，將這些小王一個個殘酷誅殺。戈登聞之怒不可遏，他直覺李鴻章就是這場屠殺降俘的幕後主使者，這種殘酷的行為使他這個保人深感羞辱，在西方文明的眼裡也是可恥不道德的行為。據聞盛怒下的戈登發誓要為冤死者報仇，他帶了一柄短槍，四處尋找躲藏起來的李鴻章，想和他來一場西式的私人決鬥。這則繪聲繪影的傳說，其真實性不得而知，但當時戈登確實表示李鴻章應即刻辭去江蘇巡撫一職，否則將率領他的常勝軍反過來攻打清軍。儘管這樣的發言似乎不妥，但至少能看出極重名譽與誠信的戈登當下的憤怒不滿。民初著名學者梁啟超後來也在《李鴻章傳》為戈登抱屈：「李文忠於是有慚德矣。夫殺降已為君子所不取，況降而先有約，且有保人耶？故此舉有三罪焉，殺降背公理一也，負約食言二也，欺戈登負友人三也。戈登之切齒痛恨，至欲 刃其腹以泄大忿，不亦宜乎？」

該年年底，上海十國領事官員也發表了聯合聲明，譴責李鴻章「令人髮指、極端背信棄義的作為，很可能促使西方諸國收回對清廷的支持，收回勇武軍官對清廷一直以來的幫助。」事實證明，戈登決意不再帶領常勝軍為清軍作戰了，或許是認為克復南京指日可待，也或許是認為蘇州殺降事件影響了他的名譽，也為西方人領兵作戰做了錯誤宣傳。他收下李鴻章支付的十萬英鎊，解散了常勝軍。儘管後來清廷以同治皇帝的名義賜他黃馬褂跟賞銀一萬兩，但豪邁的戈登分文未取，只將黃馬褂及繳獲的太平天國忠王李秀成的配劍收下，只因他認為這兩件新鮮玩意兒會讓家鄉的老父母覺得有趣。

回到英國後不久，好動的戈登又前往非洲處理蘇丹問題，並成為蘇丹總督。他曾在 1880 年回到中國再會已高踞清廷直隸總督兼北洋大臣的李鴻章，協助李針對當時的新疆伊犁問題與俄國進行調停。1884 年，蘇丹爆發以穆罕默德．艾哈邁德．馬赫迪（Mohamed Ahmed Mahdi）為首的宗教戰爭，攻陷了蘇丹的大部分地區，身為總督的戈登坐鎮喀土穆想要將軍隊撤回埃及卻身陷重圍。當 1885 年 1 月 28 日，英國國內派出的援軍趕到喀土穆增援時，發現五萬名叛軍早已攻下這座城市，而戈登也在兩天前光榮殉難。儘管三年後英軍擊敗馬赫迪部隊為戈登報了仇，但英國自由黨內閣也因這起事件的救援不利而下台，壯烈犧牲的戈登從此被英國人視為烈士與英雄。而昔日的中國「老友」李鴻章，更在 1896 年參訪英國時親自到戈登的墳前獻花致敬。

戈登畢生以「中國人戈登」（Chinese Gordon）的綽號載於青史，足見他最輝煌的軍事成就是早年在中國所奠下。曾經歷過軍旅生涯的華生，儘管未曾隸屬於戈登，但想必十分尊崇戈登揚威海外、馬革裹屍的事蹟。事實上，這也是作者柯南．道爾本人愛國情感投射的一例。戈登之名，也與日後的阿拉伯勞倫斯等人，一起躋身大英帝國英雄之列，活在後代傳記讀者心中。

希臘譯員

The Adventure of the Greek Interpreter

福爾摩斯的畫家祖先

我祖上是鄉紳，看來他們過著那個階級的慣常生活。不過，我這種癖性是我血統中固有的。可能我祖母就有這種血統，因為她是法國藝術家維爾內的妹妹。血液中的這種藝術成分很容易具有最奇特的遺傳形式。

柯南・道爾直到了寫第二十三篇故事才讓福爾摩斯的兄長—邁克羅夫特・福爾摩斯（Mycroft Holmes）登場，這也間接引發了華生與讀者對於一窺福爾摩斯家族史的好奇心。在這則故事開篇，福爾摩斯向華生直述關於他的血統一部分來自於法國："may have come with my grandmother, who was the sister of Vernet, the French artist." 但英語中的 grandmother 一詞包含了祖母與外祖母，所以我們無法確認法國血統來自於父系或是母系。儘管大多數論者認為福爾摩斯的祖上既然是英國鄉紳，所以他的法國血統應來自於外祖母一系。不過這些並不重要，故事中福爾摩斯想要強調的是他血液遺傳中所具有的藝術成分，是來自於法國有名的藝術世家維爾內家族。

克勞德．約瑟夫．維爾內（Claude-Joseph Vernet），《船難》（The Shipwreck）

維爾內世家第一代成名者是克勞德．約瑟夫．維爾內（Claude-Joseph Vernet，1714 － 1789 年），出生在法國南部亞威農（Avignon），也是一個地方裝飾畫畫家之子。相較於父親，克勞德的企圖心不想只在地方上永遠為一些畫框或桌椅做些裝飾性的工作，於是他在十七歲時踏上了義大利的留學之旅。在前往義大利的旅途中，克勞德搭乘的船隻在海上遇到了一場暴風雨，勇敢的（或者該說是匹夫之勇）他竟然爬到船的桅杆上，其目的是為了將來作畫時能準確描繪出暴風雨的模樣，幸好最後船隻與克勞德都逃過了一劫。

在羅馬期間，克勞德除了積極拜師習畫之外，還遊歷參訪了許多廢墟、名勝，研究當地傳統建築的構造與地方風俗。克勞德學成歸國之後，很快地便在法國上流社會裡闖出了名號，他擅長繪製海港、船隻與海上暴風雨的場景，當時的法國國王路易十五（Louis XVI）相當喜愛收藏克勞德這一系列的作品，讓他成為宮廷畫家，而那位國王著名的情婦龐巴度夫人（Madame de Pompadour）也成為了克勞德的粉絲。在 1789 年法國大革命爆發的該年底，克勞德親眼見到資助他大半生的波旁王朝垮台，隨著新舊時代的更迭，克勞德走完了他風光的一生。今日的美國華盛頓國家美術館（National Gallery of Art）中陳列了多幅克勞德著名的海景畫作。

克勞德之子是小名卡爾的安托萬（Antoine Charles Horace Vernet, Carle Vernet，1758－1836 年），他是這個世家中第二位成名者。與父親克勞德相同，年輕時他也遠赴義大利去留學，並且在當地得了幾項美術學院舉辦的大獎。安托萬幾乎是在法國新舊時代遞嬗之間所成長，連帶影響他的畫風與父親迥然各異。法國大革命之後，安托萬支持自由民主的思想，面對法國遭遇一連串的歐洲聯盟戰爭，他的作品題材幾乎皆以軍事、戰場、馬匹為主，在拿破崙席捲歐洲的期間，相當欣賞安托萬的畫功，透過安托萬善於對戰場氣氛、駿馬姿態的揣摩，將拿破崙此生中的多場大捷描繪得淋漓盡致。今日法國凡爾賽宮中藏有一幅《路易菲利浦國王與兒子們離開凡爾賽宮》（King Louis Philippe And His Sons Leaving The Chateau Of Versailles），畫中的國王與兒子的群像被描繪得氣宇軒昂、神采奕奕，堪稱是安托萬最傑出的作品。

福爾摩斯並沒有具體說明維爾內家族中的哪位畫家是他的舅公，而安托萬之子賀拉斯（Émile Jean-Horace Vernet，1789 － 1863 年），以生卒年來推算應該是最有可能的一位。和他的父祖一樣，賀拉斯也曾到過義大利去習畫，由於在他出生之時身為宮廷畫師的祖父已經去世，賀拉斯自幼便跟著父親學習有關戰爭、馬匹等方面的題材。十九世紀前期的法國歷史相當動盪，保守與共和勢力相互爭權更迭，使得當時的藝術家必須要隨時應和執政當局的喜好以及學會依附當權勢力而生存，因此賀拉斯的前半生也在時而民主共和、時而保守復辟的局勢變換裡載浮載沉。

安托萬之子賀拉斯

1830 年代之後，隨著法國當局對北非阿爾及利亞等殖民地的征服，賀拉斯正式在他的藝術生涯裡站穩了根基，著迷於東方風情的他開始繪製了一系列有著東方異國情調的作品，如《獵獅》（Caccia al leone）、《阿拉伯說故事者》（The Arab Tale-teller）特別受到歡迎。晚年的他身為新古典主義學院派的大師級人物，除了膺任羅馬法蘭西藝術學院的院長，還曾特別受俄羅斯沙皇的邀請訪俄，也留下了多幅真跡藏於今日的冬宮博物館。1855 年由法國所舉辦的世界博覽會，主辦單位還特別為賀拉斯準備了一整個廳來陳列其作品，使他在歐洲藝術界的名聲達到了最高峰。

我們曾在前面章節中介紹過十九世紀曾當紅一時的學院派藝術，這些遵循古典主義技巧與精髓的畫家們，各個具有高深的修為及嚴謹的畫功，他們紛紛在沙龍展與羅馬大賽中出類拔萃，成為一時之選。維爾內繪畫世家可說是當中的佼佼者，一連三代都出了好幾位聲譽卓著的藝術巨匠。然而文化藝術在人類的發展史上真可謂此一時也，彼一時也，隨著十九世紀中後期的經濟與社會發展，新興資產階級壟斷藝術的收藏也操縱藝術的品味走向，藝術史中各種風格門派也隨之此起彼落，學院派時尚之風在世紀交替中走向了沉寂沒落。

據聞賀拉斯本人有著相當高的領悟力，還有驚人的觀察力及記憶力，處事方式也是有條不紊、有著特殊潔癖，這些特點都與福爾摩斯有著若干的相符。身為藝術家後代的福爾摩斯也對藝術的涉獵頗深，因此我們或許應該改變從前對他片面的理性印象，而重新看待他所具備的敏銳感性。這份感性使得他的偵探手法由科學提升為一種藝術。故事中福爾摩斯向華生訴說自己的家世背景時，距賀拉斯離世應該尚不足三十年，該派的畫風趨向也在藝術界仍有著相當影響力（觀察《四簽名》中薩迪斯．舒爾多所收藏的品味可見一般），因此福爾摩斯在講述的當時應該也相當以流著藝術世家的血液成分而自豪吧！

海軍協定

The Adventure of the Naval Treaty

英國特有的餐點布丁

餐桌已經準備好了，我剛要按鈴，哈德遜太太就把茶點和咖啡送來了。幾分鐘以後，她又送上三份早餐，我們一齊就坐，福爾摩斯狼吞虎嚥地吃起來，我好奇地望著，菲爾普斯悶悶不樂，垂頭喪氣。

相較於亞洲人對食物的講究，或是法國與義大利對美食的熱愛，英國的食物普遍給人不敢恭維的印象。在福爾摩斯的一系列故事裡，常可見到熱心的房東哈德遜太太為福爾摩斯與華生準備豐盛的早餐，儘管名偵探很不客氣地表示哈德遜太太的烹調技術有限，但唯有早餐能像蘇格蘭女人一樣花樣不少。

參訪過英國的朋友，應該都品嘗過那每日萬變不離其宗的英式早餐：幾片煎過略帶點焦香的培根、半熟的荷包蛋或炒蛋、香料調味過的番茄、肉汁四溢的香腸、鬆軟綿密的燉豆子、些許炒蘑菇與金黃色的麵包片。飲料雖然通常會讓人聯想到紅茶，不過有時候也可依照個人喜好搭配果汁或是咖啡，而從故事裡的描述來觀察，福爾摩斯與華生喝咖啡的比例遠遠超過喝茶，似乎顛覆了傳統對於英國人總愛喝茶的印象。

聖誕布丁（圖片來源：Smabs Sputzer）

在英國，除了每日一成不變的早餐容易令人厭倦之外，最令外人感到驚訝而不適應的英國著名餐點，大概要以「布丁」為代表了。許多朋友從小到大在台灣吃慣Q軟綿密的焦糖雞蛋布丁，總以為布丁這類甜點儘管口味不同，不外乎就是那樣的冰涼軟綿，但到了英國之後才明白 pudding 這個詞是泛指一切餐後的甜點。而且依照不同原料、型態也分成各種類：濃湯狀的西米布丁、形如蒸蛋糕狀的麵包布丁與牛油布丁、造型似泡芙皮，搭配主食的約克布丁、添加許多香料與果乾的聖誕布丁等等。

布丁的起源可以追溯到十五世紀的一種保存肉類的方法。因為中世紀飼料的短缺，所以在秋季末，農村裡的剩餘家畜均被宰殺，這些肉會連同乾燥的水果作為防腐劑一併保存在糕餅盒中，由此製成的「大肉餡餅」可供一家子人食用。在逢年過節時，這樣的料理題材也逐漸被廣泛使用。而今日食用布丁的普及，可能也拜十八世紀喬治王朝的喬治一世所賜，這位綽號為「布丁國王」的喬治一世，下令在他即位的第一個聖誕節，宴席上非得出現以葡萄乾、香料調配而成的聖誕布丁，這項傳統也隨之在朝野民間逐漸傳開來。

我曾在英國約克郡品嚐過道地的「約克布丁」，這是由麵粉、牛奶與雞蛋所混合的麵糊，並把麵糊加入燒燙的烤盤所製成。外觀形狀類似中間凹陷的咖啡杯，外皮酥脆，口感帶點鹹味。原本約克布丁是作為前菜食用，不過今日許多場合也因其容易吸收肉汁的特性，與牛肉互作搭配成為正餐食用。在一面嚼著牛肉，一面品嘗香酥外皮的同時，實在無法令人聯想當下在口中蔓延盛開的肉味竟然是布丁。看來英國人的料理與味覺，果真與歐洲大陸迥異，能否接受則見仁見智囉！

約克夏布丁（圖片來源：Arnold Gatilao）

最後一案

The Adventure of the Greek Interpreter

坎特伯里故事

我們在坎特伯里站下了車，可是下車一看，還要等一小時才有車到紐黑文。

已經厭倦了福爾摩斯佔去自己太多時間的柯南・道爾，決心讓名偵探在〈最後一案〉裡徹底死去，永久擺脫這號人物的糾纏。百餘年後的讀者，在本篇故事閱讀完畢後，只須翻頁或換本書即可看到福爾摩斯很快地現身在〈空屋〉裡再度生龍活虎冒險辦案，但試想百餘年前的讀者朋友，當初是以多麼不捨或悲憤的心情讀完這篇故事，畢竟當時包含作者本人在內，沒有人知道福爾摩斯未來將再度復活。這篇故事的悲傷結局至少在長達八年的時間裡，深深灼痛著每一位忠實讀者的心。

為了達到成功殺死名偵探的目的，道爾塑造了莫里亞蒂教授，這個英國犯罪界的拿破崙角色。但所謂的犯罪大王才剛登場，就被福爾摩斯破獲瓦解了整個犯罪組織，更何況在最後身邊的黨羽僅剩兩人的情形下，還一股衝動想跟年輕力壯的福爾摩斯進行肉博死鬥，怎麼看來都不像是個善長動腦的犯罪大王，倒像龍套角色了。當然我們都知道，這純粹只是作者本人為了要讓名偵探趕緊死去所做的權宜之計，私毫不在乎故事的合理性或嚴謹與否。幸好，在後世關於福爾摩斯故事的一系列仿作或戲劇中，莫里亞蒂教授經常被塑造為名偵探此生最大勁敵，他的陰謀智慧與犯罪組織行為也都得到了相當程度的增強，如此的對比使得戲劇張力更顯豐富，也滿足了後世許多粉絲的期待。

為了甩開莫里亞蒂教授的尾隨，福爾摩斯與華生曾在坎特伯里車站下車，並在這裡用了午餐。位於肯特郡的坎特伯里是如花園般的一座歷史悠久的城鎮，至今仍有一段羅馬時代的古城牆圍繞於此，由古城牆的西門進入可見到一整片花團錦簇的庭園風光，相當適合徒步散心。由於當地曾受到二戰空襲炮火的猛烈攻擊，有許多深埋地底的殘骸遺跡因而現身，包括一系列的古代餐具、器皿與生活飾品，今日在坎特伯里還專設了一間羅馬博物館來陳列這些物件。

公元六世紀時，羅馬教廷便派遣了聖奧古斯丁（St. Augustine of Canterbury，？—604 年）於此設立主教座堂，因此坎特伯里是天主教會在英國傳教最早的落腳點，而原先的坎特伯里教堂（Canterbury Cathedral）也是英國最為古老的教堂。只可惜舊教堂在公元 1067 年被大火焚毀，今日的大教堂是十一世紀重修後的景物。今天到訪坎特伯里的遊客，也幾乎不會錯過這座被聯合國教科文組織列為世界文化遺產（World Cultural Heritage）、也成功躲過第二次世界大戰空襲的代表性建築物。

坎特伯里教堂今日是英國聖公會（Church of England，台灣譯為英國國教）首席主教—坎特伯里大主教的主教座堂，這座教堂除了最早是由聖奧古斯丁奠基之外，還與三位英國著名的歷史人物有關。首先便是在英國歷史上最家喻戶曉的一段謀殺案：十二世紀的坎特伯里大主教湯馬斯・貝克特（Thomas Becket）遭到英王亨利二世（Henry II）屬下的騎士殘忍地刺殺在教堂聖壇旁。原屬於國王心腹的貝克特，在公元 1162 年亨利二世為了能在干預教會事務而舉薦他擔任坎特伯里大主教，沒有想到當上大主教一職之後，貝克特立即表示教會權力完全獨立自主，足以凌駕王權，這就挑起了英國歷史上的王權與教權之間的矛盾鬥爭。

此外，在英國在與法國展開百年戰爭（Hundred Years' War）期間的著名英雄「黑太子愛德華」（Edward the Black Prince，1330 － 1376 年）也葬於坎特伯里教堂。生前英俊瀟灑、富騎士精神，在戰場上經常一身黑色鎧甲搴旗斬馘的愛德華，儘管在生前並沒有黑太子的稱號，卻因深受人民愛戴與民間故事的廣傳，他的騎士義舉及戰場傳說也流傳至今。

坎特伯里除了大教堂、羅馬文物遺跡相當具有參訪價值外，它更是英國文學史上著名的詩集《坎特伯里故事集》（The Canterbury Tales）中的最終朝聖地。該書的作者傑弗里・喬叟（Geoffrey Chaucer，1343 － 1400 年）堪稱是英國中世紀最傑出的詩人，也是英國中世紀和文藝復興文學之間承先啟後的重要人物。他在書中塑造三十多位個性鮮活的人物，揭露了宗教界的腐朽，以及反映當時代形形色色的社會風貌。今日在坎特伯里設立了一座故事館，當中以蠟像、木偶為遊客進行著名的故事情節重現。

坎特伯里是一座集合了遺跡、聖徒、英雄、名著的美麗城鎮，可惜當時亡命中的福爾摩斯與華生，恐怕沒什麼心情能留下來仔細參訪了。

寧願殉道也要堅守信仰的大主教

中古時期的王權與教權相爭，牽扯到許多土地的經濟利益、人事權的任命與意識型態的抗衡。當時的貝克特極度反對限縮教會權限的《克拉倫登憲章》（Constitutions of Clarendon），處處與昔日的主子針鋒相對，甚至後來在得知亨利二世私下為兒子舉行加冕儀式後，他霸氣地將舉行加冕的主教全都逐出教會。每天被宗教問題惹得焦慮不安的亨利二世後來隨口說了句：「難道沒有人可以幫我讓貝克特那傢伙閉嘴嗎？」沒有人知道這只是國王隨口的一句無心話，或是真想讓人替他讓貝克特永遠閉嘴，總之馬上就有四名國王屬下的貼身騎士立即趕到坎特伯里教堂找貝克特算帳。

貝克特原有時間躲藏逃命的，但他面對四名持劍的騎士仍就堅決他的宗教主張，直言亨利二世的過錯。聽到主子遭羞辱的騎士們哪能嚥下這口氣，四個人分從各自不同的方位向貝克特揮劍斬去，跪在聖壇前的貝克特絲毫不為所動，鮮血濺了一地，當場殉道。日後有人推測貝克特為何不躲藏逃脫的理由，或許是想以自己的殉教來提升坎特伯里教堂的地位，但並沒有具體明證足以證明。無論如何，在神聖的教堂祭壇前染血，除了釀成的悲劇令人唏噓之外，也引發了當時羅馬教廷的震怒。四名騎士衝動之下為主子除掉障礙物之舉，跟今日黑道的私刑行為沒什麼兩樣，亨利二世後來花了好多時間、精力與金錢來擺平此事，表示懺悔，可謂得不償失。觀光客到了教堂當中的禮拜堂，仍可見到拼花地板中央燃著一根蠟燭，即為當初貝克特埋葬之處，供今日的信徒遊客憑弔。

巴斯克維爾的獵犬

The Hound of the Baskervilles

達特穆爾與滑鐵盧車站

「那麼，我怎樣才能幫助您呢？」

「希望您能告訴我，對於即將抵達滑鐵盧車站的亨利．巴斯克維爾爵士應該怎麼辦呢？」

《巴斯克維爾的獵犬》至今仍是福爾摩斯探案裡，被評價為最精采也是最著名的故事，曾經被翻拍成電影與動畫更不下二十次。1901年八月，在讀者引頸企盼了八年有餘之後，柯南．道爾再度執筆名偵探的傳奇，昔日書報亭前大排長龍的盛況再現，讀者能夠激動地感受到「福爾摩斯又回來了！」儘管在故事的設定中，這是福爾摩斯在葬身萊辛巴赫瀑布前所接受委託的案子，但對許多敏感的評論者與讀者而言，道爾願意重拾這個題材創作，表示或許他能繼續寫出更多福爾摩斯先前的冒險故事，甚至是創造他的復活奇蹟。

福爾摩斯在故事開頭就重演他那精湛明確的推理，接著由委託人娓娓道來的一段充滿歷史氛圍，具有哥德神秘風格的魔犬詭異傳說，緊緊將讀者的心扣住。在創作這篇故事前，道爾偕同記者友人魯賓遜親身走訪德文郡的達特穆爾（Dartmoor）一帶，參觀了散落在曠野中的石器時代遺址、冷清荒涼的沼澤地與奇岩怪石，此地絕佳的戲劇化場景正好成為道爾塑造恐怖傳說的舞台。事實上，這裡的達特穆爾已是第二次在福爾摩斯的故事中登場，早先的〈銀色馬〉一案，那個月黑風高夜晚失蹤的名駒及騎士的慘死，事件就發生於此。

位於英格蘭西南部的德文郡，屬於地質古生代裡的泥盆紀（Devonian Period）的地質，大約形成於距今三億至四億年前。泥盆紀的英語 Devonian，名稱便是來自於德文郡 Devon，因該地的泥盆紀地層是最早供地質學研究而來。這種地質構造中有許多泥炭沼澤遍布，達特穆爾 Dartmoor 的 moor 本身就具沼澤荒野之意，加上稍後的石炭紀時代，本地被許多暴露的花崗岩山頂所覆蓋，為野生動物提供了絕佳的棲息環境，更成為了故事中的生物學者斯特普頓（Stapleton）的研究場所。另外此處恐怖的泥沼地形，則增添了故事背景的危險性，華生醫生親眼見到一匹馬遭溺斃的過程：「在綠色的苔草叢中，有團棕色的東西正在上下翻滾，脖子扭來扭去地向上伸著，一陣陣痛苦的哀鳴聲在沼地裡四處迴盪。我嚇得渾身發冷。」不過，達特穆爾這麼一個具有地質特性與生物多樣化的環境，今日則被英國官方規劃為國家公園（Dartmoor National Park），是英格蘭地區的九大國家公園中最具自然奇觀的一座，對地質與生物方面有興趣的讀者朋友有機會可以前往一遊。

在故事開頭，委託人莫蒂默醫生（Dr. Mortimer）對巴斯克維爾家族的詛咒傳說的陳述近似於詭譎神秘的超自然現象，雖然容易抓住讀者的好奇心，但對向來講求科學證據辦案的名偵探而言，確實有著太多的不合邏輯：

至今爲止，我調查工作的範圍還僅限於人世，我只與罪惡做過一些有限的鬥爭。但是，要直接面對萬惡之神，也許就不是我能力所及的了。……好。我敢肯定地説，如果您那神怪的説法是正確的話，那麼牠想要加害這個青年，在倫敦就會和在德文郡一樣易如反掌。一個魔鬼，竟會像教區禮拜堂似的，只在當地施展權威，那簡直太難以想像了！

福爾摩斯憑著冷靜的推斷與合理的懷疑，從案件最初就點出了這則詭異傳說的不合理之處，確實符合他那該有的推理機器形象。若對照道爾晚年在唯靈學說的痴迷之舉，頁令人有恍如隔世之嘆。

最後要與讀者聊的是位於倫敦蘭貝斯區（Lambeth）的滑鐵盧車站（Waterloo railway station）。這座由1848年所啟用的車站，最初位置因靠近滑鐵盧橋，所以原名為滑鐵盧橋車站，直到1886年後才改為現在的名字。滑鐵盧車站自1994年起，擔任連接倫敦與巴黎之間著名的歐洲之星（Eurostar）高速列車的停靠站，所以滑鐵盧車站一度是英國最為繁忙的車站，不過從2007年11月14日開始，歐洲之星列車已從滑鐵盧停靠站遷至聖潘可拉斯車站（St Pancras railway station）。

滑鐵盧車站幾乎是福爾摩斯系列故事中最常提及的一個車站了，包括本篇故事，道爾總共在六個故事中明確提到該站：在〈五枚橘籽〉裡，

德文郡達特穆爾國家公園（圖片來源：Kirsty Gilbert-Browning）

不幸的委託人約翰．歐朋蕭（John Openshaw）在拜訪過福爾摩斯後，被人發現陳屍於滑鐵盧橋下的泰晤士河；〈斑點帶子案〉的女主角海倫．斯托納（Helen Stoner）也是一路從薩里郡的斯托克莫蘭（Stoke Moran）搭車來到倫敦此站；而〈駝背人〉故事中的福爾摩斯和華生是從該站出發，前往奧爾德蕭特（Aldershot）調查巴克利上校（Colonel Barclay）命案；另外像〈海軍協定〉與〈獨行女騎者探案〉兩則故事，兩位主角也皆由此出發查案。

至於在本篇故事中，滑鐵盧車站除了是莫蒂默醫生與年輕的亨利．巴斯克維爾爵士約定見面的地方外，最精彩的部分就是斯特普頓在跟蹤巴斯克維爾爵士遭到福爾摩斯察覺之後，雙方展開了一場追逐賽，最後斯特普頓也是在滑鐵盧車站巧妙地甩開了福爾摩斯。

圍繞在《巴斯克維爾的獵犬》周遭的許多景物與文化，也與這本名著一同成為了該領域的經典，道爾所創作的本篇故事確實讓人值得一再回味。

電影取景的聖地

許多電影也常在滑鐵盧這座熙來攘往的車站取景，例如像知名諜報動作片《神鬼認證3：最後通牒》（The Bourne Ultimatum）裡，觀眾可見到劇中飾演英國《衛報》（The Guardian）記者的演員在此遭到槍殺，男主角麥特．戴蒙（Matt Damon）為了追兇在車站裡展開一場激烈的追逐戰的場景。以及在 1940 年好萊塢不朽的經典名片《魂斷藍橋》（Waterloo Bridge），知名的男女主角羅伯特．泰勒（Robert Taylor）與奧斯卡影后費雯麗（Vivien Leigh）就是在滑鐵盧橋上邂逅互生情愫，該劇結尾的女主角之死也同樣是在這座橋上發生，尤其當年劇中的主題曲《友誼地久天長》（Auld Lang Syne）更是讓無數的影迷熱淚盈眶，日後這首曲子也改編成中文版本的《驪歌》，成為台灣許多中小學校畢業典禮的經典歌曲。

空屋

The Adventure of the Empty House

倫敦福爾摩斯博物館

我們的老房間，多虧邁克羅夫特的監督和赫德森太太直接照管，完全沒有改變樣子。我一進來就注意到屋裡的整潔確實少見，但是一切原有的標誌依然如故：這一角是作化學試驗的地方，放著那張被酸液弄髒了桌面的松木桌；那邊架子上擺著一排大本的剪貼簿和參考書，都是很多倫敦人想燒掉才高興的東西。我環視四周，掛圖、提琴盒、煙斗架，連裝煙絲的波斯拖鞋都歷歷在目。

福爾摩斯於貝克街 221 號 B 座（221b Baker Street）的寓所，恐怕是文學史上最為著名的地址了。貝克街確實是一條實實在在的路，今日拜訪倫敦的遊客不少會順道去看看這個故事中知名的景點，但其實在故事中福爾摩斯活躍的時代，卻是找不到 221 號 B 這個門牌的。

說起貝克街，許多人恐怕會將它想像為一條普通的僻靜小巷，其實這是一條相當大的馬路，寬度甚至有四個線道，連路旁的人行道也十分寬闊。221 號 B 座這個門牌只是柯南．道爾虛構的，一百多年前的貝克街，門牌只到 92 號，指的是帕丁頓街以南，而帕丁頓街以北市約克街，道爾還曾聲稱他根本沒到過貝克街。直到二十世紀的三十年代後，貝克街上才確實有了 221 號 B 座的門牌，號碼牌中的「B」代表「bis」，在英國地名中常用來表示同一地點的附屬地址。如今建立在貝克街 221 號 B 座的福爾摩斯博物館（The Sherlock Holmes Museum，其實最初是 239 號的地址）按照百餘年前維多利亞時代的風格而布置，成為了全世界福迷必到倫敦的朝聖地。

位於貝克街 221 號 B 座的福爾摩斯博物館

該博物館為四層樓建築，按倫敦當地的區分方式為底層、一樓、二樓與三樓。底層主要是福爾摩斯紀念品專賣店，充斥著各種關於福爾摩斯的周邊商品，從英文原著小說、畫冊、相關研究專書到 DVD，以及福爾摩斯慣用的器具，如菸斗、獵鹿帽、披風、放大鏡、手杖等，應有盡有。

通往一樓（台灣一般觀念裡的二樓）的樓梯有十七階，完全符合書中的描寫，這層最主要是會客室（客廳），福爾摩斯與華生便是在這裡進行最多的對話以及和委託人的會面，是整個博物館中最值得參觀的地方。實際站在客廳中，才發覺這是個狹小的居間，儘管如此，書中所描述到的景物器具，在此一應俱全。小提琴、注射器、實驗試管、筆記本、波斯拖鞋、面具假髮等，散置在居間各角落。

福爾摩斯與華生家中的客廳依照書中完整呈現（林哲民攝）

遊客在進入這座客廳之初，絕對最先映入眼簾的是炭火搖曳的壁爐，如故事情節的描述，福爾摩斯用小刀插住幾封信件固定在壁爐上方。門的右手邊是一張舊沙發，左側則有一個書桌，上頭放了一個診療包，彷彿是華生醫生剛外出看診後放下的。客廳的另一個角落是餐桌，福爾摩斯與華生的早餐便是在此享用，桌上的餐具排列地非常整齊，看來哈德遜太太也經常上來整理。特別值得注意的是，牆上掛了一幅我們前面章節曾介紹過戈登將軍的畫像，以及沙發椅上方的牆壁，被福爾摩斯用手槍打成了「V.R」（代表維多利亞女王）字樣的彈孔，相信全世界讀者都與我同樣好奇哈德遜太太是怎麼忍受這名怪房客的？

這層樓的後方是福爾摩斯的臥室，比客廳的空間更為狹小。門的旁邊有一張單人床，上頭放置了一副手銬以及福爾摩斯的易容工具箱，福爾摩斯的披風大衣也整齊地掛在床頭壁上。在臥室另一頭是一具維多利亞風格的梳妝台與置物櫃，旁邊的牆壁上也如同原點描述，掛滿了大大小小黑白或泛黃的照片，這些的的確確是真實歷史上維多利亞時代的罪犯肖像，我能認出幾位開膛手傑克兇案中的疑犯照片。令人感到最毛骨悚然的疑問是，名偵探整天被這些恐怖的照片盯著，究竟是如何安然入睡的？

二樓的空間是哈德遜太太與華生的臥室，裡頭已經被規劃為檔案室，陳列與福爾摩斯相關的著述、文件、圖書、新聞剪報。一尊名偵探的半身銅像立於檔案室的中央，供來訪遊客合照。（這應該是令我較為不滿意的地方，或許將銅像改為〈空屋〉這則故事中的假人蠟像會比較好）門的左邊是一個長方形桌台，上方陳列了許多原典各篇故事中曾出現的道具，如〈六個拿破崙案〉中被砸毀的拿破崙塑像、〈工程師拇指案〉裡那根被切的斷指、《四簽名》裡那位矮小可怕的安達曼土人的毒吹箭、〈波西米亞醜聞〉中國王所戴的假面具、甚至是《巴斯克維爾的獵犬》中那頭恐怖的詛咒魔犬……等，這區陳列館裡琳瑯滿目的故事道具，非常適合書迷來做一趟書中情節的回味，順便考驗自己對原典故事的熟悉程度，相當有趣。

最後的三樓部分是蠟像區。最為耀眼的是名偵探的死敵莫里亞蒂教授，教授身旁還有一對男女，男性身著紅色大氅，臉戴著一副眼罩面具；女性則身穿高貴的仕女洋裝，以不耐的神情望著眼前男性，很明顯這是波西米亞國王與福爾摩斯口中的「那個女人」艾琳·艾德勒。

三樓蠟像區可以看到許多栩栩如生的角色（林哲民攝）

〈紅髮會〉中的威爾遜先生坐在旁邊的書桌前正抄著他的百科全書、〈歪嘴的男人〉裡的內維爾先生也化妝成乞丐模樣坐在角落乞討，最駭人的景象應當是〈馬斯格雷夫禮典〉裡那個處心積慮尋寶的管家布倫頓，窒息而亡的他也躺在牆邊的角落。

貝克街不僅有著福爾摩斯的博物館，事實上該區整體均為福爾摩斯的遊覽勝地。附近不僅有以福爾摩斯為名的酒吧與飯店，貝克街的華萊士收藏館（The Wallace Collection）中，也收藏了多幅名偵探祖先維爾內繪畫世家的作品。而在貝克街地鐵站的月台上，遊客甫下車便可見到貼滿了名偵探側像的磁磚與牆上的巨幅故事插畫，地鐵站裡也設有以莫里亞蒂教授為名的酒吧。車站門口更直接矗立著一尊名偵探全身銅像，彷彿在歡迎全世界的書迷的到訪。柯南·道爾百餘年前所創造的偵探形象，魅力歷久不衰，對於一位忠實的福爾摩斯書迷來說，該地正是喚起美好回憶與呼應閱讀樂趣的最佳場所了。

貝克街的傳奇將永遠存在世人的記憶中，期待您的造訪！

諾伍德的建築師

The Adventure of the Norwood Builder

諾伍德逸事

「逮捕你！」福爾摩斯說，「這的確太……太有意思了。那你會因為什麼罪被逮捕呢？」

「謀殺下諾伍德的約納斯‧奧德克先生。」

1891 年至 1894 年間，在《河岸雜誌》推出福爾摩斯短篇故事因而走紅後的柯南‧道爾，正式棄醫從文，搬到了南諾伍德特尼森路 12 號的郊區住宅，專心從事寫作。當時的諾伍德地區主要分為三個部分，分別為上諾伍德、下諾伍德（今日改稱西諾伍德）及僻靜的南諾伍德。在南諾伍德的定居期間，道爾完成了將近三分之一的福爾摩斯故事，例如〈藍寶石案〉與〈斑點帶子案〉皆是於此完成的。

道爾的長子金斯利在他居住於南諾伍德時的 1892 年出生，這是道爾與第一任妻子圖伊僅有的男孩，後來在第一次世界大戰期間金斯利肩負著父親的期許，加入了倫敦皇家醫學療養隊奔赴前線。不幸的是，金斯利在前線負傷後，染上了急性流感於 1918 年十月病逝。

儘管曾生活在南諾伍德一段時間，但道爾卻僅在兩則福爾摩斯故事裡提及該地，一則是《四簽名》裡提及的「南諾伍德警察署」；另一則即本短篇〈諾伍德的建築師〉，而且還不是精確地提到，故事中的兇案現場其實是設置在下諾伍德，實際和南諾伍德的關聯唯有故事中的反派角色曾在這裡搭乘快車前往倫敦橋。

在上諾伍德區，最為著名的地標曾是由倫敦海德公園搬到這裡的水晶宮。印象派著名畫家畢沙羅（Camille Pissarro，1830 － 1903 年）於 1871 年所繪的《上諾伍德的水晶宮》（Upper Norwood, Crystal Palace）裡，矗立在原野郊區的巍峨透明建築，與當年該地區生活的悠然靜謐做了深刻的對比。只可惜這幅畫作今天被私人低調所收藏，民眾暫時無緣欣賞。

畢沙羅（Camille Pissarro），《上諾伍德的水晶宮》（Upper Norwood, Crystal Palace）

下諾伍德區因海拔較低而得名，但到了 1885 年改稱為西諾伍德區，所以不管道爾當年在 1903 年發表這篇作品時，或是故事中設定的 1894 年時間點，下諾伍德的名稱早已不復存在，這是本篇地名方面的筆誤。維多利亞晚期，西諾伍德地區最著名的居民應為馬克沁爵士（Sir Hiram Stevens Maxim，1840—1916 年），即為馬克沁機關槍的發明者。原先是美國緬因州人，但是當年美國軍方對他的機槍不感興趣，後來馬克沁移居英國，他的發明卻大受英軍歡迎。這挺能夠在每分鐘發射 600 發子彈的殺人武器，在第一次世界大戰期間發揮了它那強大而可怕的威力，尤其在索姆河戰役（Battle of Somme），造成了戰場上的人間煉獄，英法聯軍一天的傷亡近六萬人。令人唏噓的是，道爾愛子金斯利亦在其中。

跳舞的人

The Adventure of the Dancing Men

維多利亞女王六十周年慶

去年，我到倫敦參加維多利亞女王即位六十週年紀念。

1896 年 9 月 23 日，維多利亞女王打破了她祖父喬治三世的在位時間記錄，成為了英國史上在位時間最長的國王，只是這項紀錄也在日前於 2015 年 9 月 9 日被現任的伊莉莎白二世女王打破，因此維多利亞女王是目前英國歷史上在位時期第二長的女王，總計六十四年。

1897 年，英國舉行了一次極為輝煌的女王登基六十周年慶典。畫家詹納羅（Gennaro d' Amato）在《維多利亞女王六十周年慶的聖保羅教堂》（Queen Victoria's Diamond Jubilee Service outside St Paul's Cathedral）作品中，為後世保存了當年的盛況景象；由上萬名士兵開道，壯麗的儀仗隊伍護送女王緩緩而行穿過了萬頭鑽動、歡聲如雷倫敦的市中心，前往聖保羅教堂行感恩禮。女王坐在敞篷馬車中接受著潮水般群眾響徹雲霄的歡呼，她的淚水不禁奪眶而出，使她感動地反覆說道：「他們對我太好了！他們太好了！」隔天她在教堂裡發表的致謝詞也傳遍了全國各地：「我衷心地感謝我所熱愛的人民。願上帝賜福給你們！」整幅畫作完整傳遞了女王登基慶典當年的榮耀盛況，足以令觀者彷彿置身於其中。《每日郵報》（The Daily Mail）當時發表的評論說道：「維多利亞女王的遊行終止於聖保羅大教堂，感謝上帝，這再合適不過了。因為，只有上帝比她更為尊貴。」

六十四年的歲月對個人的生命時間而言是漫長的，但對一個國家的歷史而言卻只不過是時間長河裡一朵翻騰的浪花，它短暫地有時常被略而不記。只是維多利亞女王在位的這六十四年卻牢牢地保存在世人的記憶中：從十八世紀開始的工業革命，到了十九世紀三十、四十年代已經在各個部門顯示它的實績，除了擁有占世界百分比最重的船隻與鐵路，英國在化學、醫學、紡織、橋梁乃至電力工程上均為世界之冠，由此促進了英國經濟的全面發展。加上對外擴張的結果，英國的殖民主義遍布世界各地，走上了「日不落帝國」的輝煌高峰。至今許多英國人乃至世人都還不斷提起那個與有榮焉的「維多利亞時代」。

本篇故事當中的邱比特（Cubitt）先生應屬於對半個多世紀來的國策與帝國榮光具有高度認同感者，女王六十周年的登基慶典使他專程由東北方的諾福克郡前往近兩百公里的倫敦市區來觀禮，並因此行而締結姻緣。

儘管維多利亞的榮光使該時代的民眾與有榮焉，實際上在有識之士看來，英國的國力已日漸衰微；德國與美國正在威脅英國的工業霸主地位，其做為「世界工廠」的標誌也岌岌可危。整個帝國已經疲軟，少數菁英的統治又能持續多久呢？維多利亞時代的人們時常將自身比作威震地中海世界的古羅馬人，但如今他們逐漸意識到羅馬是怎麼衰弱的。在英國國內，社會革命見證了權力從貴族階級向中產階級的轉移，而今權力的火炬又將傳遞給工人階級，民眾的紀元即將開始。

詹納羅（Gennaro d' Amato），《維多利亞女王六十周年慶的聖保羅教堂》（Queen Victoria’ s Diamond Jubilee Service outside St Paul's Cathedral）

獨行女騎者探案 *The Adventure of the Solitary Cyclist*

冠蓋雲集的帕摩爾街

關於查林頓莊園，當地房產經紀人什麼也說不出來，只好把我介紹到帕摩爾街一家著名的公司。

為了得知故事中查林頓莊園（Charlington Hall）的租賃者，華生醫生特別前往帕摩爾街（Pall Mall）查訪。帕摩爾街得名自十七世紀此處盛行的槌球運動（paille-maille），這條街可算得上是倫敦在英國史上最多數貴族及政要經常光顧聚集之處，這裡擁有最多維多利亞時代的私人會所與俱樂部。例如陸軍和海軍俱樂部（Army and Navy Club）、東印度公司三軍會（United Services Club）、牛津劍橋聯合俱樂部（Oxford and Cambridge Club）和皇家汽車俱樂部（Royal Automobile Club）等。其中最為知名的卡爾頓俱樂部（The Carlton Club），向來被視為政界保守黨人匯集的大本營之一，在福爾摩斯之後的〈顯貴的主顧〉案件中，詹姆斯．戴默雷（James Damery）爵士便是卡爾頓俱樂部的會員，該俱樂部於 1835 年遷到此處。

在實際生活中，柯南．道爾本人也常光顧這條街，他曾加入過皇家汽車俱樂部，原因是那陣子他愛上了開車，在這裡他結識了不少車友同好[33]。1824 年，一間規定其成員必須具有科學、文學與藝術成就的私人紳士俱樂部於此成立，即為該時代頗具文化盛名的雅典娜俱樂部（The Athenaeum Club），除了道爾名列其中外，他向來推崇的大文豪史考特爵士早年便是該俱樂部會員。維多利亞時期的其他著名會員有狄更斯、吉卜林、達爾文與邱吉爾。

帕摩爾街幾乎可說是冠蓋雲集的集中地。隸屬英國君王正式王宮之一的「聖詹姆斯宮」（St. James's Palace）也在這條街的西端。此處匯集了倫敦眾多的名流社團，對於福爾摩斯故事的最大影響，即書中名偵探的兄長邁克羅夫特．福爾摩斯（Mycroft Holmes）所創建參與的第歐根尼俱樂部（The Diogenes Club）之取材來源。據福爾摩斯向華生的介紹：「邁克羅夫特住在帕摩爾街，拐個彎就到了白廳[34]。他每天步行上班，早出晚歸，年年如此，沒有其它活動，也從來不到別處去，唯一去處是他住所對面的第歐根尼俱樂部。」故事中的第歐根尼俱樂部位於如此顯赫精華的「博愛特區」中，以至於許多福學研究者皆認為該俱樂部應是一個以邁克羅夫特為首的英國高層秘密情報機構的前站。

沒想到一條看似平凡無奇的街道，也能激發道爾非凡的想像力！

---

33. 1903 年春天，道爾買下生平第一輛汽車，從此愛上速度感。儘管他曾與英尼斯某次同車出遊遭遇過翻車事故，他仍興致昂然地在 1905 年參加競速賽。甚至還曾接過地方法院的超速罰單。

34. 白廳（Whitehall）位於英國國會大廈和特拉法加廣場之間，是英國政府中樞機構的所在地。因此白廳也是英國政府的代名詞。

修道院公學

The Adventure of the Priory School

公學逸事

一般說來修道院公學是不錯的，在英格蘭這所公學是最好的、最優秀的預備學校。

公學是英國早期為貧寒家庭或平民子弟提供教育的場所，直到十八世紀左右逐漸發展成為貴族學校，進入這種貴族學校的基本資格並非端靠昂貴的學費，而是身分。校方會先衡量申請入學者的家庭背景是否合乎學校校風，也就是說該生是否出身自名門或貴族階級，成為主要的招收考量。這些公學所培養出的學生大多成績優異、極富教養，他們從十一歲至十八歲的期間接受公學教育，當中的許多傑出者在畢業後將繼續進入牛津、劍橋等一流大學深造。

在這些優秀的貴族公學中，伊頓公學（Eton College）是英格蘭最大、最有名望的私立學校之一。早在1440年的亨利六世（Henry VI）時代，這所公學便作為劍橋大學國王學院（King's College, Cambridge）的預備學校而建。英國史上的眾多達官顯貴，歷任首相、主教和將軍幾乎均由此培育而出。伊頓公學校區橫跨泰晤士河，鄰近王室住所溫莎城堡，校園中心是一座高大宏偉的哥德式建築，位於南

側的下學校區（Lower School）至今仍林立著校區中最古老且仍在使用的教室，訪客還能夠清楚在這些舊教室的牆壁與門板上見到歷代優秀畢業生的芳名。例如前面介紹過的浪漫主義詩人也是私奔達人的雪萊、在滑鐵盧大敗拿破崙的威靈頓公爵（Duke of Wellington）、知名經濟學家凱因斯（Keynes）、007 情報員的創作者伊恩·佛萊明（Ian Fleming），以及包括前任首相卡麥隆（Cameron）與威廉王子（Prince William）在內的數十名高層政界菁英皆出身於此，因此該校也享有「世界領導者」的美譽。

早期的公學皆屬男子寄宿學校，學校教育格外注重體育競賽與團體合作精神的培養。而以今日觀點看來較受人非議的公學傳統是嚴格的鞭刑體罰管教方式，另外則是沿襲多年的學長學弟制，這是等級森嚴的社會制度向學校的移植，也是早期英國教育思想的具體表現，

伊頓公學（圖片來源：Martin Kraft）

其目的就是要讓學生遵守傳統、服從上級。一個高年級的學長常有一至三位低年級的學弟供他驅使，為其鋪床、打水、刷衣擦鞋、準備早餐等等，甚至須無條件服從學長的一切命令。早年在伊頓常有許多學弟時常遭到學長的「馬靴伺候」，往往造成遍體鱗傷、鮮血淋漓的慘劇，這些學弟卻幾乎不敢做任何的反抗。早年校內也屢屢發生鬥毆事件。十九世紀初期，甚至還曾有學長痛毆學弟，強灌其白蘭地致死的事故，當年的校長約翰・基特（John Keate）聞訊後趕到，見到地上孩子的屍體，竟然還對旁邊圍觀學生說出：「發生這樣的悲劇令人十分遺憾，但一個伊頓的學生必須時刻準備對他的對手以牙還牙。」當年正與宿敵拿破崙開戰的英國社會整體彌漫著一股尚武精神，但這種斯巴達式的教育方式恐怕會讓今日許多教育家們氣得七竅生煙、口誅筆伐吧。

黑彼得

The Adventure of Black Peter

道爾的捕鯨之旅與《白鯨記》

他善於捕海豹和鯨魚。1883 年他當了丹迪港的捕海豹船「海上獨角獸」號的船長。他連續出航了數次都很有斬獲。

柯南·道爾繼〈「格洛里亞斯科特」號三桅帆船〉後，再度於福爾摩斯系列故事中，寫下了本篇關於青年時期海上航行經歷題材的相關故事。與前一篇或早年所發表如〈「北極星」船長〉、〈哈巴庫克·傑佛遜的證言〉以航海為背景的驚悚短篇故事最大的不同在於，本篇故事除了兇案死者身分為捕鯨船船長之外，道爾還將「使用魚叉的技巧、羅姆酒、裝著粗製煙絲的海豹皮煙口袋」等捕鯨者的相關資訊一併寫入其中，昔日的觀察經驗在這裡得到充分的發揮。

1880 年，剛結束第三年醫學院課程的道爾，代替了同學擔任「希望號」的隨船醫生，前往格陵蘭進行大半年的捕鯨、獵海豹的航程。在當年，鯨油可以用來製造肥皂與潤滑油，而鯨鬚、鯨的長骨板可用來製作為廚房用具與緊身馬甲胸衣在內的許多產品。只不過，在這段航程中道爾很少有機會施展醫術，反倒是主要在調解船員之間的相處和維護船長的權威，道爾也親自參與了多次的獵捕行動，他很快地就掌握捕鯨的專業技術，以致船長還向他提議下回的航程以雙倍的薪資聘他為「魚叉手兼船醫」。儘管捕鯨船上的生活充滿刺激，但仍是一份危險的工作，最終道爾婉拒了船長的邀請。

即使如此，青年時期的這段不凡經歷仍對道爾日後的文學創作影響深遠，具有遠洋航程經歷的他，在日後創作捕鯨、船難等相關題材的作品時，相對比其他的小說家來得深刻寫實。在西方文學史上，與柯南·道爾有類似經歷的小說家，甚至有著更深刻的捕鯨航海經驗、該類型故事描寫更為深刻者，那絕非美國小說家梅爾維爾（Herman Melville，1819 － 1891 年）莫屬了。

《白鯨記》中的大白鯨莫比·迪克可以摧毀船隻

梅爾維爾早年曾擔任三年之餘的船員，他待過捕鯨船、商船與軍艦，除了遠赴南太平洋、澳洲一帶遊歷外，還曾一度遭到俘虜囚禁，其經歷危險刺激的程度不下於柯南·道爾。梅爾維爾此生最膾炙人口的作品《白鯨記》（Moby-Dick），便是一部厚實的捕鯨傳奇小說。這本小說的故事情節結構簡單，講述在「披谷德號」（Pequod）捕鯨船船長亞哈（Ahab）的帶領下，全船追捕一條名為「莫比·迪克」（Moby Dick）的大白鯨的歷險過程。

儘管梅爾維爾生前並未因此書而受到太多矚目，甚至最終貧苦病亡。但百餘年後的今日，歷史已經客觀地還原他在美國乃至世界文壇上的讚譽評價。除了許多文評與研究者皆認可《白鯨記》在世界文學裡的經典地位外，甚至生物學界在 2010 年所發現一種在 1200 萬年前滅絕的抹香鯨，後來也定名為「梅爾維爾鯨」（Livyathan melvillei）。而《白鯨記》這部充滿隱喻象徵與探求勇氣希望的文學名著，更是不斷重複地在螢幕上改編呈現[35]。

《白鯨記》書中對於捕鯨業的工作特性，以及與鯨魚有關的傳說、藝術表達，及生理構造極其詳盡。另外對於人物角色的刻劃，如健壯魁梧的食人族魚叉手魁魁格（Queequeg）以及那位執迷不悟、一心只想與大白鯨同歸於盡的亞哈船長，性格特性皆塑造得極為細膩。而或許大多數人未知卻最令人感到有趣的是，今日國際間相當知名的咖啡連鎖品牌星巴克（Starbucks）的命名，也是出自於書中的大副斯達巴克（Starbucks）。

可見維爾梅爾當年所精心創造的文化符號象徵，今日仍環繞在我們的生活周遭呢！

35. 史上許多知名影星，如羅馬假期的男主角葛利哥萊・畢克（Gregory Peck）、飾演 X 教授的派崔克・史都華（Patrick Stewart）以及性格男星伊森・霍克（Ethan Hawke）皆曾主演過不同版本《白鯨記》。該作最近一次的改編，則是由飾演雷神索爾一角走紅的男星克里斯・漢斯沃（Chris Hemsworth）於 2015 年主演的《白鯨傳奇：怒海之心》（In the Heart of the Sea）。

米爾沃頓

The Adventure of Charles Augustus Milverton

令狄更斯鴻圖大展的匹克威克

米爾沃頓年紀約在五十歲左右，頭部較大，顯得很聰明，面孔又圓又胖，皮膚很光滑，並且總是帶著冷笑，兩隻靈活的灰眼睛在金邊大眼鏡後面閃閃發光，臉上帶點匹克威克先生的那種仁慈，並且堆著假笑，眼裡射出銳利而又不耐煩的寒光。

本篇故事中的反派角色米爾沃頓絕對是繼莫里亞蒂之後，再度讓讀者印象深刻、恨得牙癢癢的下流人物，甚至我還更傾向認為柯南·道爾所創造的這號角色，其狡詐陰險的描寫與刻畫更甚莫里亞蒂一籌。

道爾讓米爾沃頓擁有一副匹克威克（Pickwick）先生的仁慈外貌，而內心卻是極端的奸惡狡詐，的確是文學敘事上的極端對比手法。遺憾的是，當年的英國讀者對這位大文豪狄更斯筆下的經典人物必不至於感到陌生，但今日的多數讀者或許從未耳聞這位擁有仁慈外貌的匹克威克，以至於對道爾刻意表達的對比描寫手法產生了若干的隔閡，因此本篇我想藉機與讀者聊聊這號人物的由來及特色。

查爾斯・狄更斯（Charles John Huffam Dickens，1812 － 1870 年），任何一位接觸維多利亞文學或是英國城市文學的讀者絕不會錯過的巨匠，堪稱是當時代最為傑出的文學家。在狄更斯的作品中，描繪了英國社會森羅萬象的圖景，這當中有無數的鄉紳貴婦、罪犯流氓、富商攤販或酒鬼妓女等，應有盡有，塑造出眾多令人難忘的人物形象。狄更斯擅長藉由作品揭露社會的現實和批判黑暗面，彰顯 懲惡揚善的人道主義精神，他在三十多年的創作生涯中，共寫了十五部長篇小說及若干的中短篇小說、詩歌、戲劇、隨筆等作品，是一位產量極其豐富，工作相當勤勉的筆耕者，對日後歐美文學的重要影響更是不言而喻。

較為可惜的是，台灣出版業與數十年來的坊間市面上大多皆著重在狄更斯的《孤雛淚》（Oliver Twist）、《小氣財神》（A Christmas Carol）、《塊肉餘生錄》（David Copperfield）與《雙城記》（A Tale of Two Cities）幾本書的引介翻譯上，這些作品當然堪稱狄更斯的登峰造極之作，但若能有機會帶領台灣讀者領略狄更斯更多的文字之美與神來之筆，當然是讀者之福。幸而近年來又有譯者與出版商將《荒涼山莊》（Bleak House）與《遠大前程》（Great Expectations）這兩部反映英國社會經濟與控訴司法腐敗的作品呈現給台灣讀者，使我們更能深刻感受到當時代中 產階級的精神面貌以及日益腐化的社會風尚，去覺察狄更斯筆下那壟罩在社會繁榮表象下的黑暗面。

至於《匹克威克外傳》（The Pickwick Papers）則向來是引介這些傑作中的遺珠之憾。這本書是狄更斯的第一部長篇小說，更是他的成名作。與前述那些中後期大多具有社會時事針貶與批判的嚴肅作品不同的是，

《匹克威克外傳》本身是一部浪漫奇想、詼諧幽默的諷刺小說，這則故事在 1837 年連載大半年後，使當年僅二十五歲的狄更斯迅速登上全國知名的暢銷作家之列。《匹克威克外傳》的創作風格受到十六、十七世紀西班牙所流行的「流浪漢小說」（La novela picaresca）之影響，以書中主角的主線故事，搭配其旅程冒險途中的一連串副線經歷交織而成。這類型的小說其實對一般讀者應不至於陌生，如《一千零一夜》、《十日談》、《唐吉訶德》與《坎特伯里故事集》皆屬於此，《匹克威克外傳》正是在通過主角老好人匹克威克先生的漫遊紀事過程，對當時的英國社會做出全景式的透視考察，在詼諧故事引人發笑的同時，也讓人對世道的不公和人世的艱辛百感交集，因此這本書也被學者視為「英國版的唐吉訶德」。

匹克威克是一個和藹善良、笑臉迎人、學問淵博且崇尚正義的矮胖紳士，狄更斯藉由他的旅程，除了營造了一個又一個精彩的喜劇情節，也連帶嘲諷了社會醜態的風氣。例如某次匹克威克先生向房東太太提及雇用僕人的想法，卻讓仰慕他的房東太太誤會要向自己求婚，房東太太激動之下竟昏倒在匹克威克的懷中。這本來是件生活中的小誤會，稍後彼此澄清解釋即可，卻沒料到有兩個無事生非的訟棍藉機慫恿房東太太，以詐騙悔婚的罪名將匹克威克先生告上法庭。訟棍在法庭中顛倒黑白、搬弄是非，刻意選擇在 2 月 14 日情人節當天開庭，以獲得陪審團的一致同情。而糊塗的法官什麼也沒在聽，光拿一支沒有墨水的筆在紙本上假裝寫字，讓毫無過錯的匹克威克先生輸了官司，被罰七百五十鎊的毀約賠償金。但堅持正義的匹克威克先生寧可坐牢，也不願意付這筆不合理的罰款，其正氣凜然態度確實是與柯南．道爾筆下大反派米爾沃頓形成了強烈的對比；更可惡的是，兩名訟棍為了得到代理費，之後

匹克威克（圖片來源：CircaSassy）

又將自己的雇主房東太太送進了監獄。可見監獄已成了不法專業人事特定的工具，為了謀求利益，想要關誰就關誰，為所欲為，社會卻制裁不了他們。狄更斯間接表達了這個社會的法治結構出了毛病。

進了監獄後，匹克威克先生被獄卒故意安排與幾個流氓混混住在一起，使他不堪其擾，不得不出一筆錢向獄卒另租一個房間。小說中寫道，該監獄中的小小一名獄卒每年光是靠租借獄中牢房的收入，就相當於倫敦郊區一整條街的產權人一整年的收入。而監獄裡的骯髒、混亂、惡劣伙食與獄卒的營私舞弊，更是在書中有極其深刻的描寫刻畫，與中國著名的古典文學《水滸傳》中，豹子頭林沖與行者武松等人在監獄中受到的欺壓對待的情境不謀而合。由此可見，凡是偉大的文學皆包含著對人性最根本的關懷與體諒。至於良善的匹克威克先生又要如何從黑暗淒涼的獄中逃出，那麼就得請讀者親自閱讀這本書了。

《匹克威克外傳》創作者疑雲

關於《匹克威克外傳》還有個百餘年未解的謎團。當年這本書所引發的熱潮確實改變了狄更斯的一生，但這樣的成功契機也頗有風雲際會的成分。最初是查普曼（Chapman）與霍爾（Hall）

兩位出版商要求狄更斯這位菜鳥作家為知名的插畫家羅伯特・西蒙（Robert Seymour）在每期的雜誌插畫上搭配散文的敘述，原先是一個滑稽逗趣的漫畫故事。然而年輕氣盛的狄更斯卻覺得這樣的插圖故事了無新意、陳腔濫調，他決定用自己的方式來寫故事，要將匹克威克先生等人的旅途故事寫成更有深度內涵的長篇小說，狄更斯決定找一天晚上邀請西蒙這個名氣比他大上許多的原作者到家中詳談，希望西蒙能改變原先的插畫題材，配合自己的想法來繪畫。

這簡直是石破天驚之舉，我們可料想得到，當時鼎鼎大名的插畫家西蒙絕對不會同意，甚至完全不屑狄更斯這位名不見經傳的小文人的意見。也許他還會認為狄更斯簡直是個狂妄自大、乳臭未乾的小子，竟敢反駁他原創插圖裡的故事創意不吸引人，還反客為主想要主導故事內容？

西蒙先生與狄更斯該晚的會面一定不甚和諧，不歡而散。至於詳細內容談了些什麼也不得而知，但這是整起事件最引人疑竇之處，因為當西蒙回到家的兩天後，他竟在自己的畫室中舉槍自盡了！西蒙留給妻子僅有一小張便箋，上頭寫著：「別怪……任何人。」即使整起事件並非狄更斯的錯，但在當時看來也很難不讓人質疑狄更斯是否該負點責任。事後西蒙的未亡人曾對外聲稱，狄更斯這位當時窮途潦倒的作家，竊佔了她亡夫的所有心血──《匹克威克外傳》中的劇情、角色都是西蒙留下的 ─引發了社會一陣的議論。為此狄更斯還在日後出版的《匹克威克外傳》書前的序言中，特別撰文澄清他與西蒙先生的誤會與竊據創意的陰謀論，讀者若有機會翻閱該書時，可以順便讀讀這篇有趣的序言。

西蒙死後，狄更斯自然成為《匹克威克外傳》整篇圖文故事的作者，也開始了他無窮想像力的激盪與妙筆生花才能的盡情揮灑。在那個夜晚，狄更斯究竟跟西蒙先生談了些什麼？恐怕是西方文學史上最令人費解的謎團之一吧！

六個拿破崙

The Adventures of the Six Napoleons

拿破崙的化妝師－賈克．路易．大衛

起碼可以說是瘋病，而且是奇怪的瘋病。你能想到有這樣的事嗎？生活在今天的人卻非常仇恨拿破崙，看到他的像就要打碎。

有三尊拿破崙的半身像前後遭人惡意敲碎，雷斯垂德探長（Lestrade）原先還誤以為是哪個偏執狂或患瘋病的罪犯所為。但福爾摩斯一語道破了本案的關鍵：「整個倫敦市內有幾萬尊這位皇帝的塑像，那些反對偶像崇拜的人，無論是誰，都不可能只從這三個同模型的複製品來下手。」該罪犯之所以會選擇同一模型的塑像來破壞，必定有更深刻的用意。福爾摩斯由此也對該案子提起了興趣。

說到歷史上拿破崙的塑像與形象，最佳的詮釋者與粉飾者，當屬於法國新古典主義大師賈克．路易．大衛（Jacques-Louis David，1748 － 1825 年）。我們在前面的章節中，與讀者朋友介紹過好幾位新古典主義及學院派的藝術大師，而在西洋繪畫史上的新古典主義畫派中，大衛絕對屬於最傑出的巨擘。

從小便由母親獨立撫養的大衛，在十八歲時進入法國皇家藝術學院習畫，儘管大衛與前述的許多藝術大師在習畫的過程中同樣勤奮努力，但他本性的得失心太重，還曾因為角逐羅馬大賽三次鎩羽而歸，差一點鬧自殺。1775 年他終於如願前往義大利研究古羅馬與義大利文藝復興時期的藝術，從此便對古典主義產生興趣，並努力鑽研此風格。不久後更成為皇家藝術學院院士，並以《荷拉斯兄弟之誓》（Le Serment des Horaces）作品一舉成名。

大衛的繪畫人生始終與政治有著千絲萬縷的糾葛。大革命期間，他成為國民公會的委員，甚至小加入雅各賓派[36]而被審判關押，若非眾多學生四處奔波營救，大衛幾乎遭到處決。拿破崙崛起後對他極為賞賜，大衛畫中的拿破崙也成了最雄偉挺拔的新時代英雄象徵，因此在整個拿破崙時代他堪稱宮廷御用畫師中的首席。可惜拿破崙退位後，波旁王朝的復辟為大衛的晚年帶來了最大的厄運，他遭到了新政府的流放，請求移居羅馬而未成。最終只能選擇流亡於布魯塞爾的學生庇佑下。前述章節也曾提及大衛的徒孫傑利柯曾到布魯塞爾探望過這位老前輩，大衛畢生以人物肖像畫與歷史畫為主要題材，儘管他最終的結局慘遭流放，病逝於布魯塞爾，但其繪畫特色中的發揚古典藝術精神以及喚起人類生存理想的追求理念，始終影響著西方學院派與寫實主義的走向。

---

36. 雅各賓派（Jacobin Club），法國大革命時期參加雅各賓俱樂部的資產階級激進分子的政治團體，後期走向以羅伯斯比爾（Robespierre）的排除異己、恐怖統治極端手段。於 1794 年的熱月政變隨著羅伯斯比爾的死亡而瓦解。

今日，人們可以在法國凡爾賽宮與巴黎羅浮宮觀賞到大衛在繪畫人生最為顛峰時，為拿破崙精心繪製的兩幅傑作，任何一位見過該作品的觀賞者絕不會輕易忘了它們。首先是懸掛於凡爾賽宮的《拿破崙橫越阿爾卑斯山》（Napoleon Crossing the Alps），在這幅素描結構精確、色彩炫麗透明的畫中，拿破崙的形象被塑造成躍馬征戰、昂然偉立的英雄，儘管拿破崙當年實際上是騎著騾子在侍衛的引導下穿越阿爾卑斯山的，但大衛特別想將拿破崙那股想要戰勝一切的精神特質刻意突顯出來，因而做了相當大的史實更動。大衛還在馬匹腳下的岩石上刻下了拿破崙、羅馬時代的迦太基名將漢尼拔與中世紀的查理大帝三個名字，強烈表達了拿破崙與先賢比肩齊名的雄心。此畫一出立即深受拿破崙的讚揚喜愛，甚至還請託大衛再複製三幅，看來拿破崙極為滿意這位御用的化妝師。

收藏於羅浮宮的《拿破崙加冕禮》（The Consecration of the Emperor Napoleon and the Coronation of Empress Josephine）是大衛畢生最著名的傑作，這幅尺寸 621 x 979 cm 的巨幅作品也向來是參觀羅浮宮的遊客絕不會錯過的行程之一。它紀錄了 1804 年 12 月 2 日在巴黎聖母院所舉行的隆重加冕儀式。為了完成這幅巨作，大衛甚至用擺置模型的方式來製作，畫面的焦點在拿破崙與皇后約瑟芬（Joséphine）身上，拿破崙突破以往的歐洲加冕慣例，讓教皇虛有其表地坐在後方，自行為自己加冕。整幅畫面上有主教、大臣、將軍、使節近百人，大衛在創作的過程中反覆繪製了百餘幅的肖像畫力求精確。為了歌頌拿破崙的偉大，大衛為他添加了羅馬帝王般的服飾，身穿白袍，紅色繡大衛（Jacques-Louis David），《拿破崙加冕禮》（The Consecration of the Emperor Napoleon and the Coronation of Empress Josephine）

金線的披肩，顯現其宏偉的氣魄，大衛也憑著此畫得到拿破崙皇帝的封爵。只是這幅作品仍舊有些小部分與史實不符，大衛奉拿破崙之命進行了適度的「合成」工作；例如反對兒子稱帝的拿破崙之母，當天並未參加典禮，被刻意繪在上方的貴賓席包廂中；站立在教宗身旁的紅衣主教當天也未在現場；而約瑟芬皇后在畫中的模樣也比她本人還要來得年輕、苗條。拿破崙身後的教宗，高舉祝禱的手勢也是經過拿破崙所要求的，實際情況是教宗眼睜睜看著拿破崙自行戴上王冠，當場已經氣到七竅生煙了。但拿破崙卻要求大衛虛構這樣的手勢，並說道：「我總不能讓他大老遠的來了卻什麼事也不做吧！」

儘管大衛生前始終沒能重返他所熱愛祖國的土地，但他有過極為不凡的人生，親眼見證過大革命的激情與恐怖，也幾乎成為斷頭台上的刀下亡魂，更得到了歷史上最富盛名的帝王伯樂賞賜，而他最不朽的功業與心血也永遠留在世上最精美與最頂尖的宮殿博物館供人欣賞，並永久傳世。如此精彩多樣化的命運起伏，大衛確實不枉此生。

三個學生

The Adventure of the Three Students

修昔底德與古希臘的最終決戰

今天下午三點鐘，印刷廠送來了試卷的校樣。第一題是翻譯修昔底德著作中的一節。我仔細地校閱了清樣，因為原文需要絕對正確。

福爾摩斯要找出哪位學生偷看了考試卷！這本身就是個極富趣味的案子。我們今日在閱讀十九世紀古典傳統的推理小說時，會發現與當代普遍的日本、美系推理作品有相當多的歧異特點，其中最顯見的一點即是兇殺案件所占的比率。不同於今日推理作品，傳統的古典推理小說中不見得每一個案件故事皆為兇殺案的緝凶過程，儘管後世多數的推理文學作家亦都認同，撰寫兇殺命案較易吸引大眾的目光興趣，越精密細膩的殺人手法，也越容易得到閱讀過程中挑戰性地探索與認同，這更是足以使作者在今日眾多推理文學作家群中鶴立雞群的關鍵要素。但不容否認的，古典推理作品如福爾摩斯系列故事裡的「諮詢偵探」似乎較寫實確切地貼近偵探、徵信行業，除了兇殺案的解密之外，抓賊、跟蹤、尋找失物或人，甚至偷信都是偵探行業從古至今較貼近現實的工作內容。畢竟，如描述某知名高中生偵探的漫畫那般，走到哪裡都會巧遇兇殺案的情節，在現實中幾乎是可遇不可求，而且也太過驚悚了吧！

在英國某大學城裡，舉行獎學金申請考試的希臘文科目中，出現了修昔底德著作的翻譯題，本篇就與讀者聊聊這位古希臘著名的歷史學家。

既然提到修昔底德（Thucydides，約前 460—約前 400 年，或譯修昔的底斯）的著作，無庸置疑這題考試的內容絕對是由《伯羅奔尼撒戰爭史》（Peloponncsian War）選出，本書是修昔底德窮盡畢生心血所完成的大部頭史學名著。由書名可得知，主要內容是對伯羅奔尼撒戰爭過程的參戰紀錄與評價，這場由古希臘斯巴達所領導的伯羅奔尼撒聯盟（Peloponnesian League）與雅典領導的提洛聯盟（Delian Leaguc）間的衝突，幾乎可認定是古希臘文明世界中的最終決戰。公元前 404 年，因瘟疫與盟邦叛離而奄奄一息的雅典被迫接受了城下之盟，喪失了政治上的獨立。但取得勝利的斯巴達也因多年戰爭大量的消耗，從此一蹶不振。整個希臘世界蒙受連年兵燹，社會生產力受到了極大的破壞，各城邦秩序陷於癱瘓與瓦解。只待北方的馬其頓趁勢而起，收拾殘局。

修昔底德

修昔底德並非專業史家出身，身為雅典望族之後的他也在這場戰爭之初領兵作戰，卻因某次的救援行動失敗而遭到雅典公眾的責難，被判決流放的刑罰。然而塞翁失馬，焉知非福，這次的流放判決反而對他有利，使他能夠置身於戰爭之外以不同的觀點來考察評價這場戰爭。修昔底德在這本著作的撰寫之初，便以獨到的眼光來看待他所親身經歷的戰爭事件：

戰爭剛剛爆發，我就開始寫這部歷史著作，相信這次戰爭是一場偉大的戰爭，比起過去任何一場戰爭都還要有記載的價值。我的信念是依據下列史實得來的：雙方都竭盡全力來備戰；同時我也看到希臘世界中的其他國家，不是參與這一邊，就是參加了那一邊；即使目前還未參戰的國家，也正在積極備戰。因此這是希臘人歷史上最嚴重的一次大動亂，同時也波及到許多非希臘人的地區，可以說幾乎全人都將蒙受其影響……。

在修昔底德的論述中，兩大強權之所以會走向戰爭，是受到雙方聯盟衛星國舉措的影響，「戰爭之所以無可避免的真正原因，是雅典力量的勃興與斯巴達對雅典力量的疑懼。」在公元前提出如此獨到的見解可謂修昔底德的先見之明，環顧世界史上任何新崛起的大國必然將挑戰現存大國，而現存大國也必然以敵視態度來回應這種威脅，如此一來戰爭（軍事戰爭、經濟戰爭乃至科技戰爭）將變得不可避免。以此定律來審視歐洲百餘年來的聯盟戰爭、二十世紀的兩次大戰、冷戰乃至運用到商場業界間的縱橫捭闔，皆能得到許多的研究心得。

在《伯羅奔尼撒戰爭史》中，最特殊、也最值得參考閱讀的部分，是修昔底德所引入的四十篇演講辭，儘管有不少學者認為當中大多皆由修昔底德虛構，但這些當代名人的話語確實使全書更顯生動鮮活，書中人物的情感與思想躍然紙上。我甚至能大膽地猜測，本案故事中那題希臘原文的翻譯題，非常有可能是選取自書中著名的雅典執政者伯里克里斯[37]那段慷慨激昂的〈陣亡將士國葬典禮演說〉：

我們的政體之所以稱爲民主政體，就是因爲權力不是掌握在少數人手中，而是掌握在全體人民手中。在處理私人紛爭時，法律之前人人平等；在眾人之間選擇某人出任公職，考量的並非是他的特定階級，而是他是否有眞才實學。任何人只要願意爲國服務，絕不會因貧困而在政治上沒沒無聞。我們在政治上享有的這種民主自由，也廣泛體現於我們的日常生活之中。

伯里克里斯這篇動人的演說，即使在兩千多年後的今天看來，都足以讓我們動容，這篇代表著雅典文化與政治成熟的巔峰作品，因修昔底德的紀錄永久流傳於世，被西方世界視為與林肯總統的〈蓋茲堡演說〉（Gettysburg Address）並列的兩大演講範文。修昔底德於書中表達撰寫該書的理念也頗令人欽佩：「我這部沒有軼聞奇事的史著，恐難引人入勝。但若後世人們想得到關於過去的正確知識，藉以預見未來（儘管未來不見得是過去的重演，但人性仍是人性），證明這本書是有用的。那麼我也就心滿意足了。我的著作不是為了迎合眾人的一時興趣，而是要做為千秋萬世的瑰寶。」

這是何等的胸襟與氣魄，可見這篇希臘文的翻譯題目出得真好呢！

37. 伯里克里斯（Pericles，約公元前 495 年—公元前 429 年）是雅典黃金時期（希波戰爭至伯羅奔尼撒戰爭間的五十年）最具重要影響的領導人。他主導雅典的民主推展，獎勵文化藝術運動，蘇格拉底、柏拉圖等知名的思想家皆活躍於他的主政時代，而該時代也被讚譽為伯里克里斯時代。在最後的伯羅奔尼撒戰爭中，伯里克里斯勇敢領導雅典對抗斯巴達，卻不幸在雅典城瘟疫蔓延時病逝。

金邊夾鼻眼鏡

The Adventure of the Golden Pince Nez

怪盜亞森・羅蘋

在這期間，福爾摩斯由於追蹤並且逮捕了布洛瓦刺殺案的兇犯哈瑞特，得到法國總統的親筆感謝信和頒贈勳章。

本篇故事的開頭提到，福爾摩斯在1894年逮捕了法國布洛瓦刺殺案（Boulevard assassin）的兇手，因此收到了法國總統的感謝信及獲得勳章。事實上在1894年的法國的確發生過重大的刺殺事件，已就任八年的法蘭西第三共和總統卡諾（Marie François Sadi Carnot，1837－1894年）在參加里昂博覽會時，遭到本身是麵包師傅的無政府主義者卡薩里奧（Caserio）以利刃刺死。現實裡的兇手當場就被捕，未久便在斷頭台上遭處決，並非懸疑離奇的刺殺案。但柯南・道爾在1903年所發表的這則短篇故事，似乎意有所指地在影射當年法國的這起重大兇案，以至於筆下的名偵探還能得到接任總統的表揚，發生在法國的重大案件竟然是由來自英國的偵探解決，這樣的劇情橋段很有可能已激起某些法國作家的不滿。

莫理斯・盧布朗（Maurice-Marie-Émile Leblanc，1864—1941年），這位創造出「怪盜亞森・羅蘋」系列故事的小說家，當年很有可能就是在愛國情感上受到這樣的刺激，致使他塑造了如此一位與名偵探抗衡的經典角色。盧布朗是巴黎市郊盧昂人，自幼在優渥的家庭環境下成長，父親是經營造船業的新興資產階級，為了培育兒子成材，曾先後將其送往德國、義大利留學。父親原想讓他攻讀法律，但盧布朗熱衷於文學的創作，根本無心於法律條文與法學概念的世界裡，在遭到了學校退學後，盧布朗到報社當起了記者。

〈金邊夾鼻眼鏡〉這篇故事發表的時間，盧布朗已經在新聞界採訪筆耕多年，很有可能就是在此時因為讀了道爾的短篇故事而逐漸醞釀他的想法。1905年盧布朗應科學雜誌《Je Sais Tout》主編的邀請，開始連載他第一本的亞森羅蘋故事《怪盜紳士亞森羅蘋》（Arsène Lupin, gentleman-cambrioleur），與當年道爾最初創造福爾摩斯故事的情況類似，盧布朗根本沒有打算將這個故事發展成系列小說，純粹只是為了稿費罷了。但比起道爾幸運的是，怪盜紳士首次登場便受到大眾讀者的青睞，一炮而紅，於是盧布朗決心專職來寫羅蘋的故事。

儘管盧布朗在晚年曾表示，他當初之所以創造出這麼一個與名偵探抗衡的角色，絲毫沒有受到柯南・道爾的影響，而且也從未拜讀福爾摩斯的相關作品。但事實勝於雄辯，由盧布朗的頭兩本羅蘋故事《怪盜紳士亞森羅蘋》與《怪盜與名偵探》（Arsène Lupin contre Herlock Sholmès）的書名與內文看來，這位來自英國的名偵探幾乎在書中就是以主角羅蘋的對立面來設定。只不過在這兩本書中，名偵探的能力與表現最起碼還能與怪盜勢均力敵，分庭抗禮（實際上偵探最終未能捕獲怪盜，仍是略遜一籌）。但到了盧布朗的第三與第四本著作《奇巖城》（L'aiguille creuse）及《813 之謎》（813）裡，這位英國名偵探已經灰頭土臉，莽撞衝動，徹底淪為三流偵探了。（《奇巖城》中的福爾摩斯，智商反應力都不及大學生偵探，而在《813 之謎》裡更是幾乎沒有登場機會，就被五花大綁給送回英國了）。很顯然地，盧布朗對於福爾摩斯系列的走紅，甚至寫到獲頒法國總統的勳章部分相當吃味，他撰寫的前四本羅蘋故事都是用來回敬道爾與福爾摩斯。

1963 年《羅蘋與福洛克 · 夏爾摩斯》口袋書封

儘管那個年代還沒有所謂的著作權的充分概念，但盧布朗此舉確實收到了道 爾的抗議，並指出這種行為極不道德。站在讀者的角度平心而論，能夠看到怪盜與名偵探的鬥智對決的確是讓人感到血脈噴張的刺激心態，但這樣的對決情節並非雙方合作構思，只憑單方一廂情願地宣戰，名偵探在開場之時便輸了，盧布朗此舉未免顯得小肚雞腸。雖然後來盧布朗將書中的偵探改名為福洛克 · 夏爾摩斯（Herlock Sholmès），華生改為威爾森（Wilson），但這樣的改法純粹是此地無銀三百兩，更加證實了他始終活在名偵探的陰影下而無法脫身。

人生最大的對手莫過於自己，若是終身活在他人陰影之下，處處強跟人比，那將會是可悲的生命歷程。幸好，在《813 之謎》當中名偵探的身影已經相當淡薄，盧布朗已逐漸能走出自己的專屬創作之路，後續的《黃金三角》（Le triangle d'or）、《棺材島》（L'île aux trente cercueils）及《虎牙》（Les dents du tigre）等鬥智奪寶的故事教人拍案驚奇，堪稱羅蘋系列故事中的經典代表作。

無獨有偶，後期的盧布朗面臨與道爾類似的窘境，他發現無論怎麼想創作其他的故事主題，卻怎麼樣也擺脫不了羅蘋。例如他原想另起爐灶寫一名法國偵探吉姆・巴內特（Jim Barnett）的破案故事，但最終該角色在《名偵探羅蘋》（L'agence Barnett et Cie）仍被歸併為羅蘋的化身了。比道爾更難受的是，盧布朗晚年的精神壓力受到筆下人物的糾纏更為嚴重，甚至在他臨終之際還始終喃喃自語：「羅蘋來了，趕緊抓住他……」許多成功作家的身後，時常受到自身作品人物與情節的紛擾糾纏，致使常將現實與虛幻混淆，頗讓人感到遺憾。

你所不知道的怪盜

台灣許多讀者在早年大多都是透過東方出版社的亞森羅蘋全集譯本，間接認識了這名劫富濟貧的怪盜紳士。日本人也深受盧布朗怪盜故事的吸引，從而創造了推理文學或漫畫裡的幾個知名角色，如明智小五郎與怪人二十面相的對決、名偵探柯南與怪盜基德（黑羽快斗）。但許多朋友恐怕不知道，這套由日本引進的羅蘋全集其實是日本知名的童書作家南洋一郎所改寫的《怪 ルパン全集》，由於當年主要是針對中小學生閱讀為考量，以致原版中較多關於現實殘酷與血腥的情節均遭刪減，南洋一郎先生也對內容做了若干程度的改寫了。另外該系列中的《白色秋牡丹的秘密》（La Poudrière）與《羅蘋與殺人魔王》（La Justice d'Arsène Lupin）

等篇純屬仿作，但這個系列的市場反應卻在台灣發揮了相當的影響力。許多讀者甚至只看過該系列的羅蘋故事，還不見得閱讀過整套的《福爾摩斯探案》。

以較嚴格的觀點來看，亞森．羅蘋一系列的故事較不屬於純粹的推理文學，內容中的探險奪寶、獵艷與復仇的情節在相當程度上多過於推理的比例，我認為或許它更偏向於後世如伊恩．弗萊明（Ian Lancaster Fleming）筆下的 007 詹姆士．龐德（James Bond）的冒險動作文學，或許更為貼切些。

亞森．羅蘋故事向來只侷限受到法國本地與日本、台灣讀者所青睞，而在歐美其他的國家就相對較少被關注了，這或許也是至今好萊塢尚未考慮將其改編搬上大銀幕的原因之一（法國電影與影集拍過幾個版本，但影響性與迴響皆不大）。事實上在羅蘋故事裡，神出鬼沒的盜寶行動、神秘詭譎的陷阱與典雅高貴的美少女，幾乎具備了在大銀幕華麗登場的特質。假以時日，衷心期待有傑出的劇本、鬼才的導演與專業的演員能夠重新詮釋羅蘋的故事，令我們耳目一新，感受新時代怪盜的經典傳奇。

失蹤的中後衛

The Adventure of the Missing Three-Quarter

劍橋大學三一學院

正如我們所料，發報人緊隨電報親自登門了。他的名片上印著：劍橋大學三一學院—西瑞利．歐沃頓（Mr. Cyril Overton）。

劍橋大學裡的三一學院（Trinity College, Cambridge）是整個劍橋大學中規模最大、財力最為雄厚、名聲最是響亮的學院。1546 年，英格蘭史上擁有最多次婚姻紀錄的那位亨利八世國王，將麥可學院（Michaelhouse）以及國王學堂（King's Hall）這兩所十四世紀所建的學堂合併為三一學院，也因此時至今日校園內仍可見到中世紀的建築物。

劍橋大學校園一景

在三一學院的正門處，上方即有座亨利八世的塑像，儘管這位國王的風流情史不曾間斷，至少他在位時有心辦學，創建了這所學院；另外也讓英格蘭脫離了天主教，從此英王身兼聖公會的最高領袖，對百年後清教徒革命與日後的美洲開發歷史都具有深遠影響。該座亨利八世的塑像手中，原先應是拿著一根權杖，據聞十七世紀時因某學生的惡作劇，偷偷換成一條斷掉的桌腿，就這樣一直保留至今。看來這不僅證明了劍橋擁有寬容的校風，也證明那條能保存四個世紀的桌腿材質不凡。學院前正門口有一株全世界最有名的蘋果樹，據說就是當

劍橋康河

年砸到三一學院最知名校友牛頓頭上的那棵，儘管真實性不高，但校方願意在校園內布置一項景觀永懷校友，也足見其誠心與敬意了。

進入大門後可見到哥德式寬廣的巨庭（The Great Court），這是三一學院裡頭別具特色的一塊區域。除了巨庭中央的哥德式噴泉典雅細致外，每年入學新生還能挑戰一項多年的傳統，即在正午的鐘聲響完之前（約 43 秒），跑完 367 公尺的正方形巨庭一周，這對大多數的人而言確實是相當困難的一項挑戰。

學院後方的雷恩圖書館（Library Wren）也是相當具可看性的景點。它的設計者雷恩爵士（Sir Christopher Wren，1632—1723 年）堪稱英國十七到十八世紀最偉大的建築家，今日不僅在劍橋與牛津校區內都有他的傑作，位於倫敦市區非凡的聖保羅大教堂、格林威治天文臺與肯辛頓宮皆出自他的手筆。圖書館內收藏著幾件珍貴的歷史手稿，包括聖保羅的《使徒書信》、牛頓與詩人彌爾頓的手稿原件，甚至還有《小熊維尼》故事的原創手稿，十分有趣。

這所劍橋內最知名學院，當然也不乏歷史上傑出的校友，除了牛頓之外，哲學家培根、懷德海（Whitehead）、羅素、歷史學家麥考萊、詩人拜倫與丁尼生（Tennyson）、口吃國王喬治六世與王儲查爾斯皆曾在此接受教育。

十年樹木，百年樹人。亨利八世的興學之舉證明了他在英國史上確實有著非凡的地位與貢獻！

格蘭奇莊園

The Adventure of the Abbey Grange

帕拉底歐建築

一進富麗堂皇的庭園，就看見兩排老榆樹，恰好形成一條林蔭道，通向一座低矮而寬敞的房屋，正面有帕拉底歐式的柱子。

提起帕拉底歐式的建築，或許多數台灣的朋友會比較陌生，文藝復興以降，西方優秀的建築專家與學者層出不窮，但帕拉底歐真可說是既有優越巧妙的建築天分又能發揮影響力至今者。儘管他的作品幾乎皆分布在義大利威尼斯的威欽察（Vicenza）一帶，但透過新教徒的繼承傳播，今日已遍及世界。

安德烈．帕拉底歐（Andrea Palladio，1508 —1580 年）出生於文藝復興晚期威尼斯的帕杜瓦（Padua）地區，自幼便在石匠工作坊內學習雕刻。儘管他天資聰穎且勤奮苦學，但其人生最重要的轉捩點，便是在他三十歲時結識了人文學者特里西諾（Gian Giorgio Trissino），在良師特里西諾的帶領下，帕拉底歐由一名單純的石匠開始接觸古羅馬建築以及文藝復興的人文知識，從石匠到建築師的轉型，徹底改變了帕拉底歐的人生。

帕拉底歐繼承了古羅馬維特魯威[38]以來的比例空間元素靈活地運用在建築上，更一舉解決了中世紀以來的教堂立面問題，使之達到和諧。帕拉底歐一生的建築作品，分別為教堂和別墅兩大題材為主；以教堂而論，今日到威尼斯聖馬可廣場鐘塔旁的「大哉聖喬治教堂」（San Giorgio Maggiore），這是威尼斯最具戲劇化的建築物之一。帕拉底歐分別將兩個高細與寬廣的神廟立面結合為一體，藉著中間四根突出的立柱加強了三度空間之感，如此一來不僅反應了室內的高度狀況，更是創造出一種結合了古典神廟門面與天主教空間之新風格，這樣的效果在威尼斯的水面倒影之下更顯其壯麗多彩。推薦有機會一遊威尼斯的朋友前往欣賞。

大哉聖喬治教堂（圖片來源：Didier Descouens）

在帕拉底歐設計的別墅中，最優秀與最特殊的當屬位於威欽察城郊的「圓廳別墅」（Villa Rotonda）。帕拉底歐此件作品中呈現了純粹的形體之美，在單純幾何構成的空間中包含著正方形、圓形與長方形等基本形體的結構，整棟別墅看似建於一座平台之上，圓頂大廳之作用就像是一個旋轉台，可隨觀賞者轉到不同方向，圍繞圓廳的房間與立面也相互對稱，六根由愛奧尼克柱所構成的門廊立面，高達兩層樓，仿造了羅馬神殿前的

38. 馬爾庫斯．維特魯威．波利奧（Marcus Vitruvius Pollio，約公元前 80 年—公元前 25 年），古羅馬建築師，講究實用、美觀與比例原則的建築原則，其著作《建築十書》（De Architectura）影響了日後文藝復興的建築精神。達文西亦依其觀點繪製《維特魯威人》（Vitruvian Man）。

階梯樣式。與「大哉聖喬治教堂」立意相同之處在於，「圓廳別墅」也結合了古典神廟門面與天主教空間的概念，帕拉底歐採用圓頂做為圓廳之頂，此前的圓頂幾乎皆是應用於宗教建築之上，目的在於虛擬營造天堂的意象，而帕拉底歐則是史上首次大膽地將其運用於民宅建築。

帕拉底歐的設計也標誌著建築史上的一個關鍵時刻—即建築師開始精心設計家居建築之始，在此之前，建築史的主要時代成果幾乎都落在宗教與宮殿題材上，而今建築師也關心起私人住宅的結構與形式問題了。

帕拉底歐著有對西方建築發展影響深遠的《建築四卷》（Four Books on Architecture）一書，在書中他有系統的對建築材料、公共空間、私人住宅，甚至是道路或橋樑均有系統性的分類說明，並配合許多附有比例尺的平面圖、立面圖與剖面圖加以說明，堪稱是史上第一本暢銷的建築專業書籍，至今影響甚遠。儘管帕拉底歐在當時只屬於地域性的建築家，但其對古典神廟之門面與教堂之圓頂應用至世俗建築的影響已完全超出義大利本土，尤其是今日可見的英國和北美地區，嚴格的對稱比例、大柱式（Giant order）、宏偉門廊與前門上方的樸素山牆，樣式概念皆來自於帕拉底歐，本篇故事兇案發生的地點即是在此列柱樣式的莊園裡。

最令人敬佩的，還是帕拉底歐於《建築四書》中指出建築與周遭景觀要有密切搭配的關係：「建築是如此優雅的矗立於那裡，人們最希望發現最美麗動人之位置乃是山丘之坡。美麗的山丘環繞四周，提供了視野千里的景緻。因為人們都有向四面八方觀景之興緻，所以建築四面均該設有涼廊。」「大哉聖喬治教堂」與「圓廳別墅」也都是在如此概念下建造而成，或許和周遭自然環境的和諧關係才是帕拉底歐的影響力久遠流傳的重要原因吧！

第二塊血跡

The Adventure of the Second Stain

黛絲姑娘的悲劇

先生，問題出在我的一封信上，我結婚前寫的一封不慎重的信，愚蠢的信，是在我的感情一時衝動下寫的。我的信沒有惡意，可是我丈夫會認為這是犯罪。他如果讀了這封信，他便再也不會信任我了。

與〈米爾沃頓〉的案件類似，總是有這麼一些訛詐之徒憑著握有這些女士在婚前的情書，恣意地向被害婦女任意敲詐。在維多利亞時期那個女性尚未獲得完全自主的社會結構裡，保守與矜持是普世的通則，所有婚前的戀愛情事倘若被揭曉於公眾，不僅僅是情何以堪，更將面臨嚴峻的婚姻延續問題。不同於百餘年後的價值觀，女性在婚前的幾段戀情實在沒什麼好值得大驚小怪，但福爾摩斯故事中曾有多位女士均有這方面的困擾，同是維多利亞文學裡的虛構人物，她們比起《黛絲姑娘》裡的主角黛絲可就幸運許多了。

《黛絲姑娘》（Tess of the d'Urbervilles，又譯德伯家的黛絲）是由英國詩人、小說家湯瑪斯．哈代（Thomas Hardy，1840 － 1928 年）於 1891 年所創作的故事，是哈代的終生代表作，更是一本現實主義的優秀作品。與福爾摩斯故事中那些遭到訛詐的貴婦們不同，女主人翁黛絲是一位美麗、純潔、善良的農村姑娘，由於家境的貧困，黛絲在少女時期就開始挑起家中的經濟重擔。她前往遠親地主家幫傭，主人家的少爺亞雷（Alec）惡意矇騙黛絲並進一步將其玷汙，純粹只是發洩其獸慾的亞雷當然不是真心愛她，於是黛絲只能充滿悔恨地回到了家鄉。

家鄉很快便傳遍了黛絲「與人通姦」的消息，她遭受到眾人無情的譏笑與議論。黛絲懷了一個可憐的生命，並且在呱呱墜地不久後夭折，包含黛絲的家人在內，沒有任何人同情她。死去的孩子因為是私生子因此不被允許葬在教區墓園裡，黛絲只能不停問自己，女人的貞操真的是只有一次又永遠失去了嗎？在灰心喪志之餘她離開了這個使她感到窒息的家鄉。

黛絲到了一間牛奶工廠當女工，在當地認識了一位牧師之子安傑·克萊（Angel Clare），是一位有教養、有理想的年輕人。雙方彼此惺惺相惜產生了愛情，於是決定締結連理。但就在成婚之夜，黛絲出於對克萊的忠誠與熱愛，向他坦承了被姦汙與未婚生子的往事，萬萬沒想到黛絲說出的真相無法被克萊所諒解，承受不住黛絲過去的克萊，遺棄了新婚妻子，悻悻然地前往巴西。

二次情傷的黛絲只好再回到家鄉，在一間農場做著與男人同等繁重的工作，儘管她的母親不時痛罵她的愚蠢，黛絲總是默默忍受，將苦往肚子裡吞。克萊臨走時留給她一筆錢，她全都補貼給了家裡，任勞任怨。

一次偶然的機會，黛絲又遇見了花花公子亞雷，後者仍是對她百般糾纏，向黛絲坦承當年的錯誤並希望彌補一切，黛絲心中極度怨恨這個男人，絲毫不想再與亞雷有任何糾葛，於是寫了封信寄到巴西向克萊求救。人在巴西的克萊吃了不少苦頭，生了一場大病，他開始追悔過去，想起自己婚前也曾跟別的女人同居過，自己對黛絲的態度與行為是非常不公正的，於是在未看到黛絲的求援信之前便急著從巴西返回英國。

造化弄人，黛絲的父親因急病去世，母親也癱瘓在床，弟妹們失學嗷嗷待哺。黛絲在等不到克萊的回信之下，徹底絕望，她懷著自我犧牲的精神，只好接受亞雷的同居要求，換取一家人的溫飽。就在此時克萊回到了英國，眼睜睜看著妻子竟與人同居，他只好黯然地離開。

黛絲得知克萊歸來的消息後，悔恨交加，陷於瘋狂，她心想此生都被亞雷給毀了，於是用餐刀將亞雷刺死，追上離去的克萊。兩人在警方的追緝之下，逃到森林裡過了五天幸福的婚姻生活，這一刻兩人才感受到彼此的心是如此緊緊相繫。第六天清晨，兩人疲憊地躺在威爾特郡巨石陣遺跡的祭壇上，警方將她們團團包圍並帶走了黛絲。臨走前，黛絲請託克萊照顧自己的家人，並迎娶自己的妹妹，幾天後黛絲平靜地接受了死刑的判決。

活躍在維多利亞時期的哈代，用悲觀憂懼的筆調敘述了這樣的一個故事。他深刻感受到工業革命後，傳統質樸的農村生活遭到資本主義入侵，造成社會經濟、道德風俗等變化，進而觸發下層人民的悲慘命運。另一方面，哈代更直接控訴那種令人窒息的資產階級道德觀，以及法律的虛偽性。

大多數的讀者在閱讀故事之後，想必都極度痛恨那位花花公子富少亞雷，認為的確是他毀了黛絲的一生。當然作者初衷也是想透過這個角色，對維多利亞時 代傳統上流階層所代表的權力、財富與罪惡做出嚴厲抨擊，這點是顯然易見。只不過小說中的男主角克萊儘管屬於擁有自由思想的新興中產階級代表，偏偏他的觀念意識仍舊無法徹底脫出原有的舊時代思維，即男女雙方的結合，是男方更多地建築在利己主義考量上的。所以當黛絲向他坦承往事時，雖然自己也有類似同樣的經歷（他也向黛絲坦承過去曾有一夜情的經驗），卻對黛絲缺乏最基本的同情與諒解，反而率先考慮到的是自我的感受，人性中的自私、虛偽與冷酷在此刻表現地極為露骨醜惡。他給了黛絲人生的新希望，卻又無情地將其剝奪。如此的精神打擊對黛絲而言是相當致命的，堅強的黛絲姑娘始終沒有屈服於暴力或經濟壓力，卻被精神上、情感上的打擊所摧毀，因此克萊在某些方面給予黛絲的傷害，其實並不亞於惡人亞雷。

黛絲的悲劇其實也是社會的悲劇，哈代透過一個無辜少女的不幸命運，公開向維多利亞時代的資產階級社會觀、道德觀發出了挑戰。這部小說在當年引起了廣泛的迴響，除了許多讀者對黛絲表達無盡的

巨石陣遺跡

同情與關懷外，甚至還有人要求作者不要給黛絲這麼悲劇性的結局。然而也有資產階級的衛道人士抨擊這部作品的不道德，傷風敗俗，也種下了日後哈代封筆拒寫小說之根由。

文學中農家女的際遇如此，也不難想像，福爾摩斯故事裡的那些貴婦們是如此地害怕過去的情史被新興資產階級的丈夫知曉，未來又將會面臨何等的窘境與苦難，其中有相當大的部分便來自於傳統社會意識的眼光及批判。維多利亞時代這種來自於階級與性別方面的歧視與壓迫，同樣可透過柯南．道爾的家庭背景做為觀察。由於父親查爾斯經年的酗酒及瘋病，全靠母親瑪莉獨立操持家務，維繫大家庭的生計與團結。儘管日後瑪莉邂逅了年輕的「知己」沃勒醫生，讓道爾一家的生活情況改善不少，瑪莉的晚年也定居於沃勒醫生在約克夏的莊園中，但該維多利亞時代社會的兩性意識與拘謹教條卻使得這位女強人無法放手去追求自已的幸福。為了分擔家計，道爾的姊妹們幾乎都在甫成年後外出求職，過著離鄉背景的孤寂生活，最令人感到鼻酸者莫過於安妮，為了支撐道爾全家衣食無虞，安妮犧牲了健康與生命，更遑論有多餘心力去追求愛情與夢想了。女性意識已在十九世紀末逐漸發出微弱的反抗呼聲，但至少還得等上二十年，有組織有意識的反抗聲浪才得以進一步凝聚，浮上檯面。

儘管是哈代的文學虛構，但當年閱讀《黛絲姑娘》時也令我嗟嘆不已、暗自神傷。日後到了威爾特郡巨石陣遺跡參訪時，在我腦海中即刻浮現的反而無關於史前時代的天文觀測或祭禮。我想到的是那位美麗而無辜、命運多舛的黛絲，在她即將被捕的那一刻，躺在祭台上冷眼面對這個狠心對待她的世界，她看透了什麼？她是否了無牽掛？抑或她的心早已死去多年呢？

望著空蕩蕩的巨石陣祭壇，我竟不自覺眼眶一陣濕潤……。

喜劇之王卓別林

當比利推開門，把蘇格蘭場的警官麥克唐納引進屋來時，福爾摩斯還在為自己的成績而輕聲發笑呢。

柯南·道爾曾在過去的〈身分案〉與〈黃面人〉兩篇故事中為福爾摩斯在貝克街221號B座的寓所裡創造了一位男僕（小聽差），但大多數讀者往往只會留意到哈德遜夫人而不會對這名小男僕有任何的印象，畢竟在書中這位男僕只被提到這兩次，連一句開場白也沒有機會講。然而，歷史上第一位扮演福爾摩斯的演員—威廉·吉勒特自從在1899年將《夏洛克·福爾摩斯》戲劇搬上舞台演出後，將這名男僕帶上了舞台並為他取名為「比利」（Billy）。

當年扮演比利的年輕演員是吉勒特在英國本地特別挑選的新人，由於這名年輕演員於劇中時常有誇張與詼諧的不俗表現，使得比利這個角色越來越受到觀眾矚目，進而得到了許多肯定及歡迎。之後道爾在後續的福爾摩斯故事中，也讓這名小聽差三不五時地穿插在貝克街的場景當中，並使其沿用了舞台劇裡的比利之名。冥冥中自有天意，當年無論是道爾、吉勒特，甚至所有觀眾都無法預料，這名扮演比利的年輕演員，來日將成為世界影史上最出色、最有成就的演員之一，他就是「喜劇之王」卓別林。

查爾斯・卓別林（Charles Spencer Chaplin，1889 － 1977 年）堪稱世界電影史上最知名的喜劇演員，卻有著最艱苦辛酸的童年歲月。他出生於倫敦蘭貝斯區的一個貧民區，儘管父母親也是演員，卻無法使孩子獲得溫飽。卓別林與柯南・道爾同病相憐，他們都有一位酒鬼父親，最後也都因酗酒喪命。卓別林的母親漢娜・卓別林（Hannah Chaplin）私生活混亂，先前還與某人生下了卓別林的哥哥西德尼（Sidney），儘管兄弟倆並非同一父親所生，但貧苦的童年生活與共同的求生意志使他們兄弟倆的感情緊緊相繫，直至生命的最後一刻。較誇張的是，卓別林直至三十多歲之後，才得知原來母親在外頭還與人生下了他的弟弟喬治（George）。因為生活的壓力與時常遇人不淑，漢娜不時有精神失常的問題，不久就被送進精神病院，因此卓別林與哥哥西德尼曾過了一段流浪街頭的日子，後來兩兄弟被送到孤兒院扶養。可以說，卓別林的童年幾乎在貧困和一無所有中度過。

為了謀生，卓別林先後當過報童、印刷工人、雜貨店小夥計、攤販、藥品推銷員、吹玻璃的童工，在社會底層辛勤生活多年的經驗，使得未來他在銀幕上扮起那些街頭上貧窮的小人物格外地生動逼真，獲得觀眾的認同。從小就遺傳了父 母表演天分的卓別林，始終沒忘記自己的最終目標——當個喜劇演員，於是在 1903 年，年僅十四歲的他鼓起勇氣，向劇院經理毛遂自薦，這名衣衫襤褸的小伙子或許是以處境，甚至是逗趣誠懇的表演方式打動了劇院經理，也因此後來將他引薦給當時已經演出福爾摩斯多年的吉列特，卓別林也藉由劇中比利一角正式登台。儘管戲分不多，但卓別林演出賣力，以詼諧逗趣的表演方式得到觀眾與劇評一致的好評，在《夏洛克．福爾摩斯》這齣戲巡迴各地演出的兩年多裡，卓別林逐漸成為西區小有名氣的演員了。

往後幾年，卓別林跟隨幾個劇團四處演出，當時頗為流行一些充滿笑料、插科打諢的滑稽短劇，卓別林在此時期已經創造出日後極為著名的步態：右腿向外屈起，以左腿為支點，來個 180° 的轉身，這個動作成為他那經典流浪漢的招牌動作。

1913 年卓別林隨劇團到美國演出後，自此便留在美國發展，哥哥西德尼也在娛樂圈工作，不時為卓別林介紹人脈，不久卓別林與一間在洛杉磯剛成立的凱斯東（Keystone）公司簽約，自此卓別林的電影時代來臨。在他的首部電影《謀生之路》（Making a Living）中，卓別林即興在戲服間混搭出流浪漢的戲服，使這樣的經典形象登上了大銀幕，歷久彌新。自此他的事業蒸蒸日上，他的才能與創意彷彿被貧窮與不安全感壓抑過久而像湧泉般噴出，作品的質與量都很驚人，短短幾年內卓別林變成為了炙手可熱的影星。

卓別林的多部經典電影，如《流浪漢》（The Tramp）裡那位留著小鬍子，頭戴小帽、腳穿大皮鞋的逗趣小人物；《淘金記》（The

Gold Rush）中用叉子叉住兩塊麵包跳舞的淘金客；《大馬戲團》（The Circus）那個廣受歡迎的小丑；《城市之光》（City Lights）裡愛上盲女的流浪漢；《摩登時代》（Modern Times）那名糊塗的鋼鐵廠工人；《大獨裁者》（The Great Dictator）那個諷刺希特勒的分身……卓別林充分發揮了創意與笑料來反映人生，他貧窮的童年使他過早領略了這個現實世界，也使得他立志以電影虛構角色來詮釋人生。事實上，在卓別林所有詼諧逗趣的喜劇動作和笑料劇情後面，都隱藏了一個真實人生的角色，透過電影中的每個小人物，卓別林反應了人生當中的一切喜樂與荒謬，他不只為世人帶來歡笑，也在電影中刻劃了自我的生命意識與靈魂。也因此，卓別林不僅僅是個知名的喜劇泰斗，更是位偉大的藝術表演者，直至今日他在近百年前所發揮的創意（包括人物造型、笑料劇情橋段）仍不時被後世所模仿，足證其不容抹滅的影響力與地位。

卓別林於《大獨裁者》劇照（圖片來源：Insomnia Cured Here）

許多觀眾也許並不知情，卓別林在《淘金記》中那段最經典的戲：主角查理將皮鞋當晚餐，吃得津津有味。影片當中的皮鞋是用乾草製成，為了能夠逼真演出這場戲，卓別林確實嚥下了那些乾草，也拉了三天的肚子。誰說看似輕鬆的成功背後不需付出代價呢？

紫藤居探案

The Adventure of Wisteria Lodge

剛果罪行

聖佩德羅之虎！這個人的全部歷史立刻呈現在我眼前。在那些打著文明的招牌統治國家的暴君中間，他是以最荒淫殘忍出名的。他身強力壯，無所畏懼，而且精力充沛。他剛愎自用，對一個膽小怕事的民族施加殘暴統治長達十至十二年之久。

本篇故事中柯南·道爾虛構了一個在中南美洲的獨裁暴君，以極盡惡劣的殘酷統治壓榨著他的人民，最終遭受政變推翻而流亡海外。這個故事概念其來有自，發表於 1908 年的本則短篇正值道爾關心非洲剛果的殖民統治議題之際，可說是藉此做了情緒的抒發與間接的控訴。

1885 年正值歐洲帝國主義巔峰之際，歐洲列強在德國柏林舉行「柏林西非會議」（Berlin Conference），以協定各國在非洲建立殖民地與發展貿易，其中最重要的項目之一即成立「剛果自由邦」（Congo Free State），進一步承認剛果為比利時國王利奧波德二世（Leopold

II）的私人領地[39]，比利時國王對這塊盛產象牙及橡膠的廣袤土地垂涎已久，於是採用許多威脅逼迫甚至屠殺的殘酷手段，讓當地人民到橡膠種植園從事勞動。

1960 年，刊載於《刺青雜誌》（Punch）的諷刺漫畫，描繪化身為毒藤蔓的利奧波德二世纏住剛果人。

前英國駐剛果領事凱斯門（Roger Casement）與記者莫雷爾（E. D. Morel）將發生在剛果那些殖民者任意侵占土地與屠殺、肢解人們等令人髮指的行徑透過報章媒體揭露，並希望得到英國國內的關注，在國際間發出嚴正的控訴。此舉得到了若干文藝界人士的呼應，例如知名作家約瑟夫·康拉德（Joseph Conrad， 1857 — 1924 年）過去在剛果擔任輪船船長時也曾親眼目睹當地殖民者的暴行，後來他將這段經歷寫進了他的代表作《黑暗之心》（Heart of Darkness），在書中探討了人性中固有的黑暗面，以及殖民主義、種族主義等多項議題，這本書日後成為了西方正典之一，也是二十世紀經典的文學排行榜讀物。

39. 1874 年，英國著名的探險家史坦利（Henry Morton Stanley，1841 — 1904 年），組織了探險隊，在剛果探險了三年，終於找到非洲大陸最後的傳說秘境，認清剛果河真貌。斯丹利先向英國政府報告了這塊還沒開發的財富之地，但未得到英國政府的資助，所以轉向比利時商議。因此比利時國王利奧波德二世於 1876 年成立了國際非洲協會（Association Internationale Africaine），名義上是要探索非洲與為非洲人民帶來「文明」，實質上則將剛果列為其私有領地。

聲援剛果人權事件最有利的作家，絕對非柯南·道爾莫屬了，他內心中最傳統的騎士精神再度被燃起，聲色俱厲地發表控訴：「沒有比這些罪行更令人髮指的事了！讓人對基督、文明這類冠冕之詞的真正意涵產生懷疑。當一個無助的、本應受到基督和文明保護的種族被搶劫、殘害、謀殺時，或是因為猜忌或是因為道德麻木，地球上所有的基督徒國家和文明國家都只冷眼旁觀而不伸手援助，多年下來始終如此。既然如此，那基督、文明這類詞到底有何實際意義？」很顯然，道爾在此又對傳統的宗教文明進行了一次猛烈抨擊。

不僅如此，義憤填膺的道爾決心將聲援的主張寫成書籍出版，他通宵達旦地工作，連鬍子都沒有時間刮了，在一個多星期的時間裡寫了一本四萬五千字的小書，每天只睡了四個小時著魔般地工作，道爾用一杯杯的咖啡與作家的筆當作他為剛果人民奮戰的武器。

《剛果罪行》（The Crime of the Congo）於1909年正式出版，這是一本飽含情感的控訴書。道爾詳盡生動地描述一個國家正在遭受的洗劫、破壞，與基督教國家的惡行，他引用了許多記者莫雷爾深入採訪的第一手資料，描繪了比利時殖民政權怎麼對當地土著居民實施駭人聽聞的恐怖暴行，如何將剛果變成了人間煉獄：「當地工人若有違抗的情形，往往先遭到槍決，再砍掉左手。殖民者並不在乎開槍放倒了誰，無論是男女老幼，成排的手被擺放在地上，他們只在意去計算手的數量來判斷士兵有沒有浪費子彈！」

熱血的道爾幾乎是自掏腰包出版這本書，他甚至將這本書主動寄給各國有影響力的政治領袖人物，包括德國皇帝威廉二世、美國總統老羅斯福、英國商務部長邱吉爾等人。接著他又發揮人飢己飢、人溺己溺的滿腔熱血，致函給歐美六十多個報社編輯，促使他們以輿論的社會影響力來使社會關心在剛果的慘劇。隨後道爾也在各地舉辦多場鼓舞人道主義的巡迴演講，逐漸引發了社會迴響。

該年年底，隨著比利時國王利奧波德二世的過世，剛果事件也得到了較妥善的落幕，剛果自由邦由國王的私人領地交由比利時政府來控管，更名為「比屬剛果」。儘管剛果人民還需等待半個世紀才能得到他們所盼望的獨立，至少進入比屬剛果的殖民階段，比起前一個由國王私人直轄的壓榨時期所得到的國際關注與比利時議會的監督，更具正面的積極性與效率。

莫雷爾後來在報章上公開向道爾致謝，認為他在整起事件發揮了重要作用：「柯南·道爾的介入對事態的發展起了決定性的作用。尤其是他帶起了社會公眾的關注，整起事件若非公眾的支持將注定失敗。對我們幫助最大的不是他的著作，也不是他在演講台上的慷慨陳詞，更不是他對有影響力政治家的遊說，而是因為他是柯南·道爾，因為他與我們站在一起。除了柯南·道爾本人，我想不出還有誰能做到他為剛果事業所努力做的一切！」

硬紙盒子

The Adventure of Wisteria Lodge

史特拉底瓦里與魔鬼小提琴家

他興致勃勃地敘述他是怎樣買到那把史特拉底瓦里提琴的。那把提琴至少值五百個畿尼，而他只花了五十五個先令就從托特納姆宮路的一個猶太掮客手裡買了來。接著他又從提琴談到帕格尼尼。我們在那裏待了一個鐘頭，一邊喝著紅葡萄酒，他一邊對我談起這位傑出人物的樁樁軼事。

福爾摩斯擁有不凡的小提琴演奏技巧，儘管在故事中偶爾才提及他的演奏，但根據華生醫生的筆記記載來判定，平時就有聆聽演奏會、歌劇的雅興，甚至還能撰寫音樂性的專業論文，更能懂得收藏史特拉底瓦里提琴的他，這位名偵探想必也具有高深的音樂背景知識與文史知識。

史特拉底瓦里製作小提琴的樣貌

史特拉底瓦里（Antonio Stradivari，1644 － 1737 年）是義大利克雷蒙納（Cremona）的弦樂器製造師，也是製琴史上最重要的人物，畢生致力於提琴設計與研發製造。他傳承自義大利另一位重要的製琴大師尼古拉．阿瑪蒂（Nicola Amati）的技藝，並積極開創個人的風格，他所製作的提琴型式、比例、音色與油漆等，都達到了提琴等級的最佳規格境界。四百年至今，恐怕再也找不出有改良餘地或更好的提琴了。

由於史特拉底瓦里製琴生涯長達七十年之久，因此根據統計他這一生大約製作了一千多把琴，也因為當時他最主要的客源多來自上層的王室貴族階級，所以保養的情況較佳。今日世上大約仍存有史特拉底瓦里的小提琴五百五十把、十二把中提琴及五十把大提琴，許多知名的演奏家或提琴愛好家、藝術收藏者也都以能擁有一把史特拉底瓦里的提琴為榮。例如國際知名的小提琴家穆特（Anne-Sophie Mutter，1963 年—）就曾說過：「當你擁有一把史特拉底瓦里時，即使只是碰觸它，都能感到無比的興奮。」另外在台灣享有極高人氣的國際大提琴演奏家馬友友（Yo-Yo Ma，1955 年—），手上就有一把史特拉底瓦里的大提琴「大衛朵夫」（Davidov），是由上世紀知名的演奏家杜普雷[40] 傳承而來。史特拉底瓦里幾乎是史上公認最好的提琴，無怪乎福爾摩斯向華生展示他也擁有一把名琴，會顯得如此興致勃勃、神采飛揚了。

今日在台灣何其有幸，讀者朋友能親身到台南的奇美博物館，見證史特拉底瓦里名琴的真身。奇美博物館總共收藏了五把史特拉底瓦里名

40. 賈桂琳．瑪麗．杜．普蕾，（Jacqueline Mary du Pré，1945 — 1987 年），二十世紀國際知名的大提琴演奏家。曾與當代眾多知名音樂家如祖賓．梅塔（Zubin Mehta）、帕爾曼（Itzhak Perlman）、阿胥肯納吉（Vladimir Davidovich Ashkenazy）、祖克曼（Pinchas Zukerman）、巴倫波因（Daniel Barenboim，是杜普雷之夫）共同合作，得到全世界樂迷的喜愛。可惜最終因為罹患多發性硬化症（Multiple sclerosis）而英年早逝。電影《無情荒地有琴天》（HILARY and JACKIE）將她的感人故事搬上了大銀幕與世人分享。

琴：小提琴達斯金（Dushkin，1707）[41]、小提琴奧薇蒂瑪麗爾（Viotti-Marie Hall，1709）、小提琴姚阿幸．艾爾曼（Jaochim-Elman，1722）[42]、大提琴鮑凱里尼（Boccherini，1709）、大提琴鮑爾（Pawle，1730）。

帕格尼尼（Niccolò Paganini，1782 － 1840 年）堪稱是音樂史上最有名的小提琴演奏家，出生於義大利熱那亞的一個貧窮家庭，八歲時得到了人生第一把小提琴，幾乎是無師自通地學會演奏技巧，並開始學習作曲。九歲便加入市立歌劇院的管弦樂團，帕格尼尼從小也被視為神童來看待。

至於成人後活躍於樂壇的情況，帕格尼尼更是以「鬼才」稱號鶴立雞群。十九世紀初，法國知名的提琴家克羅采（Rodolphe Kreutzer，1766—1831 年）在聽過帕格尼尼的演奏過後，為他那驚人的技巧而目瞪口呆，於是在日記裡寫下「猶如見到惡魔的幻影」，也因此社會上常有人以「魔鬼小提琴家」稱呼帕格尼尼。另外，也因帕格尼尼的容貌十分獨特，長髮、眼光銳利、雙頰深陷，彷彿身上散發了一道陰森之氣，間接讓人有股不寒而慄之感，因此更加深了他那如魔鬼般地技藝。

能夠引發當時代樂壇與社會如此矚目的演奏家，其成功自然絕非偶然，帕格尼尼每天私下練琴十至十二個小時，這對他原本就羸弱的身體加重了不少的負擔。遺憾的是，多數群眾只感興趣圍繞在帕格尼

41. 奇美博物館於 1990 年由旅美小提琴家林昭亮手中買下，是全台灣第一把史特拉底瓦里名琴。

42. 2011 年台灣小提琴家曾宇謙以最年輕的十六歲之齡參加柴可夫斯基大賽，獲得評審團特別獎，正是使用這把琴。這把名琴曾在十九世紀由小提琴大師姚阿幸（Joseph Joachim）持有，之後再傳到小提琴名家艾爾曼（Mischa Elman）之手。艾爾曼過世後，琴又傳到了捷克知名作曲家德弗札克曾孫蘇克（Josef Suk）的手上。

尼身旁的那些詭異傳說，而忽略了他在舞台下揮灑無盡汗水的付出。

帕格尼尼以他那獨特的複音奏法、二重泛音、左手撥奏、飛躍斷奏的驚人技巧征服了歐洲各國，當下激烈的情緒與狂飆的樂音往往使現場的聽眾招架不住。據說法皇拿破崙的妹妹艾莉莎（Elisa）女爵特別喜愛聽帕格尼尼演奏，但也常常聽到昏厥過去；「鋼琴之王」李斯特（Franz Liszt，1811 － 1886 年）在年輕時聽過帕格尼尼演奏後，李斯特就徹底著了魔，決心將鬼才那魔鬼般的技巧帶進鋼琴的演奏中；義大利歌劇大師羅西尼（Gioachino Antonio Rossini，1792 － 1868 年）說他一輩子只哭過三次：他的歌劇演出失敗那一晚、眼看一隻填滿餡料的火雞掉進河裡，還有就是第一次聽到帕格尼尼的琴聲！

帕格尼尼

究竟帕格尼尼的琴音如何動人？為何充滿不可思議的魅力？因時代的侷限，今日的人們永遠無法親耳聆聽他那傳說中的魔鬼琴音。在帕格尼尼的每場演奏會後，歐洲樂評幾乎都能迅速地寫出讚嘆之文，或許可供我們做些參考想像：「沉醉在他豐沛的幻想及以音像表達的時刻中，他似乎一下子在極度悲傷的哀怨音韻中，用刺耳的嘆息呼出靈魂，一下像個幽靈脫離了堅實的土地，在那些既驚又怕、喘不過氣的觀眾上方呼嘯，直到他音符中圍繞著他的魔力消散掉，他們才能再恢復意識。」

在維也納，整座城市都崇拜著帕格尼尼。糕餅糖果店賣著包裹糖衣的帕格尼尼甜點，餐廳裡也有以帕格尼尼為名的主菜與小提琴形狀的麵包。服飾店中，充滿了各種帕格尼尼風格的帽子、手套和禮服。婦女開始學習帕格尼尼留著半鬆開的髮辮，男士的圍巾上也印有小提琴圖案，帕格尼尼的肖像一時之間出現在鈕扣、手杖和香菸盒上。今日的人們應該很難想像歷史上竟有人能夠以自身的獨特魅力征服了整座城市，風靡了裡頭的每個人，更帶動了整座城市的時尚風格。

當時除了帕格尼尼被魔鬼附身，所以才能把提琴拉得如此動人，這樣的八卦傳聞不絕於耳之外，甚至有小道消息宣稱帕格尼尼可以僅用一條絃來演奏樂曲，他早已將靈魂賣給魔鬼，而且僅存的那根神奇的弦，其實是他親手扼死的女人的腸子做的！各式荒誕不經的傳言終身圍繞著帕格尼尼，使他不堪其擾，到後來也懶得駁斥了。

確實，帕格尼尼本人也帶點詭譎的神秘感，對自己所創造的技巧始終秘而不宣，就連他作曲的樂譜也總是收藏在自己身邊，不輕易示人。1840 年，帕格尼尼因喉頭肺結核病逝於法國尼斯，但這位終身與魔鬼傳聞糾纏不已的音樂家死後卻遭到當地教會拒絕其下葬，在帕格尼尼之子阿奇勒為此四處奔波請託之下，帕格尼尼的遺體在五年後才得已入土為安。歷史上恐怕也很少人有過這種生前死後皆受魔鬼之名拖累的際遇了。

帕格尼尼生前唯一發表過的小提琴獨奏曲集是二十四首《奇想曲》，這也是他畢生卓越的演奏技巧精華，他將小提琴的音色和色彩擴展到了前所未有的程度。以福爾摩斯如此鍾愛小提琴演奏的行家而言，他應當非常熟悉帕格尼尼的這些為磨練技巧而創作的練習曲，也必定詳知許多圍繞在這位鬼才周遭的奇聞軼事，或許當天下午華生就從偵探好友那裡探聽了不少音樂史的趣聞呢！

紅圈會

The Adventure of the Red Circle

最偉大的戲劇作曲家－華格納

對啦，還不到八點鐘，柯芬園今晚在上演華格納的歌劇呢！要是我們馬上走，還能趕得上第二幕。

對於喜愛音樂的福爾摩斯而言，在絞盡腦汁成功破案後，到劇院欣賞一齣歌劇或音樂會將是他人生當中最為愜意的休閒娛樂之一。這回他帶著華生想趕到柯芬園劇院觀賞華格納的作品。

華格納（Wilhelm Richard Wagner，1813 － 1883 年）是音樂史上一位可怕的人物，他反猶太、反天主教、誘拐人妻、出賣友人、既不道德也不名譽，或許他是音樂史上最不討人喜歡的音樂家。可偏偏他又是一個不可思議的音樂天才，首創「整體藝術」的概念，整合了詩歌、視覺藝術、歌劇及劇場，他完全改變了歌劇的命運。也是十九世紀樂壇上最舉足輕重的人物。

出生於德國萊比錫，自幼便喜愛戲劇的華格納，對於詩歌、哲學也相當熱衷。在就讀萊比錫大學時，他深耕了創作與作曲理論，此時期最深受他喜愛與鑽研的是貝多芬與韋伯[43]的作品，未滿二十歲時他便以貝多芬風格創作了《C 大調交響曲》。

華格納屬於自視甚高、懷抱天下的類型，他的一生絕不滿足於音樂，青年時期他便期許自己能超越音樂成為頂天立地的人物。但他早年所創作的幾齣歌劇如《仙女》（Die Feen）、《黎恩濟》（Rienzi, der Letzte der Tribunen）並未受到市場肯定，為求生活溫飽他四處兼任各地歌劇院的合唱團與樂團指揮。儘管他娶了女伶敏娜為妻，卻是一段帶有盲目性的婚姻，婚後兩人的爭執始終沒有停過，最大的原因仍舊是經濟的問題以及個性的差異。

1848 年發生於法國的二月革命浪潮席捲德國，華格納也激情地參加了德國當地推翻舊體制的五月革命運動，在遭到政府通緝後，經由李斯特的幫助之下出亡海外，展開十三年的流亡生活。這段期間可說是華格納平生最落寞失意的日子，流亡海外加上夫妻失和，發表的作品又無人賞識，以致沒有可靠的收入來源，生活的壓力常常將華格納壓得喘不過氣。

《漂泊的荷蘭人》（Der Fliegende Holländer）可說是讓華格納徹底翻身、時來運轉的作品，當時在德勒斯登劇院的演出受到了一致好評，這齣敘述漂泊在大海中歷盡艱辛尋找愛情的荷蘭人故事，其中所

43. 韋伯（Carl Maria Friedrich Ernst von Weber，1786 — 1826 年），德國著名浪漫時期作曲家。與莫札特有姻親關係，其代表作《魔彈射手》被視為是德國第一部浪漫主義歌劇。

描寫的磨難與孤獨渴望，幾乎反應了華格納當年的心境。至此他終於用作品打動了聽眾，迎接柳暗花明的嶄新生活。

十九世紀的歐洲可說是歌劇引領風騷的時代，新興中產階級在逐漸掌握了經濟優勢與社會價值觀的風向後，強調追求藝術的浮華品味與附庸風雅，用來作為裝飾與詮釋自身品位的象徵，因此上畫廊、聽歌劇、閱讀小說等新興的生活娛樂也隨之蔚為風潮。華格納正式迎來了屬於他的時代。

只是對華格納而言，傳統的歌劇形式已經無法滿足於他，他的野心是創作將詩、哲學、音樂與舞台設計等包羅萬象的藝術種類合而為一的新時代歌劇。在結構上，他打破了傳統歌劇詠嘆調與宣敘調獨立成段的技法形式，讓音樂旋律連貫發展；在表演方式上，他也終止了傳統以演員的演唱為主的表演模式，他直接讓樂音當作是演員的表演，來表達作品中角色的內在情感，這種稱作「主導動機」（Leitmotiv）的藝術形式，獨創出與傳統「歌劇」有別的「樂劇」（music drama）。

1862 年華格納獲赦回國後，錦上添花的喜事接踵而至，一向崇拜華格納的巴伐利亞國王路德維希二世（Ludwig II）來函邀他入幕，華格納結識了金枝玉葉的伯樂金主，從此開始衣食無虞的生活。這位以德國著名「新天鵝堡」（New Swanstone Castle）締造者傳世的國王，除了以新天鵝堡來滿足自己對華格納劇中哥德奇幻風格的追求之外，也完成了華格納在拜魯特（Bayreuth）建造歌劇院的夢想。1876 年，華格納此生登峰造極的《尼伯龍根的指環》（Der

Ring des Nibelungen）在路德維希二世、德皇威廉二世與歐洲眾多的政商名流的見證之下開演。這齣需要花費四天共計十六小時的巨作，耗盡了華格納二十三年的歲月心血創作而成，他在劇中以「眾神的毀滅」與「人類的解脫」作為主題核心，貫徹了他結合詩歌、哲學、藝術與音樂的集大成創舉，向新世界提出了嶄新的命題。當代知名音樂家巴倫波因（Daniel Barenboim）曾從音樂史的角度做了一個絕佳的比喻：「在巴赫的時代，人們可以依賴上帝。到了貝多芬時代，人們已無法依賴上帝而要尋求人類自身的努力了。等到華格納登場後，他直接推翻兩位前輩的做法，他要塑造新時代全新的人類。」時至今日，每年八月的「拜魯特音樂節」（Bayreuther Festspiele）持續保持演出全本《尼伯龍根的指環》的傳統來向華格納致敬，歌劇界的聲樂家與指揮家，也都以能登上「拜魯特音樂節」的舞台為榮[44]。

華格納

44. 有關華格納及其作品、拜魯特音樂節等更多的專業資訊，建議讀者可參考以下書籍：羅基敏、梅樂亙著《華格納．指環．拜魯特》，台北：高談文化，2006 年八月；與 George Bernard Shaw（蕭伯納）著，《尼貝龍根的指環：完美的華格納寓言》，台北：華滋出版，2013 年六月。

當然，華格納本身的爭議性在百餘年來也常成為茶餘飯後的閒話。這位有著反猶太情節更受到希特勒強烈吹捧的音樂大師，似乎一直不被大多數的猶太民眾所喜愛。而他與友人畢羅（Hans von Bulow）之妻，也是李斯特之女的柯西瑪（Cosima Wagner）暗通款曲，後將其娶為第二任妻子的緋聞逸事，也遭受衛道人士的眾多非議。甚至有許多音樂界的同行也對他頗有微詞，法國知名音樂家德布西（Achille-Claude Debussy，1862 － 1918 年）曾表示：「難道你看不出華格納以他所有可怕的力量，將音樂引入貧瘠和有害的歧途嗎？」

無論有人賞識他或有人厭惡他，百餘年來反對與支持他的兩股激辯至今不絕於耳，可見華格納的精神不死，他無疑是繼貝多芬、韋伯之後，歌劇舞台上最崇高的大師。

或許，華格納本身就是一部戲劇，是一部在人類音樂史上，尤其是拜魯特的舞台上，上演最頻繁、人們提出問題也最多的一部戲劇；與此同時，他大概也是負擔人類史上重負最甚的一部戲……。

布魯斯—帕丁頓計畫

文藝復興時期音樂 *The Adventure of the Bruce-Partington Plans*

我記得，在那難忘的一天裏，他整天在埋頭撰寫關於拉蘇斯的和音讚美詩的專題文章。

在這則短篇中讀者可以得知，喜好音樂的福爾摩斯也能撰寫專業的音樂論文。非但如此，福爾摩斯研究的領域竟跳脫了大部分學者與聽眾所關注的巴洛克、古典或浪漫主義音樂，而挑選了更為早期的文藝復興時期來研究，名偵探的習性確實讓人捉摸不定。

拉蘇斯（Orlande de Lassus，1532 － 1594 年）這位令這位大多數讀者感到陌生的十六世紀音樂家，出生於今日比利時西部法蘭德斯（Flanders）一帶。幼年時期他曾加入西西里的少年唱詩班，據說拉蘇斯的嗓音太過優美，以至於他還曾經被其他的合唱團給綁架過。儘管今天已普遍不為人所知，但拉蘇斯可算得上是文藝復興晚期創作最為豐富、多才多藝，和普及性的作曲家，總計他這一生共創作了上千首關於拉丁文、法文與德文的聲樂作品。在這些作品當中，以經文歌（Motet）、牧歌（Madrigal）和農村民歌（Villanellas）最具代表性，名偵探正在撰寫的專論應屬於經文歌這塊領域。

大約在十六世紀的六十年代，儘管拉蘇斯作品一向平易通俗，但他善於運用生活化的音調融入作品當中的特色已享譽國際，不僅有許多各地貴族企圖拉攏已在慕尼黑定居的拉蘇斯為己效力，連當時代的神聖羅馬皇帝與羅馬教皇都授予拉蘇斯貴族爵位，這在文藝復興時期還算是相當難得的現象。

拉蘇斯

雖然一般談到文藝復興時期，在音樂領域的成果表現並不像藝術、繪畫、雕刻與建築那樣的特殊傑出，但比起之前的中古時期仍有重大的發展，例如樂譜印刷術的發明，不僅可以妥善保存前人作品，也對音樂作品的累積與傳承進行了更大的助益。另外，作為中世紀主流音樂的聲樂到了文藝復興時期，也因樂器的蓬勃發展而逐漸趨向器樂曲的創作。最後也是最重要的轉變，即是複音音樂的流行，如卡農式（對答法）、輪迴式、對位式幾種重要形式已成熟發展，和聲在這個時期也初步成形。

拉蘇斯時代的經文歌大多屬於無伴奏合唱風格，在複音音樂的發展之下，講求對位技巧簡化通俗，僅管這時期有許多各地區方言的經文歌詞也逐漸流行的趨勢，福爾摩斯選擇該時期的音樂史來做為研究專題，勢必還是得參考許多拉丁文、法文甚至德文的文獻，由此可知名偵探還有相當不錯的語言能力呢！

垂死的偵探

The Adventure of the Dying Detective

福爾摩斯與福爾摩沙

你懂得打巴奴里熱病嗎？你知道福爾摩沙黑色敗血症嗎？

本篇故事中福爾摩斯竟然提到了「福爾摩沙」，這或許是大多數的讀者先前都沒有留意到的。於是，這裡便產生了一個值得探討的問題：福爾摩斯口中的福爾摩沙是否指的就是台灣呢？

我們知道，福爾摩沙一詞是音譯自葡萄牙文的「Formosa」，意為「美麗」。自十五世紀的大航海時代起，葡萄牙人在全球開闢新航路後，世界上有許多的地方便以福爾摩沙來命名。今日不僅僅是台灣擁有這項名稱，例如在葡萄牙本地也有福爾摩沙河（Rio Formosa）；巴西有福爾摩沙市（Formosa, Goiás）與福爾摩沙湖（Lagoa Formosa）；就連在美國的佛羅里達州的奧蘭多市也有座福爾摩沙湖（Lake Formosa），其他在阿根廷、肯亞當地也都有這樣的地名，不一而足。

那麼，福爾摩斯指的福爾摩沙究竟是哪裡？我們進一步由故事裡的上下文來推斷：「你懂得打巴奴里熱病嗎？你知道福爾摩沙黑色敗血症嗎？」在福爾摩沙之前，提到了一個地名是「打巴奴里」（Tapanuli），這是印尼的地名，所以我傾向以語法而言福爾摩斯在這裡提到的兩個地方應皆屬於亞洲地區。但是，葡萄牙人過去也曾在今日的麻六甲建立過一個「法摩沙堡」（A Famosa）的堡壘，向來也都以福爾摩沙名之，跟台灣的距離比起來，法摩沙堡當然與打巴奴里來得近些。所以最後可判定名偵探這裡指的福爾摩沙很有可能是「法摩沙堡」或「台灣」。

以距離來比較的話，或許台灣的可能性會較小一些，但若從與原作者柯南・道爾的親近關係來判斷，我認為偵探口中的福爾摩沙指的就是台灣。

道爾的蘇格蘭同鄉，也是他在愛丁堡醫學院的學長邁斯威爾（James Laidlaw Maxwell，1836 － 1921 年），具有長老教會宣教士的身分，他在 1865 年登陸了台灣的打狗港，開始在台南府城行醫傳教。邁斯威爾牧師將新式的醫療技術引進了台灣，並在日後創設了台灣歷史上首座西式的醫院，即今日台南的新樓醫院。或許台灣讀者會較為熟悉邁斯威爾先生的漢名，他就是馬雅各醫生。

今日我們無法在柯南・道爾的書信或回憶錄中得知他與馬雅各醫生是否相識，但馬雅各醫生在 1888 年就從台灣回到倫敦，舉辦了大型的國際宣教會議，會中曾發表陳述其在台灣的傳教與醫療過程與經驗。

以道爾平日對宗教敬而遠之的態度上看來，或許道爾在倫敦聽馬雅各醫生演講的可能性甚微。不過這裡能夠大膽地假設，身為同一所醫學院畢業的道爾學弟，很有可能也曾閱讀過馬雅各醫生所發表關於台灣疾病與行醫的概況文章，進而對這塊福爾摩沙有了粗略的印象。儘管只能夠站在假設性的立場來推論，但對比「法摩沙堡」這個與道爾甚無關聯性可資論證，而且在十九世紀初即遭棄守的福爾摩沙堡壘，我判定名偵探口中的福爾摩沙應是台灣的可能性相對較高。

在這本跨越世紀的經典文學讀物裡，令人意想不到也能與台灣有那麼一絲連結性，或許來日台灣讀者重拾《福爾摩斯探案》閱讀之時，會更增添一分熟悉與親切感吧！

法蘭西絲．卡法克小姐失蹤案

森德勒的名單

The Disappearance of Lady Frances Carfax

你棺材那麼深，裝的卻只是一個小小的無關的人。為什麼用那麼大的棺材去裝那麼小的屍體呢？為的是騰出地方來再放上一具屍體。利用同一張證明書埋葬兩具屍體。如果我的視野不是被蒙蔽了，這一切原由都是很清楚的。

本篇故事中，邪惡的彼得斯（Peters）綁架了法蘭西斯女士，將她藏身於一口尺寸巨大的棺材之中，藉由埋葬老保母之名欲將其陪葬，這則偷天換日的方法與故事的編排相當出色，甚至連名偵探都差一點被蒙蔽了。

西方文學史上，許多經典名著都有這般偷天換日的橋段，其用意不外乎欺敵、脫身或是蓄意隱藏某物件，儘管在隱藏的手法上大多如出一轍，但在文學作品中每當這種欺瞞的套路再度現身，總是能引起讀者反覆的迴響。荷馬史詩《伊利亞德》就是文學史上最早出現這種橋段的文學作品，希臘聯軍在特洛伊戰爭浴血奮戰了十年之久仍相持不下，最終透過奧德賽的「木馬屠城計」，使藏身於巨型木馬中的希臘士兵得以矇騙特洛伊方的警戒而成功入城，撇開史實部分不談，至少兩千多年前的偷天換日妙計確實讓這則故事深得社會大眾的喜好，歷久彌新。另外，像是法國文豪大仲馬（Alexandre Dumas，1802 － 1870 年）於 1844 年出版的經典作品《基度山恩仇記》（The Count of Monte Cristo），主人翁愛德蒙．唐泰斯（Edmond Dantès）在遭受誣陷後，被囚禁於伊夫堡（Château d'If）監獄十四年之久，最終他透過隱身於運屍袋而成功逃亡。這樣的逃生手法也確實讓當年的普羅大眾感到刺激驚奇，《基度山恩仇記》也奠定了大仲馬在通俗文學界的巨匠地位。

不僅在文學的世界裡，歷史上這種偷天換日的手法也能成為善舉，救人於水火之中。第二次世界大戰是上個世紀人類歷史上最深的一次創傷與一場災難，尤其是太多無辜且無助的弱勢族群在法西斯與納粹的鐵蹄摧殘下，所受到苦難傷痛，儘管歷經了七十年的歲月流逝，至今依然無法完全撫平，令人喟嘆。

二戰期間的德國納粹政府發生了許多慘絕人寰的悲劇，但在當時如此黑暗的社會環境裡，卻更能看出隱藏在某些人心中難能可貴的光輝。與曾經搬上大銀幕《辛德勒的名單》（Schindler's List）當中那位知名的奧斯卡．辛德勒（Oskar Schindler，1908 － 1974 年）有著相同義行的波蘭婦女艾琳娜．森德勒，也在二戰期間利用了這種偷天換日手法拯救了許多珍貴的生命。

身為醫生之女的艾琳娜・森德勒（Irena Sendler，1910 － 2008年），年僅七歲就眼見父親為了醫治傷寒病人而遭感染喪命。父親臨終對艾琳娜仍舊耳提面命，囑咐她繼續傳承這種捨己救人的信念。在艾琳娜就讀於華沙大學期間，民族主義與反猶太情緒在波蘭社會甚囂塵上，她眼見許多猶太裔同學在校內慘遭霸凌歧視的場面，艾琳娜對於當時的反猶太與隔離措施感到極度厭惡，她時常挺身為這些猶太裔同學辯護發聲，如此唱反調的行徑在當年使她遭人側目，還差一點無法完成大學學業。

出社會後艾琳娜在華沙社會救濟局擔任護士，負責救濟食堂。1942年納粹德國在華沙成立猶太人集中區，開始徹底執行隔離政策，艾琳娜目睹了許多猶太人在集中區的殘酷景象，決心為這些被迫害歧視的人們做些實質上的幫助。當時她在社會救濟局中的工作性質，主要是督導清查波蘭市區衛生環境，防止斑疹傷寒擴散，因此她擁有能自由進出猶太人集中區的證件。於是藉此機會，她多次偷偷提供食物、醫藥與衣物到集中區裡，並與救濟局裡的朋友合作，將一些猶太兒童說成是斑疹傷寒患者的兒女，防止他們被帶到猶太人集中區。艾琳娜告訴集中區的猶太人父母，納粹正計劃把他們所有人轉運到集中營裡，她苦心勸說猶太人父母讓她把孩子救出去。可以想見，要勸說這些父母與這些孩童離別是多麼困難的工作，有許多父母在當年也質疑艾琳娜，認為憑什麼要相信她。當年已為人父母的艾琳娜自然懂得骨肉分離的痛苦和不捨，她只能靜靜地回答對方：「你們當然可以選擇不相信我，但你們別無選擇。」

對於這些父母放心將孩童交給她的艾琳娜，與波蘭支援猶太人的秘密組織合作，她時常藉由擔架、垃圾袋、工具箱或屍袋棺材將原在集中區的猶太兒童救出，驚險執行了無數次偷天換日的秘密行動。有時候為了掩蓋孩童的哭聲，艾琳娜還得在搬運的救護車上多載條狗，讓狗的叫聲來掩蓋孩童哭鬧聲，驚險逃過盤查。隨後她偽造了許多兒童身份證件，讓這些兒童隱藏身份，協助他們在外地被領養，前前後後一年半的秘密行動竟然拯救了兩千多名孩子。更讓人揪心的是，艾琳娜將這兩千多人的資料—「森德勒名單」，秘密埋藏在鄰居家的蘋果樹下，冀望來日重返和平之時能協助這些孩童有機會認祖歸宗。

1943 年年底，艾琳娜的秘密行動不幸曝光，遭到德國蓋世太保逮捕。在獄中她遭到嚴刑拷問，但她始終沒有透露出協助她的朋友與這些孩童的資料，令人難過的是艾琳娜的雙腿硬生生遭到打斷，並被判處了死刑。幸而最終行刑的士兵受到波蘭地下反抗軍的收買，讓艾琳娜成功被救走，直到戰爭結束，她始終以假身分在波蘭躲藏生活。

戰後艾琳娜將當年埋藏的「森德勒名單」挖出，並協助這些孩童們與家人相認，雖然大部分的孩童父母親早已因納粹集中營的迫害而往生，但這份名單至少讓他們永遠記得自己的父母，與自己的猶太裔身分。戰後的艾琳娜越來越少提起這則發生於二戰時期的救人往事，直到 1999 年美國有四名女高中生在製作一份歷史報告時才翻出了這個事蹟。

艾琳娜在 2006 年以九十六歲的高齡，坐在輪椅上出席了國家勳章的表揚儀式，當年許多被她拯救的兒童也都垂垂老矣，紛紛踴躍出席該項活動，為昔日的恩人歡慶致意。上天給了艾琳娜晚年許多的福報，兩年

'Female Schindler' who saved 2,500 dies at 98

BY ROSS McGUINNESS

A SOCIAL worker who saved 2,500 Jewish children from the Nazis during World War II has died, aged 98.

Irena Sendler, who was known as the 'female Schindler', rescued children and babies from the Warsaw ghetto in Poland – smuggling some out by wrapping them as parcels.

Mrs Sendler, who lived at a Warsaw nursing home, had been in hospital with pneumonia since last month.

During the war, she and her team of 20 were allowed into the infamous ghetto on the pretext of checking it during a typhoid outbreak. Instead, they searched for children to save.

They smuggled out babies in ambulances and trams, some wrapped in packages. Teenagers escaped by joining teams of labourers. Those rescued were placed in families, orphanages, hospitals or convents.

In 1943, the Nazis destroyed the ghetto and the inhabitants were shot or sent to death camps.

Mrs Sendler, a Roman Catholic, was eventually captured by the Gestapo, tortured and sentenced to death – but released when a guard was bribed.

The names of the hundreds of children she saved were known because Mrs Sendler kept a list buried in a jar under an apple tree.

She became one of the first 'Righteous Gentiles' to be honoured on the Yad Vashem Holocaust memorial in Israel in 1965. Last year, she was nominated for the Nobel Peace Prize.

'It took a true miracle to save a Jewish child,' said Elzbieta Ficowska, who was rescued as a baby by Mrs Sendler in 1942.

'She saved not only us but our children and grandchildren and the generations to come.'

Heroine: Irena Sendler (inset) rescued Jewish babies and children from the Warsaw ghetto

Pictures: AP; AFP/Getty

2008 年 5 月 12 日艾琳娜．森德勒去世，她的事蹟刊登於當日報紙頭條（圖片來源：Jake）

後她以九十八歲的高齡安祥辭世，艾琳娜從不覺得自己當年做了什麼了不起的事，所以她也幾乎不向人談起那段往事。當年接受媒體訪問時，她在眼眶濕潤下表示：「那些被救出來的猶太孩子，已經證明了我在世界上的價值，但這並非值得讚揚的理由。相反地，我多年來總是受到良心的譴責，因為我本來可以救更多的人。」

艾琳娜展現了無比崇高的勇氣和人格，她從不在乎是否在歷史上留名，當年她不吝惜己身性命，謹記亡父捨人溺已溺的信念，透過無數次驚險的偷天換日秘密行動，以變造身分和「森德勒名單」來保護延續許多無辜的性命，體現出最真誠的人道主義與大愛的真諦。

今日在以色列的猶太大屠殺紀念館（Yad Vashem）中可見到艾琳娜的事蹟陳列，表揚她的慈善工作，以色列特別嘉許她為「國際義人」（Chassidey Umot HaOlam，意即世界各國的正義之人）。

魔鬼之足

The Adventure of the Devil's Foot

康瓦爾傳統與亞瑟王傳說

分散的教堂鐘樓表明康瓦爾這一帶地方有零落的村莊。

本福爾摩斯為了養病，特別與華生來到英國最西南端邊陲的半島地帶康瓦爾郡（Cornwall）。由於不列顛的地勢東北高而西南低，因此該區域也被稱之為低地，從地圖上來看彷彿類似英國這條巨龍尾巴的頂端。

看似僻靜闃寂的邊陲小村莊裡，名偵探正巧遇見了兩件弔詭的命案，在這兩起有關毒物的完全犯罪裡，福爾摩斯與華生為了體驗證實殺人毒物的效力，甚至與死神擦身而過，因此讀者不僅可以藉由本篇故事側面觀察到名偵探與醫生助手間的緊密友誼，也可以在案件揭曉後發現兩起命案的兇犯竟非同一人，這在整個福爾摩斯系列的故事中，是頗為特殊也令人驚喜的一篇。

在羅馬帝國統治時期，康瓦爾地區先民屬於古凱爾特人（Celt）中之分支，於十至十一世紀時康瓦爾先後被薩克遜人、諾曼人所征服。儘管如此，在英格蘭統治時期因本地語言分支較為複雜，由於細長的塔瑪河（River Tamar）將英格蘭與康瓦爾低地一切為二，因此相對英格蘭而言，康瓦爾在地理上的偏遠隔離也使其保有原始的荒原風味與自然的美麗。

除了保有自然原始風光外，該地也擁有許多區域性方言，因此本區的有效控制管理向來仍須大多數在地的康瓦爾世族配合協調。例如在故事中便提到一段：「這處神奇而具有魅力的地方，以及它那被人遺忘的民族的不祥氣氛，對我朋友（福爾摩斯）的想像都產生了感染力。他時常在沼澤地上長距離散步，獨自沈思。古代的科尼什語也引起了他的注意。我記得他曾推斷科尼什語和迦勒底語相似，大都是做錫平生意的腓尼基商人傳來的。他已經收到了一批語言學方面的書籍，正在安心來研究這一論題。」因為地裡環境與歷史發展的特殊性，近年來本地主要的政治團體康瓦爾民族黨（Mebyon Kernow）向英格蘭當局要求自治地位的呼聲始終不絕於耳。

在康瓦爾北部的廷塔哲城堡（Tintagel Castle），是英格蘭古代最著名的亞瑟王傳奇故事發祥地。石中劍的王者傳說是每位英國孩童耳熟能詳的騎士故事，而那位充滿神秘奇幻色彩的巫師梅林，正是在這座氣勢磅礴沿海建起的古堡與峭立的斷崖處，撫育教導著年輕的亞瑟王。因此今日在廷塔哲城堡旁的斷崖下方，遊客仍可見到一處名為梅林岩洞（Merlin's Cave）的傳說遺跡。誠然，亞瑟王故事的史實性始終是學界看法不一、紛爭不休的大哉問，然而撇開嚴肅枯燥的史學研究不談，大多民眾更在乎的是紮根落實於民俗生活裡的幻想與記憶。峭崖上的嶙峋怪石，配合著耳邊陣陣大西洋海風的呼嘯，足以體現人們對於中古世紀與奇幻歷史的浪漫想像，當人民想要什麼樣的英雄，亞瑟王也就有著什麼樣的個性與思維。或許如古希臘哲人亞里士多德從某些角度而言，文學比起歷史會更顯得真實吧！

廷塔哲城堡一景（圖片來源：Ben Salter）

最後致意

西線無戰事

His Last Bow

就要刮東風了，這種風在英國還從來沒有刮過。這股風會吹得很凜冽，華生。我們之中許多人可能會因為這陣風而凋謝。但這依然是上帝之風，待風暴過去後，更加純潔、美好，與強大的國土將屹立在陽光之下。

1917 年柯南・道爾所發表的這篇作品，完全是為了正如火如荼進行中的世界大戰而寫。秉持著強烈愛國情懷的道爾，儘管因高齡而無法趕赴前線，但他身邊的眾多親友皆已投入這場戰爭，傷亡慘重。第一次世界大戰徹底影響了道爾的價值觀與信仰態度，更是徹底改變了他晚年的生活。

不僅如此，這次大戰也在世紀之初將整個歐洲捲入史無前例的浩劫。戰爭甫爆發之際，多數民眾興高采烈，認為戰爭將帶來新的生機。連道爾也樂觀以為，戰爭將在短短一年內即可結束，實際上英國自從南非布爾戰爭後的衰頹態勢已顯而易見。名將基欽納（Horatio Herbrt Kitchener，1850—1916 年）當初即斷言這場戰爭至少會持續三年，許多人甚至對此嗤之以鼻，但局勢的演變逐漸證明基欽納所言不虛。1914 年十一月，西線已陷入膠著狀態，雙方只能躲在彼此的壕溝中進行無謂的拉鋸戰，尖銳的鐵網與無情的機槍葬送了數以萬計青春珍貴的生命，這當中也包括了多位道爾的子侄。

隨著第一次大戰的落幕，道爾失去了太多身邊的親友，這當中更包含與其最親密的胞弟英尼斯和長子金斯利，痛徹心扉的道爾至此一改戰爭初期的樂觀心態，呈現出厭戰、反戰的激烈情緒：「當這些年輕優秀的孩子們從我們的視野中消失，整個世界都在問：『他們變成了什麼？他們在哪兒？他們現在在做什麼？他們消失於無形⋯⋯』。」面對身邊親友的接連離世，戰爭使道爾的人生觀以及宗教觀產生了重大影響，他不得不藉助唯靈論的降神會來尋求撫慰與救贖，此舉甚至成為了道爾晚年最令人非議與批判之根源。

親歷第一次世界大戰的傷痛，並與道爾後期同樣持反戰、厭戰的文學家亦不乏其人。德裔美籍作家雷馬克（Erich Maria Remarque，1898 － 1970 年）在 1929 年發表的《西線無戰事》（Im Westen nichts Neues），可稱得上是一次大戰反戰小說中的傑作。作者藉由十九歲的主人翁保羅・博伊默爾（Paul Bäumer）與他的一票青年同學，在沙文主義學校老師的煽動下，告別了家鄉與親人，為帝國主義捨命參軍。然而真正的戰場並不像他們在課堂上想像得那麼刺激、那般熱血，壕溝內盡是老鼠、虱子，惡劣的傳染病威脅著每個士兵的生命。在隆隆的砲聲下，這些年輕人有些被炸斷了腿，有的尿了褲子，還有人被毒氣毒死，保羅身邊的同學們一個個陣亡，他們的理想和信念很快就被殺戮與死亡的現實完全摧毀。

保羅曾在某次肉搏戰中，於砲彈坑內用刀扎死一名法國士兵。當他從對方衣袋裡看到其妻兒照片時，不覺一愣，領悟到對方與自己都是有家庭等著自己衣錦榮歸之人，兩個毫無恩怨的人為何會在此相互搏殺？他非常地懊悔，甚至跪下來請求死者的靈魂能夠饒恕他。

之後保羅因負傷住院，因此得以請假回鄉探望家人。當他路過母校時，眼見學校老師仍在講台上鼓吹帝國主義與戰爭，使台下的學生個個聽得情緒激昂，保羅發現前線與後方的差距很大，鄉親幾乎都聽信政府的宣傳，以為戰爭很快便要取勝，殊不知前線的士兵每天處於高度緊張和恐懼中，除了要忍受陣地上的飢餓、潮濕和疾病外，面對的就是茫然無助的挫折感與日益淡薄的求生意志。這趟回鄉，保羅對於眼前所看到的一切充滿憤懣與厭惡。

1918 年的十月，雙方暫時停火，西線異常平靜。金黃色的樹葉在秋風中閃放著亮麗奪目的色澤，通紅的山楂果子在一簇簇綠葉中飽滿地挺拔著。守候在戰壕裡的保羅，眼見一隻美麗的蝴蝶在血色的戰地泥濘中恣意飛舞，他從壕溝裡起身想要捕捉牠時，突然一聲槍響，保羅被流彈擊中而倒下。雷馬克在書末以平和的語氣描述：「他死時輕輕地向前撲倒，靜靜地躺著。像是沈睡在夢鄉中一樣。當人們把他翻過來時，他的表情那麼從容、那麼安詳、那麼愜意，沒有流露出絲毫的痛苦與悲傷。畢竟從此一切也都結束了。」整整一天前線是那麼地沉寂和寧靜，當天的戰報新聞上僅用了一句話來概述：「西線無戰事」。

雷馬克在書中描述的是第一次世界大戰實況的慘烈縮影，他以自身參戰的經歷，看遍戰爭烽火的殘酷，形成堅決的反戰思維。《西線無戰事》不僅是對一次大戰最沉重的控訴，也戳破了帝國主義的「英雄神話」。雷馬克直指這個世代的年輕人就這樣成了炮灰，「他們即使逃過了炮彈，也還是被戰爭毀滅了」，在他眼中戰爭盡是毒氣和砲彈，是坦克和火焰噴射器，是把刺刀刺進敵人的胸膛，是用炸彈炸死未能逃脫碉堡的敵軍。全書以異乎尋常的真實、毫不留情地揭開了這場所謂神聖的、光榮的戰爭的虛偽面紗。

1930 年《西線無戰事》電影海報

儘管戰爭結束後分出了勝負，但換個角度看，他們誰也不是勝利者，諸國皆在這場戰爭中得不償失，經濟的衰退與勞動力的下降使得戰後歐洲陷入更蕭條的局面。雷馬克透過故事中保羅沉痛的口吻：「我們還沒有把根扎牢，戰爭就像洪水一樣把我們沖走了。」他由衷希望每位讀者都能深切地體認，「在戰爭中每個人都是輸家，勝利並不存在。」

顯貴的主顧

The Adventure of the Illustrious Client

西方瓷器熱

在那兒我記住了著名燒陶藝術家的印章、神秘的甲子紀年法、洪武和永樂的標誌、唐寅的書法，以及宋元初期的鼎盛歷史等等。

本篇故事向來不太受到讀者的青睞，不過卻是在《福爾摩斯探案全集》當中提及東方歷史文化次數最多的一篇故事。格魯納男爵（Baron Gruner）可算得上是繼莫里亞蒂教授、米爾沃頓之後又一名極惡的反派角色，貪圖富貴的他不僅騙婚殺人，也唆使打手將福爾摩斯打傷。為了成功混進其宅邸竊得他的秘密日記，名偵探讓華生急就章地充實中國瓷器相關知識，希望能絆住有收藏嗜好的格魯納，好讓福爾摩斯爭取到時間將日記得手。

福爾摩斯透過關係，從王室收藏借了一套明朝的雕花瓷器碟子，做為華生登門拜訪格魯納的理由。毫無疑問，這件明朝雕花瓷器是舉世聞名的青花瓷。不同於唐宋時期的青瓷、青白瓷，在元代完全成熟的青花瓷是以鈷料做為呈色劑繪畫，接著施以明釉，再以 1300℃左右的高溫一次燒成的釉下彩瓷器，具有白底藍花或藍底白花效果，十三世紀就擁有廣大的海外市場。中國的各窯場中，景德鎮是最名聞遐邇的瓷都，在明朝時景德鎮已獨佔了全國製瓷業的最大市場。

優越的自然條件是景德鎮成為瓷業重鎮的重要因素之一。地處群山環抱的江西景德鎮，除了在綿綿青山中盛產適合燒瓷的優質燃料，還蘊藏著高嶺土、瓷石一類礦物。當地許多窯場設於昌江沿岸，也充分利用河水來淘洗瓷土，加上昌江暢通的水運，每年大量出產的瓷器可由此順流而下直抵鄱陽湖，再轉由九江、南京、揚州等通商口岸遠銷海外。

1600 年前後，中國瓷器逐漸大量進入歐洲，最初只有上層貴族才能買得起、配得上這些器具。歐洲各國從葡萄牙至俄羅斯，幾乎都染上了「瓷器流行病」（la maladie de porcelainc），所有的宮院豪邸，堆滿了成群精緻的中國瓷，其特別用意在於宣示所有者的財富與權勢。波蘭國王兼神聖羅馬帝國薩克森選帝侯奧古斯都二世（August II，1670 － 1733 年）絕對是當年最知名的「瓷器流行病」重度患者，每年他所派駐在荷蘭的代理，皆會在東印度公司的拍賣會上為他購置大量的中國瓷器，以車船運回德勒斯登供他珍藏。奧古斯都二世身後非但留下了近四萬件的瓷器收藏，還曾建造一座由瓷器裝飾而成的宮殿，當中的牆壁、座位與床鋪皆是瓷造，甚至還有配搭瓷造小禮拜堂，裡頭充斥著瓷器聖壇與風琴。不僅如此，最令人咋舌之處莫過於他在 1715 年與普魯士的腓特烈·威廉一世（Friedrich Wilhelm I）做的誇張交易，以六百名龍騎兵交換了一百五十一件中國瓷。同時代的著名法國君主太陽王路易十四（Louis XIV）甚至還專派耶穌會傳教士利用前往中國傳教的機會，伺機探取中國製瓷的機密。由此可見當時代中國瓷器在歐洲上層社會風靡的程度。

十七世紀以降，歐洲對中國瓷器的追捧其中有一項重要的社會原因，即西方世界新興的用餐禮儀與教養的演化。中世紀時的節慶歡宴，大多都以誇飾炫耀的風格舉行：豐肥碩大的四蹄動物直接陳列於桌上，並以肉桂香料佐以調味，有時還會插上一些羽毛或獸皮做為裝點，然後再以手撕裂大快朵頤，這是極為浮誇的舞台式呈現。進入十七世紀後，歐洲貴族開始注重餐桌禮儀與教養，餐具器皿成為了新的餐飲焦點，於是精緻華麗的餐器反而喧賓奪主，食物相對較為樸實簡單，展示中國瓷盤餐具遂成為了新時代貴族名流身分與高雅品味的表徵。

故事中的華生接受了福爾摩斯指派的任務，向倫敦圖書館的副館長老友洛馬克斯（Lomax）借了一部大部頭的書籍回家進修，幾乎耗

遊客在德國茨溫格宮參觀中國瓷器（Dr. Meierhofer攝於2006年）

展於韓國國立博物館的青花瓷
（圖片來源：Republic of Korea）

去了他一個晝夜的時間。我們不知道那本所謂大部頭的著作是否屬於中國瓷器史的專書，但從華生的敘述中他可是讀了許多額外的中國歷史知識，閱讀「宋元時期的鼎盛歷史」，的確可有助華生認識宋瓷的官窯與民窯的分別，使他了解胎質細膩輕薄、釉色潤澤透明的青白瓷製作背景。「燒陶藝術家的印章」、「神秘的甲子紀年法」與「唐寅的書法」也是研究陶瓷史重要的年代判定基本知識。唐寅（1470－1524年）便是那位在民間享有極高人氣的江南四才子唐伯虎，這名曾在鄉試高中第一名的解元，隔年卻因無辜牽連科場舞弊案而遭革除功名，飽受了世間炎涼的唐寅，從此絕意仕途，以賣書畫詩文為生。華生閱讀到的唐寅書法，應是晚期俊逸秀拔、用筆迅捷而勁健的風格，今日讀者朋友將能夠在台北故宮見到唐寅《山路松聲圖軸》、《西洲話舊圖軸》這幾件晚期的代表作。

至於華生記住的「洪武和永樂的標誌」，實際上該時期並非青花瓷的活躍年代。儘管朱元璋在洪武二年就下令將朝廷的禮器、祭器一律改為瓷，靖難之役後的朱棣也頗青睞白瓷，然而青花瓷本身與蒙古族信奉薩滿教「國俗尚白，尊天敬祖而尚藍」的傳統有著密切的意識形態關聯性，以至於這兩位畢生都與蒙古族奮戰不休的皇帝，對於青花瓷都持有若干的保守或消極態度。因此當洪武、永樂父子倆在位的十五世紀之交，中國外洋商務在瓷器與其他商品的出口出現了衰退的情形。青花瓷的重振風潮，華生應特別注意的反而是朱棣之孫，年號宣德的明宣宗朱瞻基（1399 － 1435 年）時代，這位本身藝術造詣極高的君主不但獎掖藝術發展，也推廣青花瓷進入精英統治階層。在他支持下當時建造了五十八座的官窯，該時代的燒造量十分驚人，僅在宣德八年（1433 年）就燒製了龍鳳瓷器近四十五萬件。這些宣德窯用了當時南洋所輸入的「蘇泥勃青」的青料施於釉內，燒成後色料深入釉裏，清晰明麗，具有渾然俊秀的藝術效果。因此宣德窯也是明朝官窯最鼎盛時期。

要在一個晝夜時間吸收如此多的中國歷史和器物史的相關知識，恐怕不只在故事裡的華生很難做到，實際上，對任何一個先前未曾接觸過東方文史領域的西方人來說，都是非比尋常的艱難挑戰。因此當格魯納男爵開始試探華生，提及日本奈良東大寺的正倉院，那所由八世紀聖武天皇時期便珍藏著唐朝所傳入的無盡珍寶的精品倉庫。或是中國在北魏時期，胎釉中的含鐵量受到控制，避免了鐵的呈色干擾，並成功燒製白瓷的貢獻等諸如此類問題，已經讓華生捉襟見肘，無法據實詳答了，尷尬之下的華生只好以動怒表示不是來此接受考試的強硬語氣來回應。

平心而論，要讓華生在一個晝夜的時間內補充如此多陌生的專業知識，確實過於強人所難（儘管我們知道名偵探只是想讓華生替他爭取時間）；其次，華生真正應該閱讀的也不是什麼大部頭的著作。既然格魯納男爵是收藏瓷器的行家，甚至華生也知道這個文雅的惡人還寫過這方面的專書，卻沒有先大致閱讀該書就冒充行家前往，應該是整起任務最大的敗筆了。書中這段關於兩人針鋒相對的描寫，極為寫實有條理：

「誰告訴你我是鑒賞家的？」

「我知道你在這方面寫過一本著述。」

「你讀過那本書嗎？」

「沒有。」

「好傢伙，這可叫我越來越摸不著頭腦了！你自稱是一個鑒賞家和罕見珍品的收藏家，而你卻不願費事去查閱一下唯一能告訴你自己的珍評價值的著作，這你怎麼解釋呢？」

「我是一個忙人，我是開業醫生。」

「這是答非所問。一個人要是真有癖好，他總會找時間鑽研的，不管他有什麼別的業務。而你在信裡還說你是鑒賞家？」

確實如這位惡徒收藏家所言，一個人要是對某些方面真有癖好，不管日常的工作再忙，他總會找時間鑽研的。每當讀到故事中的這段激鋒對話，我總為華生詞窮的答非所問感到無奈與莞爾。有了這次捅簍子的經驗教訓，下回若還有冒充行家間諜的機會，華生醫生應該會再把功課給做足了吧！

皮膚變白的軍人

The Adventure of the Blanched Soldier

痲瘋病簡史

痲瘋在南非是常見病。由於特殊的機遇，這位青年可能受到感染。這樣一來，他的家屬處境就十分困難了，因為他們不願把他交給痲瘋隔離病院。

本篇故事中的年輕軍人因疑似罹患了痲瘋病而遭到家屬隔離，是一篇讀來沉重抑鬱的題材，由於沒有太多的懸疑成分，因此也沒有任何的戲劇改編過。

痲瘋病（Leprosy），又稱麻風病、癩病，是由一種類似結核分枝桿菌的痲瘋桿菌（癩桿菌）所引起的慢性傳染病。因痲瘋桿菌在 1873 年由挪威醫師漢生（Dr. G. A. Hansen）所發現，是故在醫學領域裡也被稱為漢生病或韓森氏病（Hansen's Disease）。痲瘋病主要經由飛沫傳染，感染初期並不會出現任何症狀，但潛伏期至少有三到五年，甚至可達四十年之久，主要症狀為神經腫大、受侵犯神經支配區皮膚之痛覺消失，最終往往導致四肢末端扭曲、顏面毀損或是截肢的命運。儘管今日學界已證實此病的感染力極低，但在歷史發展中該疾病往往被社會民眾視為毒蛇猛獸，避之唯恐不及，痲瘋病患不僅要忍受病痛之苦，還得要面對來自社會的異樣眼光與排斥，受到隔離、放逐，甚至燒死的悲慘命運。

痲瘋病在歷史上最早的紀錄，是在公元前 1350 年古埃及紙莎草上對於「蘇丹和達舒爾（Dahshur）地區的黑人痲瘋病」。稍晚的印度《吠陀經》裡也有提到該時代的痲瘋病症。此外，許多醫療史家認為中國在公元前 500 年左右的春秋時代，人們也開始認識了痲瘋病。其根據是《論語．雍也》所記:「伯牛有疾，子問之，自牖執其手，曰:『亡之，命矣夫！斯人也而有斯疾也！斯人也而有斯疾也！』」孔子的學生冉伯牛得了病，心疼不已的老師卻只能在窗外握著他的手探望，沉重地表示：「伯牛快要死了，他命該如此嗎？這樣的人竟然會得這樣的病！這樣的人竟然會得這樣的病！」歷代註釋《論語》的學者皆傾向伯牛得了「惡疾」，往昔民間盛傳有惡行之人遭報應才會患上此病，因此孔子雖不是宿命論者，卻也只能感嘆冉伯牛這般有德行之人，該是命中註定罹患此病。

疾病不挑人，因此無論富貴或有才者也有患上此病的紀錄。如西漢開國功臣曹參的玄孫曹時，繼承了祖上平陽侯封號，甚至還當上了漢武帝劉徹的姊姊平陽公主駙馬，可說得上是過著錦衣玉食的大富大貴之人。卻不料罹患了痲瘋病，皇帝下旨讓他「歸國」養病，隨後便死在封地上。也因此後續才有寡居的平陽公主與衛青的一段姻緣。另外像是東漢末年著名的文學家，「建安七子」之一的才子王粲，以及在唐朝初年文壇上名滿天下的「初唐四傑」中的盧照鄰，都是痲瘋病患者，盧照鄰最終因為受不了難堪的疾病折磨，投水自盡。

在日本戰國時代，著名的關原之戰中西軍的名將大谷吉繼，終生也是受到痲瘋病所苦。痲瘋使他雙目失明，連平日裡也需要以白布遮掩其容貌，儘管如此仍無法避免其他同僚對他產生的排斥歧視。據傳在某次太閤豐臣秀吉舉辦的茶會中，諸將皆使用同一個茶碗輪流飲茶，但在大谷吉繼這個痲瘋病人喝過後，眾人再也不敢碰這個茶碗，唯有秀吉的心腹石田三成若無其事地繼續端起來喝。如此舉動令大谷吉繼感動萬分，也讓他在日後的關原之戰時堅定地選擇站在西軍石田三成一方，為其獻出性命。

古代西方社會，痲瘋病也往往被視為對不忠和背叛的懲罰，其外觀上的爪形手、獅形臉、失明、四肢潰爛等症狀，讓人們相信這是受到上帝嚴懲所致，從此患者也背負了長久道德上的罪行。只不過比起東方社會，由於基督教義裡「上帝不會遺棄任何人」的信念，使許多受到排擠歧視的痲瘋病患者反而能在教會管理之下受到安置護理，歐洲最早的痲瘋病院就是在四世紀時由教會所創立。例如在十三世紀的十字軍東征時期，由於東西方社會的交通頻繁接觸，加之沿途惡劣的環境所致，痲瘋病患逐漸遍及歐洲各地。據統計，法國在路易八世（Louis VIII，1187 － 1226 年）的統治時期，官方登記的痲瘋病院竟有兩千所。

在痲瘋病流行的中世紀，痲瘋病患常常先被帶至教堂，由神職人員為他念一段彌撒，再撒塵土在他的頭上，表示他已經「死亡」。接著將病患帶至教會墳地，為他做一段葬禮的敬告：「請注意，你在這世上已經死了。你沒有家，沒有親人，一無所有。」這些病患若有不願接受病院隔離治療者，此後將只能身著繡著紅色「L」的長袍（Leprosy，指痲瘋），手持搖鈴與人保持距離，過著沿街乞討的餘生。

十九世紀比利時的達米安神父（Pater Damiaan，1840 － 1889 年），在 1873 年自願奉派到夏威夷的摩洛凱島（Molokai）上去，照顧被隔離的八百多位痲瘋病患。在當時該項任務幾乎找不到什麼自願者，也是有去無回的一份工作，但達米安神父在島上傳教，護理和安慰痲風病人，甘之如飴。他在島上居住十二年後自己也罹患了痲瘋病，卻還能以「我們都是痲瘋病人」的傳教口吻繼續安撫其他患者，堅持和他的病人們待在一起，這種捨己相伴的信念著實令人動容。1889 年神父因病去世，教廷在 2009 年將其封聖，歷史將永遠紀念這位為痲瘋病人獻出寶貴生命的達米安神父。

今日的醫學科技採用氨苯碸（Dapsone）、利福平（Rifampicin）等抗生素藥物，已能對痲瘋病做有效的根絕治療，一經治療後就不具傳染力，也使在往昔被視為絕症的痲瘋病不再駭人聽聞。可惜今日社會對該病的歧見仍附加其上，或許也是往後必須導正的重要方向。今日位於新北市新莊，成立於日治時期的樂生療養院，不僅主體建築具有古蹟文化的保存價值，也見證了台灣歷史上百餘年來的痲瘋急病療養史，至今仍面臨許多拆遷或保存的爭議問題，也值得台灣社會你我一起投入更多的關注。

王冠寶石案

The Adventure of the Mazarin Stone

奧芬巴哈與《威尼斯船歌》

我去練我的小提琴，拉一支《威尼斯船歌》。五分鐘以後我再回這屋來聽你的最後答覆。

本篇故事裡，福爾摩斯再度展現了小提琴技巧，演奏一曲奧芬巴哈的《威尼斯船歌》，成功「欺瞞」了敵人，奪回王冠寶石。

奧芬巴哈（Jacques Offenbach，1819 － 1880 年）是出生在科隆的德裔猶太音樂家，後來舉家移居法國。他在年幼時便跟隨著在猶太教堂唱詩班工作的父親學習小提琴，墊下了扎實的音樂基礎，十四歲時奧芬巴哈考上了巴黎音樂學院，這在當時是十分難得的優異表現。昔日著名的音樂家李斯特在十三歲時也曾申請進入該校而遭拒絕，理由是這個外籍生年齡太小。

只不過，奧芬巴哈終究沒能念完音樂學院的課程，隔年他就因家庭經濟因素失學了，為了謀生，年輕的奧芬巴哈加入歌劇院的樂團擔任大提琴演奏。雖然沒能完成學業，奧芬巴哈仍決定趁著年輕好好學習，在此期間他努力學習作曲。音樂學院的教授阿萊維（Jacques-François-

Fromental-Élie Halévy，1799 － 1862 年），這位曾經提攜古諾[45]與比才[46]的知名作曲家，被奧芬巴哈的刻苦勤奮深深感動，於是特別在「輕歌劇」的創作理論對他傾囊相授。奧芬巴哈日後在音樂史以及舞台上的傑出表現，可說是與阿萊維當年這位伯樂的點撥提攜有著莫大的關聯性。

相較於十九世紀之前屬於貴族與上流社會消遣用的歌劇而言，「輕歌劇」（Operetta）顯得較短而通俗，音樂也較為輕鬆活潑，並採用了大量的說白。這是一種更適合普羅大眾欣賞，更具娛樂性質的表演藝術，也是日後在美國百老匯興起的音樂劇之前身。奧芬巴哈從 1839 年二十歲開始，至六十一歲去世為止的四十一年之間，總共發表了九十齣輕歌劇，屬於相當多產的作曲家。

福爾摩斯在故事中演奏的《威尼斯船歌》就是出自奧芬巴哈的代表作《霍夫曼的故事》（Les Contes d`Hoffmann）中最知名的第三幕，描述在威尼斯美麗夜景的河道裡，濃情蜜意的情調讓男主角即興高歌，與河水的波動韻律合而為一。這類「船歌」（Gondoliera）主要是模仿船隻在河面上擺動的韻律，一般以 6/8 或 12/8 的拍子寫成，曲風柔美舒緩，給人舒適流暢的感覺。這齣作品是奧芬巴哈此生最後的創作，可說是總結了他這一生的音樂思想與表演理念，可惜最終並未完成即去世。

45. 古諾（Charles-François Gounod，1818 — 1893 年），是法國音樂學院裡阿萊維教授的得意門生。代表作有歌劇《浮士德》、《聖母頌》與梵蒂岡國歌《教皇進行曲》。

46. 比才（Georges Bizet，1838 — 1875 年），法國知名作曲家。他最為人所熟知的代表作品就是歌劇《卡門》、以及戲劇配樂《阿萊城的姑娘》。年輕早逝的他就是阿萊維教授的女婿。

時至今日，奧芬巴哈這些情節輕快幽默，曲風優美的輕歌劇橋段，仍不斷向世人散播著喜悅與歡樂的旋律，不曾走遠。

充滿挑逗意味的大腿舞

對大部分的讀者朋友而言，奧芬巴哈的《天堂與地獄》（Orphée aux enfers）或許更是耳熟能詳的作品。這是音樂史上第一齣完整的輕歌劇，由於此前法國的法令禁止某些特定音樂以完整的長度演出，奧芬巴哈首次在《天堂與地獄》中突破該禁忌，內容當中也夾雜了許多大膽冒險與戲謔詼諧的因素。這齣《天堂與地獄》中的第二場第二幕〈地獄快步舞〉（galop infernal）幾乎成為了家喻戶曉的《康康舞》（cancan）舞曲，這種自 1890 年代在紅磨坊（Moulin rouge）夜總會開始流行的大腿舞，身著黑色長筒襪的舞者成排一起向前、左右高直踢腿，總是令人眼花繚亂、引人遐想。康康舞在流行之初，不免會讓某些衛道人士歸類為色情、下流的舞步，但隨著進音樂廳的娛樂方式在歐洲日漸流行，紅磨坊今日已成為合法的夜總會了。

秀拉（Georges-Pierre Seurat），《騷動舞》（Chahut）

奧芬巴哈當初以充滿肉慾的大腿舞呈現這首〈地獄快步舞〉，確實讓許多保守民眾受到驚嚇，事實上他就是刻意要透過大膽低俗的動作安排，對傳統的歌劇進行調侃、挖苦，所幸法國社會的包容接納程度一向很開放，民眾很快也就能夠認同奧芬巴哈這種特殊的嘲諷方式了。

三角牆山莊

情聖卡薩諾瓦

The Adventure of the Three Gables

他寫了一本書來描繪自己的身世。我當然被寫成狼，而他是羔羊。情節都寫在裡邊了，當然是用了假名字，但是倫敦全城誰還看不出來呢？

本篇故事裡的青年道格拉斯．馬伯利（Douglas Maberley）將自己與貴婦伊莎朵拉．克雷茵（Isadora Klein）的愛情故事寫成書稿，打算付梓出版，不料此舉卻種下了自己的死因。

在歷史上確實有過這麼一位樂於將自己的戀愛與傳奇經歷傳之後世的奇人，即十八世紀義大利的大情聖卡薩諾瓦（Giacomo Girolamo Casanova，1725 － 1798 年），此處稱呼他為情聖，似乎對他的身分界定太過狹隘。事實上，他不僅是個作家、樂手、藥師、軍官、大學教授、魔術師、騎士、劍術高手、教士、冒險家與間諜；也是個登徒子、浪蕩公子、獵豔者、賭徒與詐欺師。自從卡薩諾瓦在晚年的自傳《我的一生》（Histoire de ma vie）傳世以來，或許不曾有哪一位小說家創造出一個比他的生涯更加豐富浪漫、更加傳奇多元的人物。

出生在威尼斯一個演員家庭的卡薩諾瓦，或許先天就遺傳了父母的演技，使他終身隨心所欲能在任何身分角色裡恣意扮演與互換。天資聰慧的卡薩諾瓦，在大學期間便鑽研了了哲學、化學、數學和法律等多種知識，加上他俊朗的外貌與舌粲蓮花的口才，讓他得以在上流社交圈打滾多年而無往不利。

據《我的一生》中所描述，卡薩諾瓦此生曾與百餘位女性共譜戀曲，這些女性有些被他哄騙、有些是情不自禁愛上他，也有些人想與他共組家庭。但卡薩諾瓦愛得快，也忘得快，逃得更是快。最讓人驚訝處還在於，每一位女性都能在分手後與卡薩諾瓦長期保持著友好的關係，永遠懷念著他。而風流韻事也只不過是卡薩諾瓦豐富多彩人生中某個重要章節罷了。

《我的一生》全書手稿有三千六百多頁，出版時分為七本十二卷，今天在台灣只見得到其中的節錄版本。他對自己輝煌的過去十分自信，更毫無避諱地向後人展示他的私生活。奧地利知名作家茨威格（Stefan Zweig，1881 － 1942 年）在撰寫其傳記中如此敘述：

要不是有他這麼個徹底拋卻羞恥心的人，那麼世界就會缺少一種對男子性生活直言不諱的記載。卡薩諾瓦的作品，向我們全面展示了性機能對感觀的作用，將汙穢不堪的裸體世界暴露無遺，使我們看得深看得透。……對他來說，世界上任何事情都沒有道德和審美意義，因此不管他講述什麼，完全都順從自然、暢所欲言。

他能夠無所顧忌地在書中談及曾在修道院中與修女共赴雲雨，也能同時與幾個姊妹交往而相安無事；甚至談起某位早年交往過的女性，卡薩諾瓦以「那些認為女性不能全天使男人愉悅的人肯定沒見過海麗特（Henriette）」的語句來回憶她。書中除了風流韻事等重要情節之外，還提及了卡薩諾瓦曾經營劇團、兼通大小提琴、擔任樂透彩票經理、在手術房為人墮胎、站在祭壇上講道、在酒肆大街上與人鬥劍，更與莫札特有著深厚情誼的多姿多采人生片段。此外，卡薩諾瓦除了自鳴得意地述說他被教宗克萊芒十三世（Clemens XIII）授予騎士銜、受到普魯士腓特烈二世（Friedrich II）與俄羅斯凱薩琳二世（Екатерина II）禮遇接見外，也述說當年被關押在那所舉世聞名的威尼斯「嘆息橋」監獄時，是如何大膽地挾持看守逃獄的冒險經歷。

因為卡薩諾瓦，使後人得以一窺十八世紀的社會文化與日常生活的諸多面象，讀者隨著作者在書中的指引，走入了該時代的宮廷、文化沙龍、交易所、劇院、賭場、妓院、城堡、監獄、修道院與軍營，進一步去觀察感受當時的人們如何進餐、玩牌、跳舞、賭博、旅行、打獵，甚至做愛的

大情聖卡薩諾瓦

舉止方式。也因拜卡薩諾瓦之賜，無數後世作家得以能夠從他的自傳中汲取重要的創作素材與靈感。

卡薩諾瓦在自傳的序言中寫道：「不管是有價值還是無價值，我的生活就是我的材料，我的材料就是我的生活。」卡薩諾瓦的天才表現，不在於他敘述自己生活故事的方法，而在於他是一個熱愛生活、酷愛享樂與喜愛冒險之人，我們難以想像誰還能擁有同樣絕妙精彩的人生閱歷。

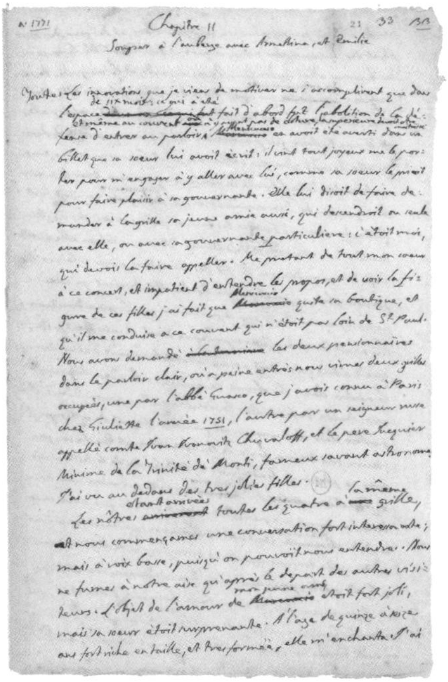

《我的一生》手稿

卡薩諾瓦與他的自傳故事，已成為歷史上一段含義豐富的傳奇。從這些傳奇故事中，好淫者發現了淫蕩，冒險者看到了刺激，宗教信仰者見證了背叛，文學愛好者懂得了真實，歷史學者也領略了十八世紀的歐洲風情……。

吸血鬼

The Adventure of the Sussex Vampire

吸血鬼傳說

他以及我除了只聽說過吸血鬼這個名稱以外，對這種事可以說一無所知。我們原本以為那只是外國的一種奇談，誰知就在英國蘇塞克斯——罷了，還是明晨與你面談吧。

「吸血鬼」（Vampire）這個字詞源自於斯拉夫語「Vampi」，在俄語、馬札爾語、波蘭語、捷克語、塞爾維亞語中皆可查到這個字源，因此可以判斷最早定義的「吸血鬼」（Vampire）傳說是從東歐的斯拉夫地區傳至西歐的。

在歷史上，關於超自然生物吸食活物血肉的故事遍及世界各地，幾乎每個文化裡都有。然而在上古時代，卻不存在「吸血鬼」（Vampire）這樣的稱呼；人們將飲血和類似的行為歸結於惡魔或飲血食肉的魔物身上。例如在古巴比倫與亞述王國時期便留傳著關於嗜血的神秘生物麗麗圖（Lilitu）傳說，這類型傳說後來還延伸成為了古希伯來拉比文學中的吸血女莉莉絲（Lilith）。故事中認為莉

羅塞提（Dante Gabriel Rossetti），《莉莉絲》（Lady Lilith）

莉絲才是上帝所創造的第一個女人，而且是由泥土塑造。身為亞當的「前妻」的她，卻對於造物主要求女人必須遵從男人的命令表示反抗而遭到驅逐伊甸園。被放逐後的莉莉絲出於嫉恨，不斷害死亞當與夏娃所生的孩子，因而遭到上帝派出的三名天使追殺，莉莉絲也被逼到跳入紅海自殺。但由於莉莉絲是上帝所創造的第一個女人，並沒有那麼容易死去，於是她如同亡靈般在紅海漂浮著，成為紅海的夜之魔女。有些說法認為她後來與墮天使路西法一同墜入地獄，甚至還有莉莉絲與那名殺害親弟弟亞伯，而遭上帝放逐的該隱一同結合的延伸說法。這類傳說認為莉莉絲與該隱後來所生的十三個孩子，便是後來吸血鬼的十三個氏族。

中古歐洲幾乎被壟罩在整片死亡的陰影之下，數以萬計的人們遭受到瘟疫的感染而死去，為了避免病毒的感染，在醫藥衛生觀念不足的時代背景下，人們只能盡快地將屍體草草掩埋。在該時代只能以草蓆或薄板入殮的情形裡，某些只是休克昏迷的患者也被誤埋入土壤中，當這個瀕死者因缺氧而在土壤中短暫甦醒，一定會產生一番掙扎再死去。當地面上的人們見到新墳上的土壤有所鬆動，進而開棺檢驗，可想而知當其見到屍體改變姿勢與血跡殘存的景象，當然不曾認為這是被掩埋者在土壤中醒來所做最後的激烈掙扎所致。此外在屍解腐壞的過程中，屍體充氣浮腫，頭髮持續生長，血水從嘴裡滲出的情形在今天看來也屬正常現象，然而在無知的中世紀時代，屍體活動與吸血的說法卻逐漸得到了認可流傳。

2006年佛羅倫斯大學的法醫人類學家馬迪歐．波利尼（Matteo Borrini）所率領的考古工作團隊，便於威尼斯附近的新拉札雷托島（Nuovo Lazzaretto）上的亂葬崗挖掘到一副下葬於十六世紀的女性遺骸，在當時代威尼斯地區正處於大瘟疫的恐怖肆虐下，考古人員發現這具女性遺骸的顎骨被撐開，喉部被一塊巨大的磚塊嵌入，因而推論這或許就是中世紀鎮住處死吸血鬼的信仰儀式（當然也有學者反對此說，認為該磚塊只是後來恰好掉入）。

儘管上古時期的吸血魔怪與中世紀吸血鬼的傳說層出不窮，但歷史上最早的一篇吸血鬼文學卻直到十九世紀的英國才登場。1816年初夏，我們前面章節曾提到過的「私奔達人」雪萊帶著新歡瑪麗前往日內瓦度假，在迪奧塔蒂（Diodati）別墅受到了著名浪漫詩人拜倫勳爵的熱情款待。後來他們因連日的大雨受困於室內，在場的還有拜倫的詩人醫生波里多利（John William Polidori，1795— 1821年），在百無聊賴下他們決定比賽講述恐怖故事，並將自己所創造的恐怖故事寫下來，當時他們誰也想不到，當天的一個偶發提議竟會誕生兩部十九世紀最著名的恐怖小說。瑪麗．雪萊，這個不久後便與雪萊結合的女孩，寫下了舉世知名的《科學怪人》（Frankenstein）；而波里多利醫生也受到了拜倫的靈感啟發，寫出了《吸血鬼》（The Vampyre），儘管只是短篇故事，卻在書中奠定了主人翁吸血鬼魯特溫爵士（Lord Ruthven）那種優雅高貴的紳士形象。

然而真正讓吸血鬼傳說登上巔峰、大行其道的，非史托克（Abraham Bram Stoker，1847 － 1912年）的《德古拉》（Dracula）莫屬了。生於愛爾蘭的史托克從小是個體弱多病的孩子，曾因不明原因臥床多年，在那段期間閱讀與沉思便成為了童年的他最平凡的休閒。沒想到這麼一個孱弱文靜的孩子，在康復成人後卻變成了一個都柏林三一學院的體育健將。儘管在大學畢業後，他遵從父親意旨成為了公務員，但愛搖筆桿的他仍不時閒暇之餘創作投稿，直到 1879 年他的演員好友亨利・歐文（Henry Irving）推薦史托克擔任知名的萊塞姆劇院（Lyceum Theatre，或譯蘭心劇院）[47] 經紀人一職，史托克二話不說直接丟下捧了八年無趣的鐵飯碗工作，並娶了當時社交界的著名美女佛羅倫絲・巴爾康提（Florence Balcombe）小姐為妻，佛羅倫絲在當年可是大才子王爾德苦追不到的名媛。史托克在如魚得水的工作環境及嬌妻的陪伴下，正式進入他人生中的輝煌時期。藉由劇院的工作，史托克得以認識許多社會名流與文化界人士，像是他也成為了柯南・道爾的好友。另外時常跟隨劇團環遊世界的演出，也增加豐富了史托克的閱歷。

史托克日後回憶，在寫出《德古拉》吸血鬼小說之前，他曾做過一個怪夢；夢見某個年輕英俊男子，在街上受到幾名女子包圍，其中有名女子想要吻男子的脖子。突然路旁衝出一個怒氣衝天的老伯爵終止了這個行為，斥責道：「不要動他的脖子，他是我的。」這個詭異的怪夢讓他萌生了吸血鬼故事的靈感，為了寫好這本書，史托克花費長達八年的時間在大英圖書館裡閱讀史料，尤其是東歐瓦拉幾亞（Țara Românească）地區的歷史、地理風俗，那裡自古以來盛傳著「穿心魔」

47. 這所知名的劇院也是日後威廉・吉勒特與小卓別林登台演出福爾摩斯舞台劇的重點戲院。

弗拉德三世（Vlad al III，1431 － 1476 年）的恐怖嗜血傳說，史托克出色地將之彙集在自己的小說主人翁德古拉伯爵身上，並結合了當年魯特溫爵士的形象，使德古拉伯爵成為了史上最迷人、經典的標準吸血鬼角色。此外，在書中後段登場的吸血鬼獵人凡赫辛（Van Helsing）博士也是史上首位知名的吸血鬼獵人始祖，並深刻影響了後續許多好萊塢作品。

《德古拉》出版後的造成的社會風靡現象，成為了維多利亞晚期的風尚之一。在這部作品中，史托克採用了嶄新的新聞日記體的寫作方式，讓讀者身歷其境般地與書中人物目睹體驗吸血鬼的恐怖事件，史托姆以跌宕詭異、陰森恐怖的風格，滿足了世紀之交讀者喜好獵奇、刺激的喜好心態。在保守壓抑的維多利亞時期，吸血鬼小說裡提及的那些吸血、潛入靈魂的隱晦象徵，正是代表著人性中被壓抑的本能衝動，這種不潔、邪惡的衝動，象徵著流淌在血液中的本能反應。也有醫學史學者認為本篇小說所受到的矚目，也可與世紀末的梅毒感染恐懼心理有著高度的連結性，甚至可以用來詮釋維多利亞晚期帝國呈現衰頹之勢，社會群眾反對外來者入侵的集體焦慮現象，以及男性主導社會地位遭受新女性抗拒的潛在抗拒心理。

撇開枯燥的文學、社會學與醫學的研究觀念不談，史托克本書最大的成就便是以他豐富的想像力和洗練的文字，創造也總結了最經典飽滿的吸血鬼傳說。除了前述的德古拉伯爵與吸血鬼獵人，其他如吻頸、幻化變身、十字架與大蒜，古堡與棺材，百年的詛咒……諸如此類的周邊民間禁忌與形象，都在史托克筆下得到了最佳的奠基，此後以德古拉為原形而創造的小說、戲劇和電影源源不絕地呈現在世人眼前，《夜訪吸血鬼》（Interview with the Vampire）、《刀鋒戰士》（Blade）、《暮光之城》（Twilight）、《噬血真愛》（True Blood）太多的相關作品如雨後春筍般問世，造成了在新世紀之交吸血鬼題材的再次復興。

從古至今，吸血鬼傳說不僅能滿足人們的獵奇心理與陰謀論者的追捧，更能適度地釋放生活壓力所造成的緊張感。我們相信，隨著時代的發展與科技的日新月異，吸血鬼的恐怖傳說永遠會有特定的市場需求，以及永續流傳的經典形象。

三個同姓人

The Adventure of the Three Garridebs

華生的婚姻與遺產繼承

這個日期我記得很清楚，因為那是在福爾摩斯拒絕了爵士封號的同一個月裡發生的事，他要被封爵是因為立了功，這功勞將來也許有一天我還要寫出來。我只是順便提及封爵的事，因為做為合作者我應該謹慎從事，避免一切冒失的行為。然而這件事卻使我記牢了上述的日期。

儘管在本篇故事開頭，華生斬釘截鐵地表示他對於案件發生的日期記得很清楚。實際上在《福爾摩斯探案》的六十篇正典故事中，關於日期所產生的謬誤所在多有，也確實成為後世「福學」研究者感到最為困擾的難題之一。

時間點的謬誤之所以產生，根本原因仍在於柯南·道爾終其一生只將《福爾摩斯探案》視為廉價通俗文學來看待，儘管這個故事確實使他名利雙收，但相較於厚達五十多萬字的《英國戰史》（History of the British Campaign），道爾對於文學作品裡的年代背景從未有過審慎的編排與校訂，從華生醫生對各案件的記憶裡便可見端倪。

例如在《紫籐居探案》開頭，華生寫道「那是1892年三月底之前的一個寒風凜冽的日子」，但道爾卻忘了自己筆下的大偵探在書中的時間序裡，從1891至1893年的期間是藉由葬身於萊辛巴赫瀑布底的假死狀態，在世界各地遊歷的，許多福學研究者將這段時間稱為「大空白時期」。時間序混亂的問題，最嚴重的錯誤便呈現在華生醫生的婚姻問題上，使百年來所有福學研究者感到頭痛而莫衷一是。

原典中讀者皆可看到華生與《四簽名》中的美麗委託人瑪麗・莫斯坦結了婚，而該案件的時間序是在1888年。可偏偏在1887年所發生的〈五枚橘籽〉故事中，華生提到「我的妻子那時正回娘家省親，所以幾天來我又成為我那貝克街故居的舊客了。」因此許多研究者皆認為華生在與瑪麗的婚姻之前還有過一任妻子，也許不久便離婚或過世。至於和瑪麗的婚姻，讀者透過〈空屋〉那篇故事即可得知，在所謂的「大空白時期」華生再度喪偶。但這個時間序的錯誤還沒結束，最有趣的莫過是發生在1903年的〈皮膚變白的軍人〉一案，福爾摩斯提到華生「又結婚了」，這實在令全世界的福學研究者好氣又好笑，簡直要抱怨這位的醫生究竟結了幾次婚啊！

但原作者柯南・道爾也許會認為：「這些都只不過是我胡亂隨

興而至的廉價小說劇情，用得著你們這麼多人來做時間的考證嗎？」道爾在世時無論如何也想不到，被他視為最廉價的作品過了百餘年後依舊暢銷，成為了跨時代的經典作品，而他那些嚴肅的歷史著作，卻早已乏人問津，幾乎沒有再版的價值了。

此外，本篇故事涉及了較特殊的遺產繼承問題。關於遺產繼承的紛爭，同樣也成為了在〈修道院公學〉、〈身分案〉、〈斑點帶子案〉與〈巴斯克維爾的獵犬〉等多篇故事中最為要緊的犯案動機。既然談到英國財產的繼承問題，就得稍微認識一下它那行之久遠的「限定繼承」制度。

英格蘭自從在 1066 年被來自諾曼第的威廉一世（William I，1028 － 1087 年）征服後，開啟了諾曼王朝的統治時期。諾曼王朝宣佈國王是全國土地最高的所有者，於是威廉一世於 1086 年開始對全英格蘭進行一次大規模關於人口、財產與土地的調查，這份調查報告在歷史上戲稱為《末日審判書》（Domesday Book）。對於原持有英格蘭的封建地主而言，這項調查結果當然象徵著他們的末日，因為原有的封建主領土皆遭到沒收成為了王室領地。

除了部分土地由國王直接派遣王室管家來管理外，大多數的土地皆分別賜予貴族封臣作他們的采邑。而這些貴族封臣保有土地的對等條件是要為國王服役，也就是向朝廷提供一定數量的武裝騎士。為了長年有效保障擁有貴族的效忠與武裝力量的支持，諾曼王朝制定了「限定繼承權」（entail）制度。簡單來說就是一種不分割土地的「長子繼承制度」（Primogeniture），該制度的特有限定還規範了即使是土地財產的現任持有人，也不能隨意變賣或抵押，僅能利用土地來獲取收入。這種由長子限定繼承的法律規範在英國史上也逐漸演變成延續家族勢力的特有保障。

敘述法律的概念或許會讓某些讀者朋友厭倦或昏昏欲睡，透過文學作品裡的具體描述將使我們更容易了解這項特有的制度。關於「限定繼承權」，文學作品中最常被論及的例子就是珍．奧斯丁的名著《傲慢與偏見》了。在該書第七章開頭作者便提到「班納特先生的全部家當幾乎都在一宗產業上，每年可以借此獲得兩千磅的收入。說起這宗產業，真是他女兒們的不幸。他因為沒有兒子，產業得由一個遠親來繼承」，很明顯地我們就可以清楚得知，正是因為從十一世紀的諾曼王朝以來很多土地本深都附帶著封建義務，儘管這種服役早已被廢除，但這項限定繼承法仍舊規定班納特家的祖傳地只能由男性繼承，直至十九世紀的英國這仍是非常普遍的現象。

因為班納特（Bennet）先生只有五個女兒，沒有兒子的他很有可能在死後土地財產都會被他的近親堂兄弟所繼承，而班納特夫人與小姐們僅能過著仰人鼻息，甚至面臨被逐出家門的命運。所以在《傲慢與偏見》第十三章中，班納特太太也曾激烈抗議這項制度：「什麼限定繼承？你自己的產業不能讓自己的孩子繼承，卻要讓別人來繼承，天底下哪有這麼荒唐的事呢？」即使女兒們在法律上盡力為母親解釋，但班納特太太仍舊不願理解，書中提到「她老是破口大罵，說是自己的產業不能由五個親生女兒繼承，卻白白送給一個和她們毫不相干的人，這實在是太不合情理」，可見身為女性的作者本人，也藉此表示對該項行之久遠的制度充滿了不滿與抱怨。

透過班納特先生的話，她也表現出了某些消極與無奈：「這對於我可憐的女兒們真是件不幸的事。我並不想怪你，因為我也知道，世界上這一類的事完全靠命運。一個人的產業一旦要限定繼承人，那你就無從知道它會落到誰的手裡去。」在這些無可奈何的前提下，故事中的首位求婚者登場了，他是班納特先生的表侄威廉．柯林斯（William Collins），一位嘮叨而勢利的牧師，在了解作者本身對於限定繼承制度的不滿與無奈後，讀者接下來便可看到柯林斯成為了珍．奧斯丁主要諷刺調侃的角色。

相同的例子，在前些年英國熱播的《唐頓莊園》中亦曾登場；擁有德文郡唐頓莊園地產的格蘭特罕伯爵（The Earl of Grantham）只有三個女兒，而他原來的繼承人（堂兄與堂侄）卻在 1912 年著名的鐵達尼號船難事件中喪生。這項災難也為唐頓莊園蒙上了一層不確定的陰影，亦即在限定繼承制度的規範下，失去男性繼承人的格蘭特罕伯爵，死後的遺孀與女兒們將失去地位與財產的保護，爵位與家產也將落入外姓之手，而面對茫然無知的未來。因此接下來伯爵夫婦勢必得積極為女兒們尋覓賢婿，希求能生下男性外孫繼承家業，劇情也在爾虞我詐、處心積慮的財產繼承背景下陸續展開。

十九世紀正面臨工業革命劃時代的社會轉型，面對社會的變遷和時代的發展，土地遺產繼承制度也成為了該時期重要的課題。所以不只在柯南・道爾與珍・奧斯丁的作品中曾涉及到這則歷史制度，身為眼光獨到的社會觀察小說家的狄更斯，更在他的《馬丁・朱述爾維特》（Martin Chuzzlewit）、《董貝父子》（Dombey and Son）、《荒涼山莊》（Bleak House）、《小杜麗》（Little Dorrit）與《我們共同的朋友》（Our Mutual Friend）等多部作品中反覆談及財產繼承的問題，並且對制度本身的不合理性與人性中的貪婪、險惡特質，做了深刻且明確的紕漏與嘲諷。

這項傳承數百年的限定繼承制度，還得等到 1925 年國會的財產法律改革，將地產改為一般可繼承地 ，取消限嗣繼承等方案，如此荒謬、不合時宜的財產繼承現象才從英國社會完全消失。

雷神－索爾橋之謎

The Problem of Thor Bridge

可怕的愛情報復烈火—美狄亞傳奇

這個不幸女人的思考力是很深沉很精細的……顯然她把她丈夫用來斥退她表現感情的那些粗暴的舉動言詞都歸咎於那個無辜的女士了。她下的第一個決心是結束自己的生命，第二個決心是想方設法使她的對手遭到比立刻死亡更可怕的命運。

儘管故事名稱很容易吸引當代年輕讀者的目光，但內容卻和雷神索爾全然無關，只是命案的發生地點在索爾橋上罷了。

這是篇關於愛與嫉妒的故事，也向讀者展現一起女人瘋狂的復仇心理。在西方文學史上關於因愛生恨，女人復仇的驚悚故事屢見不鮮，在早期流傳的希臘神話中，就有許多天后赫拉（Hera）向天神宙斯（Zeús）那位風流丈夫的情人們復仇的故事。只是相對希臘神話中那則美狄亞的恐怖復仇故事，天后赫拉的報復手段恐怕還得禮讓三分。

希臘神話中的美狄亞（Medea）是科爾基斯（Colchis）島上的公主，也是地獄黑月女神黑卡蒂神廟的女祭司，擁有高強的法術。當希臘特薩利（Thessaly）的伊阿宋（Easun）王子率領著大力士海克力斯（Heracles）、後來成為天琴座的奧菲斯（Orpheus）與雙子座狄俄斯庫里兄弟（Dioscūrī）等一干英雄人物搭乘著阿爾戈號（Argos）前來科爾基斯島上，欲盜取珍寶金羊毛時，遭遇了法術高強的美狄亞。然而善使美男計的伊阿宋得到厄洛斯（Eros，即羅馬神話裡的邱比特）的愛情金箭相助，配合花言巧語使美狄亞徹底愛上了自己。美狄亞不僅以法術使得伊阿宋變成刀槍不入之軀，還讓阿爾戈眾英雄順利通過了毒火公牛、龍牙戰士和金羊毛巨龍三個艱難關卡，甚至還殺死了自己的兄弟[48]，讓伊

美狄亞幫助伊阿宋得到金羊毛

48. 相傳美狄亞的父親，科爾基斯國王發現金羊毛被盜後，派出兒子阿比圖斯（Apsyrtus）率艦隊前往追趕阿爾戈號與隨船而去的姊姊美狄亞。就在阿爾戈號遭艦隊團團包圍之際，美狄亞竟傳話給阿比圖斯謊稱自己是遭到挾持，並約弟弟前來見，共商逃脫計策。阿比圖斯至死也沒有料到從小疼愛他的姊姊竟會為了情人設計殺他，他天真的赴約且遭到殘忍的分屍。美狄亞的法術與心計，從故事初期的發展，在在顯示她是個可怕的女人。

阿宋完成了奪取金羊毛的任務，美狄亞的一片癡情讓自己背叛了父親也背叛了自己的國家。

追隨伊阿宋遠走高飛的美狄亞，後來又施計助情人除去了殺父仇人佩里阿斯（Pelias），為了愛，美狄亞絲毫不顧手上沾了多少人的鮮血。此後兩人定居在科林斯島（Corinth），度過了十年幸福的婚姻生活，並生下了兩個（也有三個的說法）可愛的孩子。

光陰荏苒，伊阿宋表面上仍是當年英勇帥氣的英雄，但劣根性卻慢慢顯露出來，他不再憶及美狄亞當年的恩情，對糟糠之妻的感情與日俱減，並且愛上了科林斯的公主格勞絲（Glauce）。科林斯國王也相當願意將女兒嫁給昔日勇奪金羊毛的英雄人物，但對美狄亞的法術感到憂懼，為了根絕後患，於是下達了放逐美狄亞的命令。急於和新歡公主結婚的伊阿宋，也冷淡無情地表示他會提供美狄亞足夠的黃金和生活必需品，只要美狄亞趕緊離開這個國家。

當年美狄亞背叛了父親與祖國追隨伊阿宋，犯下了滔天的罪行，最後卻被忘恩負義的愛人所遺棄，想到過去的種種錯誤和今日所遭受的不幸，她百感交集。被流放後還能帶著兩個孩子去哪兒過活？雙手沾滿太多人鮮血的她，天下之大哪裡是她的容身之處？她終於意識到此前的種種惡行與不幸都源自於她對伊阿宋的愛，到頭來情慾是多麼的不可靠，她只是伊阿宋的工具罷了。

悲傷與憤怒讓美狄亞成為了冷酷的復仇女神，她血液裡那股洶湧的嗜血因子再度被喚醒。冷靜的她裝出可憐溫馴模樣，祈求科林斯國王讓她再待一天好準備行裝，並且對伊阿宋好言好語，祝福他得到真正的幸福。美狄亞製作了一件精美華麗的長袍婚紗，上頭塗滿了致命毒藥，獻給了情敵格勞絲公主。不曉得公主是被婚姻的喜悅沖昏了頭，或是天生就這麼傻乎乎，她高興地收下禮物後便即刻試穿，一陣可怕的熊熊大火迅速從衣服中竄起並將她吞噬，國王想要上前搶救遭到火吻的女兒，結果兩人均被烈焰毒火燒死，屍骨無存。

史蒂文森

可怕的報復尚未終止，美狄亞接著想到她與伊阿宋所生的兩個可愛孩子，既然她從此也無力再保護他們了，與其將他們留給那個負心漢，不如由賜與他們生命的人來終結他們，這絕對是對忘恩負義丈夫最殘酷的懲罰。殺紅了眼的美狄亞拔出了匕首，狠心地刺死了兩個孩子，聽聞宮廷悲劇而趕來的伊阿宋親眼見到兩個孩子被殺，卻來不及阻止。而美狄亞早已乘坐一輛由飛龍長蟒所駕的車躍上天空，揚長而去。

伊阿宋眼睜睜看著這齣由他而起的悲劇在他眼前落幕，希臘神話中的非凡人物似乎也有著非凡的命運，罪與罰會自動尋求平衡，有些故事中認為懊悔的伊阿宋無法獨活，遂當場拔劍自殺了。但我倒是比較喜歡另一種結局說法：此後的伊阿宋終日只能在悔恨與頹喪中虛度，某日當他漫步到海邊，見到了昔日載著他四處冒險的阿爾戈號殘骸，往日的光輝與榮耀令他觸景傷情，正當他抱著昔日那根具有神諭功能的船舷橡木沉沉睡去之時，一塊朽木重重地落下將他砸死，昔日的英雄最終與他的船艦一同消逝在海濱的浪濤衝擊中。而美狄亞那恐怖駭人的復仇形象，千年來也在西方文學史上成為了最經典鮮明的傳奇。

爬行者

化身博士

The Adventure of the Creeping Man

他在長滿長春籐的牆腳下趴著，以意外矯捷的動作向牆上爬去。他從一根籐向一根籐爬去，抓得十分牢穩，顯然是無目的地為了發洩精力而遊戲著。

本篇與前作〈吸血鬼〉皆屬於《福爾摩斯探案》中少數帶有哥德式文學風格（Gothic fiction），夾雜著神秘感、超自然、黑夜、頹廢意象的作品。這類作品除了前述瑪麗·雪萊的《科學怪人》與史托克的《德古拉》分別在十九世紀前後兩端各勝擅場之外，在《福爾摩斯探案》問世的前一年，史蒂文森也寫下了《化身博士》（Strange Case of Dr. Jekyll and Mr. Hyde），以駭人聽聞的血案與人性的瘋狂為主線，將十九世紀倫敦的理性與黑暗雙重面相呈現在世人眼前。

史蒂文森（Robert Louis Stevenson，1850 － 1894 年）與柯南·道爾同樣出生於愛丁堡，他的父祖輩皆是當時代有名的燈塔建築師，史蒂文森也由此繼承到熱愛海洋冒險的性格。與《德古拉》作者史托克有著類似的經歷，年幼時的史蒂文森因受到母系遺傳的肺病所苦，儘管時常得在冬季時待在室內床上休養，卻也讓他喜愛上閱讀。在此期間史蒂文森廣泛的閱讀文學書籍，他尤其喜愛莎士比亞、史考特的騎士文學與《一千零一夜》。

在史蒂文森就讀愛丁堡大學期間，他很快便發現到自己對科學、物理並沒有太多的興趣與天分，在父親的要求之下，他轉向法律科系發展，並在畢業後考取了律師執照。不過由於身體羸弱的關係，他始終沒有開業。

隨後的人生裡，史蒂文森幾乎都為了尋找一個適合調養身體的環境四處移居，德文郡、巴黎、楓丹白露與巴比松，甚至是遠赴美國的紐約、舊金山。儘管每當冬季他的身體就會顯得非常衰弱，但在這期間他努力依靠寫作來支持自己，除了一系列的旅遊文學之外，遊歷各地的見聞也開啟了史蒂文森與眾不同的視野與想像力，家喻戶曉的冒險小說《金銀島》（Treasure Island）成為了他文學歷程的巔峰之作。

1886 年一月，史蒂文森的《化身博士》甫出版便造成轟動，半年內就在英格蘭地區銷售了四萬多本，本書也讓他繼三年多前的《金銀島》，再度登上暢銷文學的排行榜。《化身博士》敘述主人翁傑奇醫生（Dr. Jekyll）藉由實驗發明的藥水，將潛藏於天性中邪惡、平日壓抑在虛偽表相下的心性，毫無保留地爆發出來。喝下藥水後，人格心性與身材樣貌也隨之改變，一個平日的體面紳士搖身一變成為了邪惡、毫無人性的惡魔化身—海德（Mr. Hyde）。化身殘酷暴力的海德後，他時常利用倫敦的黑夜與迷霧從事血腥的殺人犯行。即使在變回到傑奇醫生之後會感到愧疚不安，卻又抑制不住夜晚想變成海德先生的衝動。漸漸地，潛意識中，代表黑暗深沉力量的海德在他的體內越來越強大，他保持傑奇的身分時間也越來越短。最終，傑奇意識到已經控制不了內心的惡魔海德，只好選擇自盡來終止內在痛苦的善惡交戰。

《化身博士》之所以在出版之初引起驚世駭俗的強大效應，不僅是其中涉及了幽暗深遂的兇案罪行，更因為故事裡應當呈現代表著紀律與理性的醫師（科學家），卻表現出了人性中最陰暗瘋狂的行徑，史蒂文森除了著重在雙重人格、善惡並存與人類靈魂深處的矛盾複雜等主題意識探討之外，也與福爾摩斯的〈爬行者〉這則短篇有著若干符合，在書中多次討論到海德先生的猿猴特性，用來強調其內在未曾進化的原始特性，很顯然地兩則故事皆受到十九世紀中葉達爾文發表《物種起源》（On the Origin of Species）所引發社會爭議的深刻影響。

此外，史蒂文森也以書中主角傑奇醫生居住的蘇荷區（Soho），這個昔日曾匯集了許多名流權貴的區域，在十九世紀晚期卻因特種行業興盛兒走向汙損破敗，以象徵傑奇道德的墮落趨向。《化身博士》從此更成為了雙面倫敦的意象代表，傑奇既能代表著倫敦具有理性紀律的光明面，卻又有著海德恐怖墮落的黑暗失序一面，也因此這座十九世紀的世界之都，兼具著現代文明與哥德陰鬱之風的雙重性格。最特別的是，二十世紀之後普羅大眾對倫敦古老都會在潛意識中的陰鬱印象，很大一部分即來自於《化身博士》、《福爾摩斯探案》與 1888 年那起駭人聽聞的「開膛手傑克」（Jack the Ripper）連環兇案。

晚年的史蒂文森遊歷於薩摩亞群島、大溪地等地，除了不斷撰寫當地的實錄經歷外，也推出了幾部有著島嶼傳說色彩的作品。他在薩摩亞群島的烏波盧島（Upolu）買下了 400 英畝的土地建立自己的養病棲身之所，逐漸與當地原住民打成一片，以西方文明的方式與之交流。1894 年 12 月 3 日晚上，史蒂文森在與妻子一邊談話並一邊打開酒瓶時，突然昏厥倒地，並在幾個小時後中風過世，年僅四十四歲。敬愛他的當地居民徹夜守護相伴著他的遺體，最後一起將他扛上當地的瓦埃阿山（Mt. Vaea），選了一處可以眺望海洋的地方將他下葬。

史蒂文森是一位擁有過人洞察力的文學家、隨筆作家與社會評論家，也是南太平洋殖民歷史的見證者及人類學家。他最著名的作品如《金銀島》、《化身博士》等佳作，在百餘年來受歡迎的程度始終在文學排行榜上，甚至是影視相關作品中歷久不衰，其創作風格更是日後許多冒險奇幻文學與電影的先驅。

獅鬃毛

The Adventure of the Lion's Mane

知識淵博的名偵探

我這個人頭腦中裝了一大堆不合常理的知識，而毫無系統性，但這些知識對我的工作是有用的。我的腦子就像一間堆滿了各式各樣的包裹的貯藏室，其數量之多，使我本人對它們也只有一個模糊的概念。

繼愛倫．坡的作品與前述〈斑點帶子案〉中出現動物殺人手法後，本作〈獅鬃毛〉再次讓非人生物成為了犯案兇嫌，而且還是一隻水母，這恐怕是推理小說史上最讓人感到特殊與驚奇的一名兇手了。

故事中現身的氰水母，又名獅鬃水母（Cyanea capillata），是海洋中體型最大水母之一。獅鬃水母可同時進行有性生殖及無性生殖，通常分布在北極和北大西洋等地的冷水域環境，福爾摩斯退休後選擇在英格蘭南部的薩塞克斯（Sussex）定居，因此在該地海灘出現獅鬃水母的蹤跡或許意味著當年英格蘭南部的海域溫度相對較冷。獅鬃水母的觸鬚可長達三公尺，且長滿了有毒的刺細胞，如被螫刺後往往會形成水泡或肌肉萎縮的現象，甚至將影響呼吸系統與心臟功能。

對於福爾摩斯具備許多不合常理的知識，柯南．道爾最初在撰寫《暗紅色研究》時，絕沒想到他日後會因這系列的故事在文壇上佔有一席之地，也不會曉得接下來這部作品將伴隨他此後長達四十年的人生，更不會刻意要將主人翁福爾摩斯寫成一個知識淵博者。因此道爾在一開始曾透過華生的觀察敘述：

他的無知，正如他的知識一樣令人驚異。關於現代文學、哲學和政治方面，他幾乎一無所知。當我引用湯馬斯．卡萊爾的話，他還用最天真的語氣問我卡萊爾究竟是什麼人，以及他幹過些什麼事。然而最使我驚訝不已的是，我意外發現他竟然對於哥白尼學說以及太陽系的構成也全然不解。當此十九世紀，竟然有人會不知道地球繞著太陽運行的道理，這件怪事簡直令我難以理解。

這是華生對新室友的初步觀察：文學、哲學與天文學的知識近乎於零，政治學的知識也極為淺薄。事實上名偵探所具備的知識並非如本篇他自己所言的那般「不合常理」或「無系統性」。早在《暗紅色研究》中，福爾摩斯便曾對華生提出：「人的腦子就像一間空洞的小閣樓，然後應該有選擇性地把一些家具裝進去。只有傻瓜才會把他碰到的各種各樣的破爛雜碎一股腦兒裝進去。這樣一來，那些對他有用的知識反而被擠了出來；或者，最多不過是和許多其他的東西摻雜在一起。因此在取用的時候也就感到困難了。所以一個會工作的人，在他選擇要把一些東西裝進他的那間小閣樓似的頭腦中的時候，他確實是非常仔細小心的。……所以最要緊的是，不要讓一些無用的知識把有用的擠出去。」從名偵探的上述觀點可知，他自有一套知識系統的歸納方法，能妥善運用各種對他在工作方面有利的資訊。至於文史哲與音樂，其實也是名偵探用以排憂解悶、調劑身心的抒壓管道，並非對他一無用處。

湯瑪斯．卡萊爾

因此讀者可以發現，隨著道爾對這部作品的逐步描寫，他筆下的名偵探形象也逐漸豐滿，學問更是越來越淵博了。在〈希臘譯員〉中，福爾摩斯比一般人更了解「黃赤交角」現象；擁有植物學知識，使他能在《四簽名》中洞悉有毒的荊棘產自印度；在〈跳舞小人〉中他也以排列組合的運算能力，成功推算破解密碼；在〈博斯科姆比溪谷案〉中他閱讀著義大利文藝復興詩人佩脫拉克的詩集；他也能研究文藝復興時期音樂以及欣賞華格納、薩拉沙泰與奧芬巴哈等人的作品。他還假裝不認識卡萊爾是何許人也，但後來福爾摩斯曾引用卡萊爾的名言：「天才就是具有無止境吃苦耐勞的本領」，反而是華生完全沒有聽出

來，可見得名偵探的文學知識與素養凌駕華生之上。

對於大多數讀者而言，絕對可以感受華生表示十九世紀之人竟無知於地球環繞太陽運行的驚訝，卻鮮能體會華生感到為何知識份子不認識卡萊爾這段話的驚異點。出生於蘇格蘭的湯瑪斯・卡萊爾（Thomas Carlyle，1795 － 1881 年），堪稱是十九世紀英國最著名、最具影響力的歷史學者之一。早期卡萊爾思想較為激進、進步性，強調人民群眾是歷史文明的創造者，大約在 1840 年卡萊爾中年之後，由於他本身個性的轉變與「疑病症」（hypochondriasis）[49] 發作的影響，卡萊爾日漸變得鄙視人民而訴諸專制威權來改革社會。他提出了最具代表性的「英雄史觀」來詮釋歷史的進展，宗教、革命與偉人成為他筆下永恆的主題，而英雄決定論則是貫穿他歷史進程的主旋律。儘管某些人批評卡萊爾後期的史觀與當時社會逐漸脫節，以英雄式史觀所詮釋的歷史僅是片面性且與時代潮流格格不入，但這些說法最大的謬誤就在於輕忽了無論是史料文本、口述歷史乃至研究方法原來就屬於片面性質，畢竟全世界沒有任何一位史家能找到、讀完與運用所有的史料，歷史學的積極意義正是建立在每一個片面性的不同史觀裡，去力求貼近、建構更多元化的研究成果。

49. 是一種近似現代醫學所謂「躁鬱型的精神官能症候群」的歇斯底里慮病現象，患者始終專注於害怕已罹患或正罹患某重大疾病的想法，這種想法常因錯誤解釋自己的身體狀況而引起。

無論如何，對於十九世紀的知識文化界而言卡萊爾的影響力仍舊是無以倫比的。1880 年，二十歲的道爾在擔任「希望號」船醫，前往北極捕鯨的航行中，在船上最佳的隨行消遣就是閱讀卡萊爾的《論英雄與英雄崇拜》（On Heroes, Hero Worship and the Heroic in History）。維多利亞時期著名的女性文學家喬治．艾略特（George Eliot）便曾說過：「在我們這一代中，幾乎沒有一顆優越或活躍的心靈不曾被卡萊爾的著作改變過，如果沒有卡萊爾，過去十年或十二年中所寫成的英文著作，每一本都將不一樣。」艾略特所謂的那一代人，自然也包含了柯南．道爾以及故事裡的福爾摩斯與華生等一干知識分子，由此可知，當時若不知卡萊爾是何許人也，可就會貽笑大方了。

本作〈獅鬃毛〉是柯南．道爾繼〈皮膚變白的軍人〉後再次以福爾摩斯的第一人稱口吻撰寫的短篇故事。第一人稱敘述對增加故事的可信度有其幫助，也能直接聽到對案情相關的觀察與解釋，但這個第一人稱敘述由原本的醫生助手轉移到偵探本人之後，已經失去了對辦案手法的側面觀察，更少了懸疑性與生動趣味性，所以道爾必然察覺到這種敘述方式難以成功而將其中止了。不過，至少透過這篇由名偵探第一人稱口吻的敘述，他終於向全世界的讀者坦承：「我是一個亂讀雜書的人，腦子裡什麼雜七雜八的知識都記得住。」也因此，百餘年來大眾所喜歡的永遠是那位充滿冒險犯難精神，擅長觀察及推理，並擁有著無窮淵博知識的傳奇偵探了。

蒙面房客

The Adventure of the Veiled Lodger

喬治．秀拉最後的《馬戲團》

我是一個在鋸末上長大的貧窮的馬戲演員，十歲以前已經表演跳圈了。

儘管本篇故事開頭略帶有些懸疑成分，但過程中福爾摩斯與華生的作用只是傾聽一個可憐女人的悲慘境遇，並成功終止她輕生的念頭。整體看來缺乏高潮之處，並不算是一篇推理作品，因此在上世紀八十年代由英國格蘭納達電視台所製作的經典版本福爾摩斯推理劇中，將本故事與〈單身貴族案〉結合改編推出，這才勉強克服了讓這則較不出色的故事在螢光幕前呈現的難題。

除了以馬戲團為背景的文學作品之外，在 1891 年三月由法國新印象派畫家喬治．秀拉（Georges-Pierre Seurat，1859 － 1891 年）繪製的一幅費爾南多（Fernando）《馬戲團》（The Circus）也是藝術作品中極富盛名的馬戲團題材。這是位於他畫室附近，演出深受秀拉欣賞的一個馬戲班子。但就在他將畫作送往沙龍展後相隔不到十日，秀拉便以三十二歲的盛年因為白喉病去世了。也因此這幅今日收藏於巴黎奧塞美術館的作品，是總結秀拉此生充滿詩意風格的最終代表作。

此前秀拉曾在 1886 年印象派於巴黎的第八次聯展中，以《大碗島的星期天下午》（A Sunday on La Grande Jatte）中的「點描技法」（Pointillism）引發爭議，在秀拉在作品當中使用分割色點，運用周圍互補色的原理，讓人類的視網膜來做後續的混合。[50] 這種技法是以十九世紀新興精確的色彩學科學性研究為基礎，所引發藝術概念與技法上的具體革新。實際上秀拉也是在盛行多年後的印象主義走入瓶頸之際，試圖在印象派對於光線的強調追求道路上，以科學的方法配合印象派的抒情性來解決繪畫的感官問題。

在秀拉的遺作《馬戲團》中，已可見到他完全從當年擅長的靜態畫轉向充滿韻律感的動態表現手法。除了畫面不再是只有點描與色彩的配合，秀拉也增加了輪廓線的描繪，他以趨向扁平空間的單一平面手法，將背景觀眾置於缺乏立體深度的平行排列。前景中

50. 儘管仍有學者認為點描技法作品中的每個色點原就是調配好的顏色，點描畫派所要表現的主要是畫面凝固的氛圍與靜止的永恆感，而非僅是光線的再現。但在此我仍遵從傳統學說來做論述。

的小丑拉起布幕一角，引領觀者進入畫作核心的表演場景，極富創意。最特別的是畫面中的馴獸師與翻滾的小丑都以近似剪影的方式來呈現，而非具體個別的人物形象，足見秀拉除了延續當年獨創的點描手法外，更在人生的終點朝現代主義的表現形式邁出了重要的一步。

1891 年巴黎的流感帶走了許多人的性命，秀拉在得病猝死前始終未婚，他的情婦瑪德蓮（Madeleine Knobloch）曾為他生下一名男孩，卻在秀拉死後拋下了孩子，投入了另一個男人的懷抱。或許，透過《馬戲團》畫中動態繽紛的氛圍，我們可以感受到秀拉在人生的最後時光是快樂的吧！

秀拉（Georges-Pierre Seurat），《馬戲團》（The Circus）

蕭斯科姆古莊園

The Adventure of Shoscombe Old Place

攝政時期的「英格蘭第一紳士」

他是那種不屬於自己生活時代的人。要是在攝政時期，他本該是個公子哥兒——拳擊家、運動家、拚命的騎手、追求美女的人，並且一旦走了下坡路就再也回不來了。

英國歷史上所謂的攝政時期，指的是 1811 年至 1820 年間，原在位的喬治三世因精神狀態而不適於統治[51]，其長子威爾斯親王，即之後的喬治四世作為國王代理人攝政王的時期。

51. 一般認為喬治三世應是罹患卟啉症（Porphyria）。卟啉症是一種罕見疾病中的血液病，是一組因為人體內的紫質（Porphyrin）與衍生物代謝異常累積所造成的身體病變，由於無法正常生產血紅素與肌紅蛋白及細胞色素，時常會伴隨呼吸系統衰竭或肌肉麻痺等症狀，至今仍無完全治癒方法。

儘管攝政時期僅有短暫十年，卻是一個絢麗奪目、風雲變幻的時代，英國終於在歐洲戰場上遏止了法國拿破崙的勢力擴張、工業革命的開展逐漸使農業時代臨近尾聲、新興政治階級也正式將改革的苗頭指向議會制度，這是屬於一個專制君權之後，卻在民主政治之前的緩衝年代，更是英國朝世界帝國邁出重要一步的年代。

要想了解這個年代的風貌，最直接的方式就是著眼於攝政王喬治四世的人生，是他為這個時代定下了基調，然而他卻是個窮奢極慾、放縱不堪，終身沉迷於聲色犬馬者，種種荒唐的行為卻使他被稱為「英格蘭第一紳士」，無怪乎本篇故事中華生會將羅伯特・諾伯頓爵士（Sir Robert Norberton）的素行歸類為攝政時期之風了。

攝政王喬治繼承了漢諾威王朝[52]最為明顯的遺傳基因就是父子不合，喬治四世對於父王的管教規勸不僅是從未理睬，甚至還有敵視的意味。青年時期的喬治四世是個風度翩翩的美男子，極為重視生活風格和品味的他，相當熱衷提倡上流階層的時尚風潮。拿破崙戰爭結束後，歐洲自此進入了一段相對穩定的時期，好大喜功的喬治四世對於英國勝利的喜悅感到飄飄然自在，甚至幾近幻想是自己在滑鐵盧率兵打敗了拿破崙，今日仍可在溫莎城堡中的滑鐵盧大廳牆上，見到畫作中喬治四世引領群將慶功的得意之姿。為了展現倫敦大都會比起巴黎更具有新帝國風貌的象徵，格外重視建築品

52. 英國漢諾威王朝（Haus Hannover），於1714—1901年間由德意志漢諾威地區入主統治英國的王朝。總共有喬治一世、喬治二世、喬治三世、喬治四世、威廉四世與維多利亞女王六位君主，前期因四位君主之名皆同，有時亦被稱為喬治時期（Georgian era，1714—1830年）。

倫敦攝政街一景
（林哲民攝）

味的喬治四世，特別任命知名建築師約翰・納許（John Nash，1752 － 1835 年）引領規劃稱之為攝政風格的都市重建工作。當全世界的遊客來到倫敦，仍會親臨納許兩百年前所設計的攝政公園（Regent's Park）和攝政街（Regent Street）的聯排屋、皮卡迪利圓環（Piccadilly Circus）、聖詹姆斯公園（St. James's Park）與台拉法加廣場（Trafalgar Square）等知名景點。

成人後逐漸發福的喬治四世，吃喝嫖賭一應俱全，並時常成為報章媒體上諷刺調侃的對象，今日仍可見到許多政治漫畫裡描繪癡肥模樣的喬治，一邊貪婪地進食，一邊色慾薰心擁抱情婦的醜態。喬治四世很喜歡以時尚人士自居，他贊助服裝設計師好友博·布魯梅爾（Beau Brummell）設計了「布魯梅爾式服飾」（Brummell Type suit），將此前紳士的馬褲與長襪徹底改為匈牙利輕騎兵長褲，最特別之處是頸部地方精美的領巾（cravat）成為了上流社會至關重要的行頭，纏上領巾後將使每位紳士昂首挺胸，充滿了時尚精英趾高氣昂的風格（toffee-nosed）。時至今日，我們仍可在珍·奧斯汀的小說與古裝英劇中，見到這種「達西先生」[53] 的裝扮。

1792 年喬治四世被描繪成好吃懶做、沉迷酒色的紈袴子弟的諷刺漫畫（James Gillray 繪）

賭性成癮的喬治四世負債累累，這點也是華生將諾伯頓爵士規為攝政年代人的原因之一，為了清償債務，仍是威爾斯親王時的他答應了父王與議會的要求，與德意志布倫瑞克大公國的公主卡洛琳（Caroline of Brunswick-Wolfenbüttel，1768 －

53. 珍·奧斯汀名著《傲慢與偏見》中的男主人翁。

1821 年），也是自己的表妹結婚。卻沒想到這對男女彷彿天生就註定了是對冤家，婚禮當天雙方皆對彼此大失所望，卡洛琳眼見癡肥表哥不若畫中那般的英姿煥發，喬治四世也感覺這個胖表妹形象邋遢、說話粗魯，還散發著臭味！當晚的洞房花燭，據聞喬治四世將自己灌得酩酊大醉被抬進寢宮，在渾然不知的情況下與卡洛琳行房，這也是雙方僅有的一次。

卡洛琳僅為喬治誕育了一位夏洛特公主（Princess Charlotte），她可說是當時全英國民眾寄予厚望的王儲，攝政時代的民眾已經受不了一位荒淫無度、自私無信與窮奢極慾的攝政王了。只是很遺憾地，夏洛特公主卻在婚後難產而死，儘管喬治四世擁有無數的情婦與私生子，但他與卡洛琳王后之間就再也沒有子嗣了。

1820 年喬治三世駕崩，為了使自己加冕登基大典的隆重與規模超越當年的拿破崙，喬治四世特別多花了一年來籌備。但其實最讓喬治四世感冒的，是他根本不想讓卡洛琳以王后的身分參與加冕，於是英國史上最戲劇性的加冕典禮上演了，當天喬治四世讓守衛嚴守西敏寺各出入口，任憑卡洛琳在門外如何嘶吼與撞門，就是不讓她進來。卡洛琳終身也未曾被加冕為后，因為喬治四世登基後相隔不到一個月她就猝逝了，據說死前她曾說自己遭到毒害，她的死至今仍是一個謎。

登基時的喬治已經五十八歲，而長年酗酒和金迷紙醉的生活，更逐漸使他的健康受損。喬治於 1830 年死於溫莎城堡，由於無子嗣，王位便傳給了他的三弟威廉四世（William IV），後來也無子嗣的威廉在七年後再傳給了侄女維多利亞。喬治四世駕崩時，《泰晤士報》曾經評論：「世上未曾有人像這位國王，死時得不到人民的惋惜。試問有誰為他落淚？有哪顆心為他悸動、勾起真摯的哀思？」本世紀初英國文化遺產單位曾做過一次民調，喬治四世高票當選了「英國史上最差勁的國王」！

退休的顏料商

The Adventure of the Retired Colourman

女王的摯愛—亞伯特親王

華生，讓我們聽聽音樂來擺脫這繁重的工作吧。卡琳娜今晚在亞伯特音樂廳演唱，我們還有時間換服，吃飯、聽音樂會。

1819 年出生於德國巴伐利亞科堡（Coburg）的亞伯特親王（Albert, Prince Consort，1819 － 1861 年），是德意志地區薩克森 - 哥達 - 阿爾滕堡（Sachsen-Gotha-Altenburg）公國的王子，以血統年紀來論，亞伯特是比維多利亞女王晚三個月出生的表弟。

亞伯特的青年時期大多在比利時布魯塞爾度過，由當時著名的數學家，發明身高體重指數（BMI）測量法的凱特勒（Lambert Adolphe Jacques Quetelet，1796 － 1874 年）對他進行貴族精英式的教育，因此對於法律、政治與經濟、哲學以及藝術史，甚至是擊劍與馬術，皆為亞伯特鑽研精通的項目。

亞伯特親王和維多利亞女王（攝於 1854 年）

亞伯特與維多利亞的首次會面是在 1836 年五月，他隨同父親薩克森 - 科堡 - 哥達公爵赴英國拜會參訪，儘管當時威廉四世仍在位，但無子嗣的他已指定侄女維多利亞為英國王位第一繼承人，也因此維多利亞未來將選擇何者為夫婿，動見觀瞻。這對表姊弟的首次會晤均給彼此留下美好的第一印象，維多利亞還特別在日記裡寫到「亞伯特有著和我一樣顏色的頭髮，模樣非常英俊。有雙深藍的大眼與漂亮的鼻子，牙齒潔白，說話也很好聽。他還善於用表情來表達感受。」

後來雙方保持了固定的通信，逐漸產生了情愫。儘管維多利亞對過早步入婚姻禮堂顯得有些排斥，但在 1837 年六月維多利亞登基加冕之後，她也不可免俗地多次與幕僚顧問、內閣談及此事。最終她與亞伯特於 1839 年的會面拍板定案，對於亞伯特將要勝任的角色而具備的素養維多利亞感到十分欣賞，兩人在 1840 年的二月於倫敦聖詹姆斯宮的皇家禮拜堂舉行王室婚禮慶典。亞伯特也經由樞密院令而被授予親王稱號。

維多利亞與亞伯特在溫莎城堡度過了婚後一段溫馨的蜜月時光，這段時光也永遠成為了女王畢生最甜蜜的記憶。婚後兩人總共有九個孩子，但由於是近親通婚，在四個王子之中就有三個是血友病患者，另外五位公主也都帶有血友病基因，後來英國王室透過這些子女與歐洲各王室的婚配，讓維多利亞女王成為了「歐洲的祖母」，卻不料也將血友病的基因遺傳到諸國，甚至演成了俄羅斯羅曼諾夫王朝崩潰的的遠因，這是後話了。

生活在十九世紀那個充滿理性與進步觀念時代的亞伯特親王也深具現代化的思想，他贊同推動國家在教育、社會福利與奴隸制度的改革，尤其是他時常利用「王夫」的身分，四處登台演講闡述改善勞工階層生活條件的相關主題，並直言幫助社會弱勢族群「是那些深受老天眷顧，擁有地位、財富和良好教育的人們的責任」。1847 年，亞伯特親王擔任了劍橋大學校長，並對傳統大學教育的課程進行了革新，增加了現代史與自然學科的課程。在擔任皇家學會（Royal Society）主席期間的亞伯特，更舉辦了多次演講與學術會議，並大力獎掖贊助如達爾文等科學家之間的劃時代研究，儘管受到來自教會勢力的壓力，但親王仍義無反顧地推動鼓吹教育文化與科學的相關事業。

1851 年，倫敦舉辦了史上第一屆的世界博覽會，此次盛會的最大倡議者即是亞伯特親王。這座位於海德公園內由四千兩百萬噸的鋼鐵構件和三十萬片的玻璃建造，外觀透明亮麗的雄偉展館便是前文所提過的水晶宮（The Crystal Palace）。當時來自世界二十五個國家的人們匯集在水晶宮的穹頂下，見證了這次規模空前的盛會，大功率蒸汽機、高速汽輪船、隧道與橋樑模型，甚至連精緻鐘錶和假牙義肢等森羅萬象的物件，全都呈現在展場民眾面前。這也是史上首次各國政要與民眾不是為了解決軍事糾紛或進行政治歧見，更不是為了宗教朝聖，而是共同齊聚展示、見證人類的進步與繁榮。

該次的博覽會，是英國透過娛樂性的方式，提供了一個展場平台向民眾上了一門豐富內容的課程，從而了解各國的工商發展情況，也擴大的國際觀視野。其次英國也經由此次展覽，建構起有效的宣傳裝置，向世界展示它強大穩健的國力。水晶宮展場四面八方不時有光線射入，形成壯麗迷離的空間光影效果，參觀民眾莫不如醉如痴。當亞伯特陪同女王出席博覽會開幕儀式時，女王表示這是英國歷史上最隆重、最美麗堂皇的一天，身邊的亞伯特不僅感到對自己、對女王也對國家充滿了無比的驕傲與自信。

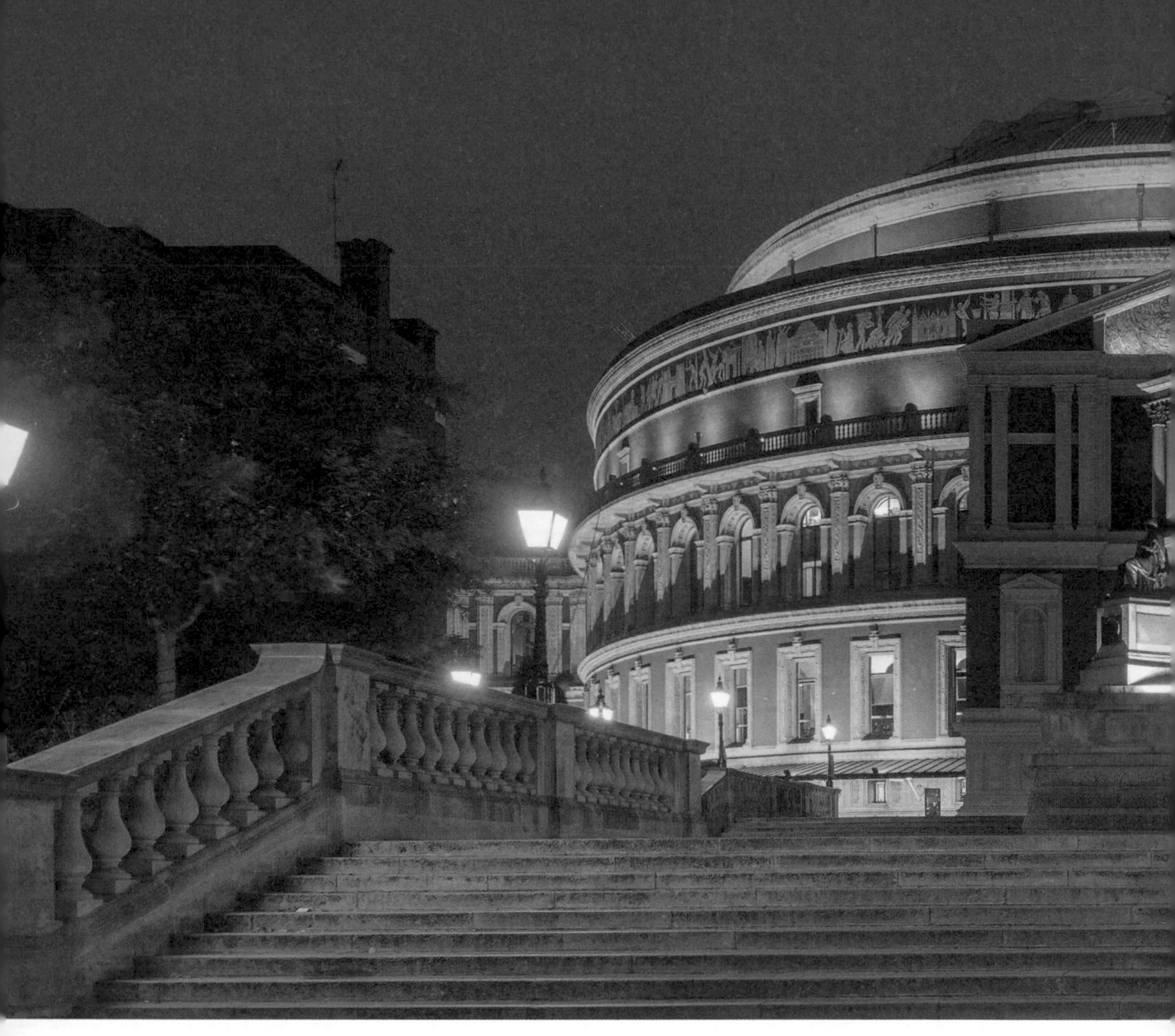

亞伯特音樂廳（圖片來源：Diego Delso）

1859 年起亞伯特便患有胃痙攣症狀，身體健康大不如前，如前文章節曾介紹過的，亞伯特與女王向來最為掛念憂心的便是威爾斯親王（後來的愛德華七世）的荒唐行徑。在專程趕往劍橋教訓長子因與女演員同居的輕挑行為後，亞伯特回到溫莎便因傷寒與肺部出血，幾個星期後不幸病逝，得年僅四十二歲。

對失去亞伯特的女王而言，幾乎是失去了世上所有的一切。作為女人，她失去了摯愛的丈夫，作為女王，她失去了重要的謀士與助手，以致當天她的日記曾寫下「我的人生從此支離破碎」。悲痛欲絕的女王從此離開倫敦，整日身著黑色服裝，將自己關在溫莎城堡昔日兩人共同生活的房間裡，甚少會見大臣。儘管亞伯

特的去世對女王與國家是一種遺憾與不幸，但從此女王選擇淡出政治的隱居之舉，也奠定了英國王室超然於政治的原則。這在某些程度上也實現了亞伯特生前致力於重塑英國虛君式的道德社會君主制度。

由於國家與女王對亞伯特親王的懷念與生前貢獻之肯定，今日在許多地方，仍可見到以亞伯特為名的事物，如地區、勳章、部隊名、紀念碑與圖書館等。今日位於肯辛頓公園裡有座值得一看的亞伯特紀念碑（Albert Memorial），親王的塑像端坐於金碧輝煌的紀念碑尖塔中央，四個角落還裝飾了分別代表歐洲、亞洲、非洲與美洲的動物雕像，造型細膩、神態生動。

亞伯特紀念碑的南側，就是故事中福爾摩斯與華生晚間前往觀賞歌劇的皇家亞伯特音樂廳（Royal Albert Hall），此處原先是規劃為藝術科學廳，在 1871 年落成後才更改為紀念亞伯特親王的音樂廳，裡頭除了設有英國規模最大的管風琴，這裡也是今日倫敦最重要的表演場地，舉凡古典音樂會、流行音樂演唱會、芭蕾與歌劇、頒獎典禮或慈善演出等活動，每年超過三百五十場盛會在此上演。像是英國 BBC 交響樂團（BBC Symphony Orchestra）、女神卡卡（Lady Gaga）、李宗盛與陳奕迅等歌手皆曾在此演出[54]。最值得一提的是，皇家亞伯特音樂廳每年夏季都

---

54. 1930 年的 7 月 13 日星期日，柯南．道爾的逝世追思會也是在此舉行的。

會舉辦為期八週的「逍遙音樂會」（The Henry Wood Promenade Concerts presented by the BBC），這個音樂會已是今日世界知名的古典音樂活動。所謂的「逍遙」，除了有平價的音樂表演之外，參加的民眾可以站著觀看演出，更可以隨意走動或散步來欣賞音樂，藉此來拉進古典音樂與大眾的距離。我曾目睹場內民眾高舉英國國旗，與台上樂團齊聲高唱艾爾加[55]那首的《威風凜凜進行曲》（Pomp and Circumstance Marches）的盛況，現場洋溢歡欣熱烈的氛圍不免讓我熱淚盈眶。

建議有機會在暑假前往倫敦旅行的朋友，何妨抽空找個午後漫步在肯辛頓公園，一睹九曲湖上的風光與水鳥姿態，遙想當年曾於此發生的愛情悲劇。接著走到華麗氣派的亞伯特紀念碑前，親近這位成功女士背後的偉大男性。晚間時分可以試著揣摩名偵探與醫生搭檔那種悠閒輕鬆的心情，進到知名的「逍遙音樂會」裡盡情地搖擺一下吧！

55. 艾爾加（Sir Edward William Elgar，1857—1934年），英國知名作曲家，代表作包括《謎語變奏曲》（Enigma Variations）、《愛的禮讚》（Salut d'Amour）和《威風凜凜進行曲》（Pomp and Circumstance Marches）。台灣民眾較為熟悉的日本動畫《我們這一家》（あたしンち）的片尾曲便是改編自《威風凜凜進行曲》。

後記

距今一百三十年前的 1887 年，柯南．道爾發表了《暗紅色研究》，儘管在刊行當初並未獲得眾多矚目與響應，但名偵探福爾摩斯之名橫空出世，功不唐捐，作者道爾將永遠隨著他筆下這號名偵探受世人所追憶。

我與《福爾摩斯探案》的緣分亦屆三十年之久。猶記童稚時期先父時常帶我至許多獨立書店、舊書店尋訪挖寶，正值《福爾摩斯探案》問世百年之際，先父為我介紹了這部歷久彌新的暢銷推理作品，即使當年還未就讀小學的我識字有限，也對倫敦這個地名完全沒有概念，但仍舊為這個穿梭於迷霧街燈裡的偵探與醫生搭檔的冒險故事所著迷。於是，《四簽名》、《恐怖谷》、〈斑點帶子〉這些驚險刺激的冒險篇章就此成為了我最佳的童年伴侶，甚至也是後來在小學課堂上的「桌下讀物」。從這方面看來，這本書的完成也象徵著我與福爾摩斯長達三十年的友誼紀念吧！

世上許多偉大、暢銷或經典的文學作品如《紅樓夢》、金庸、珍·奧斯丁與狄更斯等人的作品，都有不勝枚舉的廣大書迷及研究者組成讀書會或俱樂部的形式，透過作品的反覆研究與心得交換，使這些名著在每個世代總有更多嶄新的面貌來迎接廣大的新書迷。而與《福爾摩斯探案》相關的書迷讀書會、俱樂部或網站，也在歐美各國與日本等地方興未艾、日增月盛地進行中。本書的撰寫方式，也嘗試學習這些讀書會的研究角度，藉由原著中的人物、年代、地名或物品器具來進行經典作品中新面向的另類探討。鑒於我個人在歷史專業的訓練，因此這本藉由《福爾摩斯探案》文本而延伸的文史小品將涉及到許多藝術史、文學史、音樂史、政治史、社會史與文化史的範疇，也是百餘年來首次在中文領域裡撰寫的柯南·道爾傳記，作者雖才力有限仍勉力為之，疏漏之處還望讀者海涵指正。

本書的付梓得到許多前輩朋友特別的鼓勵與支持。感謝許汝紘社長再次對我的提攜襄助，以及黃淑芬編輯對這本書的熱心編排校正，與你們的合作十分愉快，謝謝出版社所有辛勞的工作夥伴。國立成功大學歷史學系李鑑慧教授特別為這本書寫了專業的推薦序，李教授長年專攻維多利亞時代歷史，承蒙指教秉叡不勝感荷。此外翁嘉聲教授、許守泯教授對我的鼓勵支持，在此一併致謝。最後，我想將這本書獻給我親愛的母親阮美珠女士，感謝您對我一路上的支持與栽培，也助我實現當年踏上英格蘭土地的夢想。我愛您！

最後，由衷希望不管是推理小說書迷、歷史文學讀者、藝術愛好者，甚或是電影與影集的福爾摩斯粉絲，都能喜歡這本小書，願這本書中的傳記部分、歷史典故亦或是軼聞趣事，皆能帶給每位讀者新的體認想法或輕鬆自在的閱讀感受。謝謝大家！

蔡秉叡 2016.08

參考書目

一、研究文本

Dickens, Charles Dickens（查爾斯．狄更斯）著、陳信宏譯，《非商業旅人》（The Uncommercial Traveller），新北：衛城。2012年8月。

Doyle, Arthur Conan,edited with notes by Leslie S. Klinger, The New Annotated Sherlock Holmes, N.Y: W. W. Norton & Company, 2005.

Doyle, Sir Arthur Conan（柯南．道爾）著、丁鍾華等譯，《福爾摩斯探案全集》（The Complete Sherlock Holmes），台北：遠流。2005年1月。

Doyle, Sir Arthur Conan（柯南．道爾）著、王知一譯，《福爾摩斯

探案全集》（Sherlock Holmes），台北：臉譜。2014 年 2 月。
Doyle, Sir Arthur Conan（柯南・道爾）著、吳樺、楊濟冰譯，《福爾摩斯探案全集》（The Complete Sherlock Holmes），台中市：好讀。2015 年 11 月。
Doyle, Sir Arthur Conan（柯南・道爾）著、黃煜文譯，《柯南道爾北極犯難記》（Dangerous Work: Diary of an Arctic Adventure），台北：網路與書出版。2014 年 7 月。
Doyle, Sir Arthur Conan. The Complete Sherlock Holmes. N.Y: Bantam Classic & Loveswept, 1995.
Jon Lellenberg, Charles Foley, Daniel Stashower. Arthur Conan Doyle: A Life in Letters. HC ： Penguin Press,2007.
Martin Fido（馬丁・費德）著、柯清心譯，《柯南道爾所不知道的福爾摩斯》（The World Of Sherlock Holmes: The Facts And Fiction Behind The World's Greatest Detective），台北：遠流出版。2008 年 3 月。
Melville, Herman Melville. Moby-Dick. N.Y: New Amer Library Classics, 1998.
Poe, Edgar Allan（埃德加・愛倫・坡）著、杜若洲譯，《莫爾格街兇殺案》，台北：志文。1997 年 1 月。
Robert Louis Stevenson（史蒂文生）著、范明瑛譯，《化身博士》（The Strange Case of Dr. Jykell and Mr. Hyde），台北：遠流。2013 年 3 月。

Thackeray, William Makepeace. Vanity Fair. La Vergne: Lightning Source Inc,2006.

Thomas Hardy. Tess of the D’ Urbervilles. N.Y: W. W. Norton & Co Inc,1990.

二、中文專著（依中文姓氏筆劃排列）

方志強，《平民的先知：卡萊爾與英國維多利亞社會》，台北：國立台灣大學出版中心。2011 年 12 月。

白瑩，《圖解藝術史》，台北：華滋出版。2015 年 4 月三版。

何政廣，《世界名畫家全集 秀拉》，台北：藝術家出版社。2002 年 7 月。

吳燕，《天朝墜落的 18 個瞬間》，台北：遠流。2015 年 12 月。

李民安，《解剖大偵探—柯南・道爾 vs. 福爾摩斯》，台北：三民。2001 年 4 月。

曹正文，《世界偵探小說史略》，上海：上海譯文。1998 年 11 月。

莊仲平，《提琴的祕密：提琴的歷史、美學與相關的實用知識》，台北：藝術家出版社。2008 年 3 月。

許汝紘暨音樂企畫小組，《圖解音樂史》，台北：華滋出版。2009 年 5 月。

陳英德，《法蘭西學院派繪畫》，台北：藝術家出版社。2000 年 8 月。

陳英輝，《維多利亞文學風貌》，台北：書林出版。2005 年 6 月。

黃津新、宋安娜，《偵探小說學》，天津：百花文藝。1996 年 8 月。
甯方剛，《八卦醫學史：在八卦中暢談科普知識，以正統醫學爬梳歷史真相》，台北：漫遊者文化。2016 年 1 月。
楊照，《推理之門由此進：推理的四門必修課》，台北：本事文化。2013 年 1 月。
詹宏志，《偵探研究》，台北：馬可孛羅。2009 年 3 月。
劉臻編著，《真實的幻境 - 解碼福爾摩斯》，天津：百花文藝出版社。2011 年 1 月。
蔣勳，《從羅浮宮看世界美術》，台北：台灣東華。2015 年 7 月。
蕭復興，《音樂欣賞的十五堂課》，台北：知識風。2007 年 3 月。
鴻鳴，《福爾摩斯完全檔案》，台北：書華。1998 年 9 月。
羅基敏、梅樂亙，《華格納．指環．拜魯特》，台北：高談文化。2006 年 8 月。

三、中譯專著（依外文姓氏字母順序排列）

Arthur Schnitzle 著、周利伽譯，《情聖卡薩諾瓦》（Casanova’s Homecoming），台北：先覺。2000 年 6 月。
Carr, John Dickson（約翰．狄克生．卡爾）著、王知一譯，《柯南道爾的一生》(The Life of Sir Arthur Conan Doyle)，台北：臉譜。1999 年 7 月。

Harold Bloom 著、高志仁譯，《西方正典》（The Western Canon：The Books and School of The Ages），台北：立緒。1998 年 1 月。

Jacob Burckhardt（雅各・布克哈特）著、花亦芬譯，《義大利文藝復興時代的文化》（Die Kultur der Renaissance in Italien: Ein Versuch），台北：聯經出版。2007 年 2 月。

Jacques Barzun（巴森）著、鄭明萱譯，《從黎明到衰頹：五百年來的西方文化生活》（From Dawn to Decadence），台北：貓頭鷹。2011 年 3 月。

John Darwin（約翰・達爾文）著、黃中憲譯，《帖木兒之後：1405—2000 年全球帝國史》（After Tamerlane: The Rise & Fall of Global Empires, 1400 — 2000），台北：野人。2014 年 11 月。

John Sugden 著、楊敦惠譯，《偉大作曲家群像——帕格尼尼》（The illustrated lives of the great composers: Paganini）台北：智庫出版。1991 年 11 月。

Jonathan D. Spence（史景遷）著、溫洽益譯，《改變中國》（To Change China: Western Advisers in China, 1620-1960），台北：時報出版。2015 年 12 月二版。

Liddell Hart,Sir Basil Henry Liddell Hart（李德哈特）著、林光餘譯，《第一次世界大戰戰史》（History of the First World War），台北：麥田。2014 年 6 月。

Lucy Worsley 著、林俊宏譯，《如果房子會說話：家居生活如何改變世界》（If Walls Could Talk: An Intimate History of The Home），台北：左岸文化。2014 年 4 月。

Mark Twain（馬克吐溫）著、王安琪譯，《赫克歷險記》（Adventures of Huckleberry Finn），台北：聯經出版。2012 年 7 月。

Morse, Hosea Ballou（馬士）著、張匯文譯，《中華帝國對外關係史》（The International Relations of the Chinese Empire），上海：上海書店。2006 年 7 月。

Paul Kennedy（保羅．甘迺迪）著、張春柏、陸乃聖譯，《霸權興衰史：1500 至 2000 年的經濟變遷與軍事衝突》（The Rise and Fall of the Great Powers），台北：五南。2014 年 3 月。

Niall Ferguson（尼爾．弗格森）著、區立遠譯，《第一次世界大戰，1914 — 1918》（THE PITY OF WAR,1914-1918），台北：廣場出版。2013 年 6 月。

Riley, Dick & McAllister, Pam（迪克．萊利 潘．麥克阿莉絲特）著、黃政淵譯，《煙斗、帽子、放大鏡裡的福爾摩斯》（The Bedside, Bathtub & Armchair Companion to Sherlock Holmes），台北：圓神。2006 年 2 月。

Robert Douglas-Fairhurst 著、林婉婷、麥慧芬、陳逸軒譯，《青年狄更斯：偉大小說家的誕生》（Becoming Dickens: The Invention of a Novelist），台北：商周出版。2014 年 9 月。

Robert Finlay（羅伯特．芬雷）著、鄭明萱譯，《青花瓷的故事》（The Pilgrim Art: Cultures of Porcelain in World History），台北：貓頭鷹。2016 年 1 月二版。

Robert Tavernor 著、蔡毓芬譯，《帕拉底歐與帕拉底歐風》（Palladio and palladianism），台北：地景。2001 年 4 月。

Stephen R. Platt（史蒂芬‧普拉特）著、黃中憲譯，《太平天國之秋》（Autumn in the Heavenly Kingdom: China, the West, and the Epic Story of the Taiping Civil War），新北：衛城出版。2013 年 5 月。
Thucydides（修昔底德）著、謝德風譯，《伯羅奔尼撒戰爭史》（History Of The Peloponnesian War），台北：台灣商務。2000 年 8 月。
小林司、東山茜著、陳嫻若譯，《福爾摩斯探案 - 走訪柯南道爾筆下的世界》（Sherlock Holmes's London），台北：台灣麥克。2002 年 9 月。
出口保夫著、呂理州譯，《大英博物館的故事》，台北：麥田。2009 年 9 月。
諸兄邦香著、黃薇嬪譯，《完全搞懂福爾摩斯：史上第一名偵探的真相，就看這本》（シャーロック ホームズ大人の しみ方―100 回んでもまだ面白い），台北：臉譜。2014 年 2 月。

四、西文專著（依外文姓氏字母順序排列）

David Stuart Davies. Bending the Willow: Jeremy Brett as Sherlock Holmes. Canada: Calabash Press, 2010.
Donald Thomas. Sherlock Holmes and the Voice from the Crypt and Other Tales. N.Y: Carroll & Graf Publishers, 2002.
Foreman, Amanda. The Duchess. N.Y: Random House Inc, 2008.

Gilmour, Robin. The Victorian Period: The Intellectual and Cultural Context of English Literature 1830-1890. London: Longman, 1993.

Hines, Stephen. The True Crime Files of Sir Arthur Conan Doyle. N.Y: Berkley Trade, 2003.

Horsman, Alan. The Victorian Novel, the Oxford History of English Literature. Oxford: Clarendon P, 1990.

June Thomson. The Secret Files of Sherlock Holmes. N.Y: O. Penzler Books, 1994.

Larry Millett. The Disappearance of Sherlock Holmes. London: Penguin Books, 2003.

Newsome, David. The Victorian World Picture: Perceptions and Introspections in an Age of Change. New Jersey: Rutgers UP, 1997.

Russell Miller. The Adventures of Arthur Conan Doyle: A Biography. N.Y: Thomas Dunne Books, 2008.

Stoker, Bram Stoker. The Lost Novels of Bram Stoker: The Jewel of Seven Stars/The Lady of the Shroud/The Liar of the White Worm. Jackson: Perseus Distribution Services, 2012.

Woodford, Susan. Looking at Pictures (Cambridge Introduction to the History of Art). Cambridge: Cambridge University, 1983.

國家圖書館出版品預行編目（CIP）資料

名偵探與柯南：福爾摩斯藝文事件簿 / 祭秉叡作 .
-- 初版 . -- 臺北市 :
華滋出版 ; 信實文化行銷 , 2016.09
面 ;　公分 . -- (What's Vision)
ISBN 978-986-93127-7-6(平裝)

1. 道爾 (Doyle, Arthur Conan, Sir, 1859-1930)
2. 傳記
784.18　　105012585

What's Vision

名偵探與柯南：福爾摩斯藝文事件簿

作　　者　蔡秉叡
封面設計　黃聖文
總 編 輯　許汝紘
美術編輯　楊佳霖
編　　輯　黃淑芬
發　　行　許麗雪
執行企劃　劉文賢
總　　監　黃可家
出　　版　信實文化行銷有限公司
地　　址　台北市松山區南京東路5段64號8樓之1
電　　話　（02）2749-1282
傳　　真　（02）3393-0564
網　　址　www.cultuspeak.com
信　　箱　service@cultuspeak.com
劃撥帳號　50040687 信實文化行銷有限公司

印　　刷　威鯨科技有限公司

總 經 銷　高見文化行銷股份有限公司
地　　址　新北市樹林區佳園路二段 70-1 號
電　　話　（02）2668-9005

香港總經銷　聯合出版有限公司
地　　　址　香港北角英皇道 75-83 號聯合出版大廈 26 樓
電　　　話　（852）2503-2111

2016 年 9 月　初版
定價：新台幣 499 元

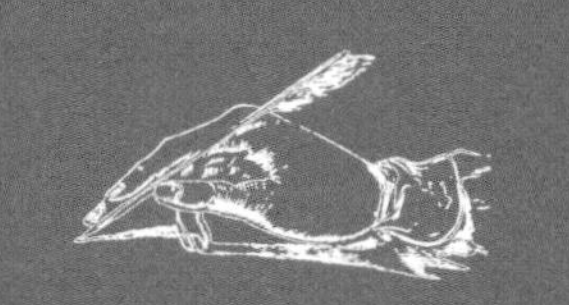